高等医药院校创新教材

供医学美容技术专业使用

美容医学造型艺术设计

第 2 版

主　编　张秀丽　李雪飞

副主编　王诗晗　寇晶堃　唐正东

编　委　（以姓氏汉语拼音为序）

曹莉莉（天津河东丽人医院

房延军（大连外国语大学）

高培培（天津市整形外科医院

寇晶堃（天津医学高等专科学校）

李鹏远（天津市中医药研究院附属医院）

李晓静（包头医学院）

李雪飞（大连医科大学）

林　琳（天津工艺美术职业学院）

林　颖（福州市中医院）

苗　睿（天津市睿美美容有限公司）

唐正东（天津市中医药研究院附属医院）

王诗晗（辽宁医药职业学院）

王艳茹（包头医学院）

于　江（大连医科大学）

张　红（盐城卫生职业技术学院）

张秀丽（天津医学高等专科学校）

顾　问　于　江

科学出版社

北　京

内 容 简 介

本书主要包含了美容医学造型艺术设计基础、素描与色彩基础、雕塑艺术造型基础，化妆造型、发型设计、服饰美容等造型艺术设计，及美容皮肤科学、美容外科学、美容牙科学、美容文饰技术中的美容造型艺术设计等内容。

适用于医学美容技术专业、形象设计专业、临床医学（美容医学方向）等美容相关专业学生，及医学美容专业人士参考使用。

图书在版编目 (CIP) 数据

美容医学造型艺术设计 / 张秀丽，李雪飞主编 .—北京：科学出版社，2016.6

高等医药院校创新教材

ISBN 978-7-03-048533-5

Ⅰ. 美…　Ⅱ. ①张…　②李…　Ⅲ. 美容术－医学院校－教材　Ⅳ. R622

中国版本图书馆 CIP 数据核字（2016）第 123169 号

责任编辑：丁海燕 / 责任校对：李　影

责任印制：赵　博 / 封面设计：铭轩堂

科 学 出 版 社 出版

北京东黄城根北街 16 号

邮政编码：100717

http://www.sciencep.com

涿州市般润文化传播有限公司印刷

科学出版社发行　各地新华书店经销

*

2010 年 3 月第　一　版　开本：787 × 1092　1/16

2016 年 6 月第　二　版　印张：12 1/4

2024 年 8 月第十五次印刷　字数：285 000

定价：75.00 元

（如有印装质量问题，我社负责调换）

序　言

美容医学造型艺术设计是一门根据美容医学多年临床教学需求，逐步形成的一门实用性的课程，是针对美容医学从业人员而设计的技能课程。近年来，随着高职医学美容技术专业对高素质技术技能人才培养的高度重视，《美容医学造型艺术设计》逐渐以一门独立的课程在各院校得以开展，课程内容主要包含了美容医学造型艺术设计基础、素描与色彩基础、雕塑艺术造型基础、化妆造型、发型设计、服饰美容造型艺术设计，以及美容皮肤科学、美容外科学、美容牙科学、美容文饰技术中的美容造型艺术设计等，旨在培养学生的美容医学综合审美能力与创美能力。

党的二十大报告对新时代新征程上推进健康中国建设作出了新的战略部署、赋予了新的任务使命，提出“把保障人民健康放在优先发展的战略位置”，对卫生职业教育提出了更高要求。本次教材修订旨在贯彻党的二十大报告精神，坚持为党育人、为国育才，突出健康美容、科学美容的职业理念。

本书以美容医学审美能力与创美能力的培养为重点，按照能力递进的原则系统设计各个章节的内容，建议分多个学期开设课程，使职业能力培养贯穿人才培养过程始终。

本书的编写思路是实用、必需、系统、专业，同时考虑高职医学美容技术专业双证书的要求，课程设计有效结合国家人力资源和社会保障部的美容师职业资格考试的相关内容，实现课证融合。

本书在编写过程中得到了近 20 所院校及行业专家的高度重视，凝炼了众多学者的共同成就。在编写过程中，因为经历有限，尚有诸多不尽人意之处，敬请同行专家批评指正。

此外，特别要感谢于江教授的指导和帮助，进一步提升了本书编写的系统性、科学性和规范性，在此表示衷心感谢。

张秀丽

2023 年 5 月

目　　录

第1章 美容医学造型艺术设计概论

第一节　美容医学与艺术基础

美容医学是医学、美学、艺术三者结合的产物，是塑造人体身心艺术美的现代医学。无论是生活美容，还是医疗美容都离不开艺术的塑造。美容医学人体艺术美的再创造是艺术上最富有挑战性的，要求也是最高的。

一、美容医学的属性

1. 医学特性　本质是生物性，人与其他生物的区别是意识和社会属性。

2. 美学特性　本质是和谐，即器官与个体、个体与群体、群体与社会的和谐，是一个社会心理层面的问题。

3. 艺术特性　本质是个性，艺术的内涵是形象、审美和情感。

二、医学美的特征

美的特征或特性是美显露自己本质的特有方式。美通过自己的特性而处于同自己的本质相互作用之中，才成其为美。医学美的特征可表现在以下几个方面：①客观存在性与主观性；②自然性与社会性；③多样性与统一性；④相对性与绝对性；⑤形象性与具体性。

三、审美标准与判断

审美标准即审美评价的标准。人们在审美评价中总会自觉不自觉地运用某种尺度去衡量审美对象。这种用以衡量对象审美价值的尺度，就是审美标准。

虽然由于社会生活的丰富多彩，由于审美对象具体形象的变化多端和无比丰富，由于个人生活的经验和审美经验的不同，形成了个人独特的审美感受，这种感受从表面上看来本身似乎没有什么客观标准而言，但由于美的事物的审美价值是客观存在的，审美主体与审美对象的审美关系也是客观形成的，所以在个人千差万别的主观感受中，总会这样那样地反映出对象的客观审美属性，总会积淀着不以个人主观意志为转移的客观内容。因此，审美标准是客观性的。

四、艺术的要素

艺术具有三个要素，即情感、形象和审美。将对生命的执着、对生命的感悟，化作一种创作的激情，以形象化的形式表现出来，给人以美感，即为艺术。情感是艺术原创力的迸发，形象是艺术的载体，审美则是艺术活动中不能缺失的活动。

五、美容医学造型艺术设计基础

美容医学造型艺术设计是根据美容医学的属性进行艺术创作的一门科学。如对于五官运动，同一个内容，不同的角度，研究目的也是有所差异的，这样才能保证其全面、完整（表 1-1-1）。

美容医学造型设计的目标就是通过对面部艺术符号的认识，利用相应手段，调整符号间的关系，表达型相关系，使每个人都具有个性美，即艺术美。为了达到这一目标，首先应该对美容医学的系统化流程模式、美容医学的形 - 型 - 相关系和美容医学从业人员各岗位的知识结构 有所了解。

表 1-1-1　美容医学造型艺术设计概况

项目	内容
目标	使每个人都具有个性美，即艺术美
标准	患者满意、大众接受、艺术创作
表达规则	通过形、型、相的表达，增进亲和力
地位	设计师岗位
作用	全程设计，监督完成设计要求
方法和手段	医学、美学、艺术设计手段相结合

（张秀丽　寇晶堃）

第二节　艺术美学的设计原理

美容医学造型艺术设计主要是针对不同求美就医者的需求，提供符合要求的个性化设计，其中艺术美学设计是其中重要的设计要素。

1. 一维　点、线。点线是面部造型设计中的最基本因素。一个点在平面上，是最容易吸引人的视线的形象。线在造型中的地位十分重要，直线刚硬，曲线柔美，粗线有力，细线锐利，直线静止，曲线活跃。

2. 二维　平面。面具有长度和宽度，没有厚度。面具有近看则宽、远看则窄、近观大、远观小等特征，物面的深度、边线的斜度、圆弧的弯度、差距的悬殊等多方面均存在远近不同的差距。在美容医学造型艺术设计中，要正确运用平面的设计规律，需要通过素描的实际操作练习，在实践中慢慢体会。

3. 三维　立体。面部结构复杂、形态多样，为了能够将复杂的面部形态变化规律简单化，更好地理解和分析面型变化的规律，我们利用几何图形来表示，也就是我们这里所指的“三箱结构理论”。

（1）三箱结构正位观：将面部上、中、下三等分，以发际弓、梨状孔下缘、颌底为界，形成三箱结构，上箱呈“倒”字形，中箱及下箱呈凹字形。三箱宽度不同，形成不同的面型，如上、下箱宽度相近，中箱超出上、下宽度，则呈现“申”字形面型。见图 1-2-1，图 1-2-2。

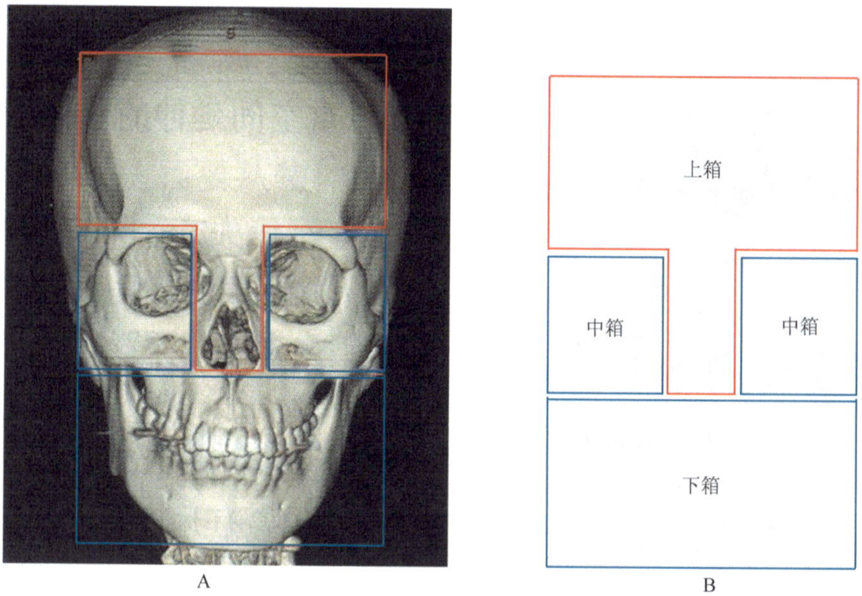

图 1-2-1　面型骨骼形态三箱结构正位观

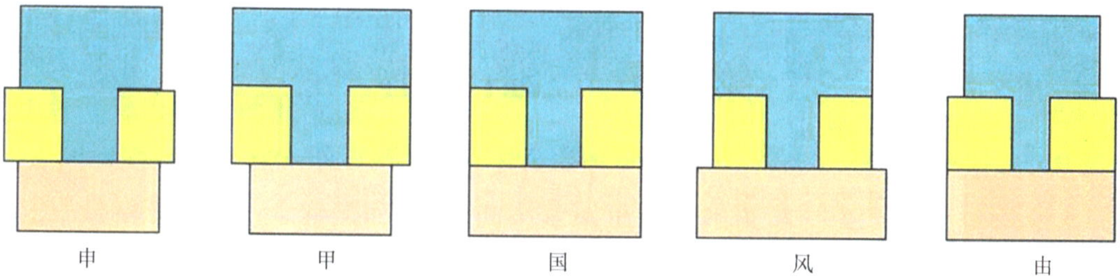

图 1-2-2　三箱结构宽度不同所形成的面型差异

（2）三箱结构侧位观：主要是三箱相互间前后位置关系。正常位置是上箱在下箱前，下箱在中箱前，如果位置发生变化，则使面型差异加大。见图 1-2-3，图 1-2-4。

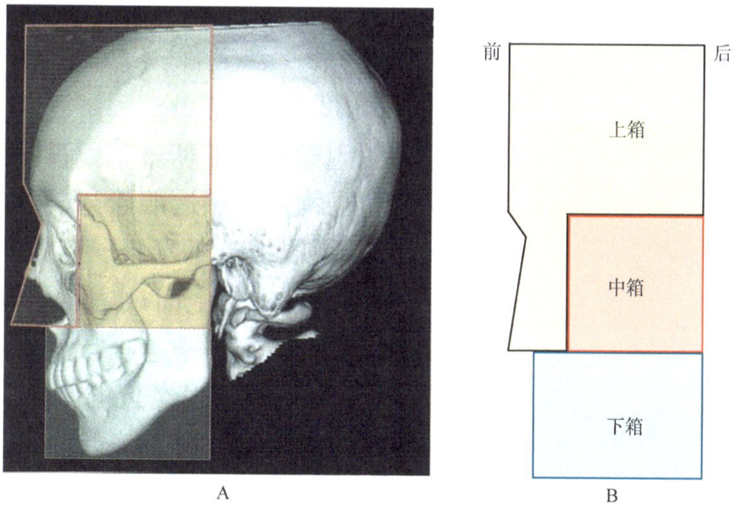

图 1-2-3　面型骨骼形态三箱结构侧位观

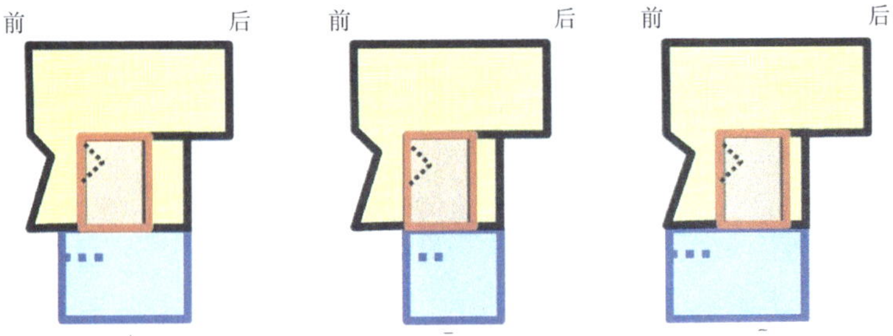

图 1-2-4　三箱结构侧位观

A. 下箱位置正常 B. 下箱位置后缩 C. 下箱位置前突

4. 四维　时空。三维空间在时空上的变化，称为运动。思维设计的核心思想就是动态地设计，设计的方案不能局限于静止状态，还要包括运动状态。如重睑设计时，要考虑其在运动时重睑线是否流畅；手术切口设计要考虑运动时的局部皮肤组织用力情况和皮纹走向等。

5. 五维　意识。意识是美容医学造型艺术设计与造型艺术的主要区别。心理是一种想法，情感是一种表达，而意识则具有主观能动性。面型变化受多种形态学变化的影响，通过直曲、动静、量感、艳浊等多种因素的共同制约，如男性的直线感突出，女性的曲线感明显；直线的稳定性突出，曲线的动态性明显。直线和曲线是一种性别元素，是刚和柔的关系，也是静和动的关系。面部情感的表现通过视、听、嗅、味、触五种感觉共同传达出来的，在艺术审美中通过艺术符号流动出来，从而产生高层次的审美体验。

（张秀丽　寇晶堃）

第三节　艺术美学表现形式的应用

一、对称与均衡

对称是均衡的一种特例，任何人的面部都不完全对称。

由图 1-3-1 可以看出，均衡是艺术美感的关键要素，但是均衡不一定对称，完全对称反倒显得缺乏美感。无论是面部的手术美容设计，还是文饰设计或者化妆造型设计等，

图 1-3-1　对称与均衡

都会遇到类似的问题。要正确处理均衡和对称的关系，让求美就医者正确理解并接受设计方案，达成双方一致认可的效果。

二、比例与协调

比例在美容医学领域具有十分重要的作用，是部分与部分或部分与整体之间的数量关系，是比率的概念。面部的“三庭五眼”比例关系、“黄金分割点”比例关系（通常将长宽比或者线段比为 1 ： 0.618 时称为黄金分割点）等均涉及比例与协调的关系。见图 1-3-2。

图 1-3-2　比例与协调

比例与协调在不同种族、不同个体间均存在差异。多数情况下，五官不会机械地按照某个比例分布，但这个比例在不同的人群中具有相对稳定性。

三、节奏与韵律

在美容医学造型艺术设计中，节奏是指以同一要素连续重复时所产生的运动感。节奏是动的表现，均衡是静的显示，两者结合才能产生形象美感。韵律是起伏不断的线条，规则、优美的曲线，反复交替，韵律优美。节奏和韵律蕴含在面部的线条中，较好地处理和体现两者的关系，能够有效地增加美感。

四、对比与统一

对比是在统一的前提下，把质和量反差甚大的两个要素成功地搭配在一起，使人感受不同。它可以通过色调的明暗，形状的大小、粗细、长短、方圆，方向的垂直、水平、倾斜，数量的多少，距离的远近、疏密，图的虚实、黑白，形象的动静等多种因素体现。统一是指全部一致。在美容医学造型艺术设计中需要协调对比和统一之间的关系，过度地强调统一或形成强烈的对比均可使美感缺少。

五、个性与和谐

几种要素具有基本的共同性和融合性，称为和谐。和谐的组合也保持部分的差异性，即为个性。两者相互依存，相互转化。

个性与和谐是美容医学造型艺术与造型艺术的主要区别。个性与和谐在造型艺术上体现为对比和统一，在美容医学造型艺术上则指型相关系，属于心理学范畴。

不同的器官形态、面部弓形结构均有一定的规律。在型相表达中，上箱结构隐藏的情感密码来源于生物进化的印象。见图 1-3-3。

在面部美容设计时，下颌角的骨线设计要考虑性别特征。男性的下颌角设计要多采用直线型，而女性则要体现柔和的曲线美。假设为女性设计直线型的下颌角，再配合浓厚的眉形，则男性化特征较明显，会使其个性特征突出，给人以另类的感觉，这就体现了个性与和谐在美容医学造型艺术设计中的应用。

图 1-3-3　型相的情感表达

（张秀丽　寇晶堃）

第四节　美容医学服务对象的特点

美容医学的服务对象称为美容就医者。从现代医学模式的角度来审视美容就医者的本质行为，属于心理的健康变化和社会适应的要求。无论是积极的还是消极的，都是解决心理和社会适应的问题，而不是生物学上的疾病。美容就医者既区别于一般意义的求美者，也区别于普通意义上的患者。

一、服务对象的分类

随着人们生活水平的提高，物质生活的充裕，人们对外在形象的要求也越来越追逐于完美，已经不是曾经单纯的从美丑概念去划分了，更多地体现在个人需求个性化的求美需要。

1. 根据服务对象的临床表现进行分类　美容就医者根据其临床表现划分为四个层次及类型，其中Ⅰ类、Ⅱ类为美容医学领域的范畴，Ⅲ类、Ⅳ类属于整形范畴。见表 1-4-1。

表 1-4-1　美容就医者临床分类

临床分类		临床特点	常见病例
Ⅰ类	Ⅱ a 类	年轻患者对咨询的某个部位不满	如单睑、小眼睛
	Ⅱ b 类	老化引起的患者的心病	如上睑增龄性下垂
	Ⅱ类	引人注目，受歧视，被人询问，受到别人同情，有强烈的逆反心理	如轻度反颌
	Ⅲ类	明显异常、影响功能、引起他人的不快或好奇，患者因此成为开玩笑的对象，被起外号，患者有意回避，非常讨厌别人凝视	如鼻翼缺损畸形
	Ⅳ类	使人产生强烈的恐惧感，别人不敢正视、不愿接近	如大面积烧伤致颜面瘢痕挛缩

2. 根据求美动机分类

（1）婚恋需要

1）恋爱寻找配偶的需要：适龄青年因为容貌问题而引起无人追求或找对象困难，将会求助于美容医学手术改观容貌。中老年丧偶或者离异，往往借助于美容医学手术让自己尽量显得年轻一些，以利于重新寻找配偶。

2）维护婚姻：并非自身需要，而是为了让配偶（基本见于女性）更欣赏自己而选择美容医学手术。还有些人因为自己的衰老，而选择美容医学手术改善容貌。

（2）职业需要

1）影视明星为了永葆艺术青春会寻求美容医学手术美容；礼仪小姐职业或者需要形象的行业对容貌会有一定的要求。国外对外貌影响招聘、晋升和薪酬水平进行了大量的研究，身体吸引力影响事业发展。

2）特殊职业性工作者希望通过美容手术让自己更加有魅力，更加吸引异性亲睐，需求也非常直接，主要体现女性曲线如隆胸。

（3）社会审美压力适应环境的需要

1）想引起人们注意的，属于心病，年轻者张扬表现自我的，如小眼睛肿泡眼。老化者，年龄增加引起心理落差，如上眼睑松弛失去年轻时的大眼睛双眼皮。

2）容貌容易引起人们关注，总被人询问，而心理产生逆反者，如下巴后缩、“地包天”等。

3）容貌明显异常、功能受影响，易引起他人好奇被人搞怪嘲讽者。如唇腭裂造成鼻翼缺损、唇部畸形等。

4）容貌让人产生恐惧者，让人避而远之，如大面积烧伤患者形成的瘢痕问题，瘢痕挛缩颜色凸显等。

（4）时尚从众的需要：随着人们生活水平的提高和社会的进步，一些新的观念冲击着传统观念。如以往有“身体发肤受之父母”等传统观念，人们接受不了整形美容。同时在一些落后偏僻地区由于传统观念的压力，也会觉得医疗美容跟自己无关，只是明星等需要抛头露面的人才做的，所以即使有些年轻人做了美容手术，也会很在意被别人知道，做的效果也会要求很保守，从自然为准。而今，新观念的冲击，大家对身边同事朋友做整形美容手术的求美者已经屡见不鲜，不再是当初保守想法，更多的人还会在一起交流体会，被带动一起做整形美容手术，大家更多地追求整体的比例协调以及个性化要求。

（5）其他特别需要

1）性别改变：因为自身性别与性倾向之间产生了矛盾，希望通过变性手术改变自己的性别。

2）特殊需要：一些不法犯罪分子，为了逃脱追捕而进行手术，以此改变自身容貌逃脱法律的制裁。对该类人员医护人员要注意鉴别。

3）改变运气：希望通过手术改变五官或者某一器官外形，从而改变运势。这类人一种属于较迷信者，如做隆鼻达到旺夫的效果，很多娱乐八卦上易有此学说某某明星有旺夫运是因为做了哪些整形或者因为鼻子等长得好。另一种则源于对面相学的痴迷，认为面相中五官很大程度决定着命运，改变五官就能改变命运，如通过眼部整形增加桃花运等。

二、服务对象的主要特征

临床表现不同、分类不同，求美就医者的期望值也不同，结合其实际情况更好地选择和设计美容医学造型艺术设计方案，指导治疗计划的进行。

1. 临床表现不同，服务对象的特征不同

Ⅰ类：患者的主要特点是生物学性状正常，追求更高的要求，或者为了某种目的产生求美就医意向。其目的在于追求美，或者通过美而达到其他目的。

Ⅱ a类：多数为阳光度高的人，艺术美学造型要求较高，并具有其个性特征。

Ⅱ B类：同上，但对于中老年人应当注意其婚姻或生活环境状况的影响，其目的是通过追求美达到其他目的，心理艺术造型艺术设计尤为重要。

Ⅱ类：器官形态轻度异常，不影响功能，艺术审美造型不高，达到美学标准即可满足。

Ⅲ类：器官形态明显异常，影响功能，手术效果能达到解剖学标准即可满足。

Ⅳ类：引起恐惧感，功能障碍，期望值低，接近解剖学标准即可满足。

2. 求美动机不同，服务对象的特征不同

（1）婚恋需要：年龄引起老化或者审美引起的求美要求，是为了达到特定目的。

（2）职业需要：某些特定职业侧重于对外貌形象方面高要求。

（3）社会审美压力适应环境的需要：①见于追求更高满足；②阳光度高的求美者，艺术造型要求高的求美者；③为达到特定目的，要注意心理上的疏导；④器官形态异常者需要适应社会，轻度者不影响功能，达到美学标准即可；重度影响功能者，手术达到解剖学标准即可满足；⑤形象引起恐惧感、功能障碍者，相对求美者要求要低些，接近解剖学标准即可满足。

（4）时尚从众的需要：求美者主要追求更高满足，完美自己。

（5）其他特别需要：①借助整形达到掩饰或者转移视线等特定目的，意义不在整形在于改变某一些特定指征。对于此类顾客要谨慎；②是为改变运气、财运等而整形。多见于面相学。此类顾客要注意心理疏导，命运掌握在自己手中而非整形即可改变的，不能让其以此作为逃避现实生活的方式。

（张秀丽　曹莉莉）

第五节　美容医学从业人员的素质与技能要求

在美容医学领域的主要岗位应该包括美容咨询设计师、美容医师、美容护士、美容技师、美容师、化妆造型师、客服人员、企划管理人员等。不同的岗位，对于技术的要求不同，知识的门类、科目总体相似，但技能及熟练程度要求不同。如以（表 1-5-1）示针对美容医学从业人员所需造型，艺术知识分为以下内容。

表 1-5-1　美容医学从业人员所需造型艺术知识分类

审美目的	理论体系	艺术技能
风格造型	艺术	素描
化妆造型	造型艺术	色彩
美发造型	美容医学造型艺术	雕塑
服饰造型	型与相	摄影
心理造型	五维分析设计原理	电子暗房
整形造型	形式美学法则	数字艺术

一、美容医学从业者的职业素质要求

1. 高尚的医德是医者立身之本 作为美容医学从业人员，面临的人群特殊，即大多都为锦上添花的求美者，相对治疗项目多元化，要求美容医学从业人员必须本着认真负责的态度，以安全效果为导向，切忌为了多开发多收入而忽略医学原则。

2. 良好的医技水平 只有医生技术水平过关，才能确保求美者的美容效果，避免医疗事故纠纷。

3. 较高的美学修养 美容医学是一个传递美、创造美的学科，同时也要求从业者必须具备较高的美学修养，只有这样才能确保求美者达到真正美丽的目的。否则，不仅会给所从事的医院机构造成纠纷负担，更严重的会给求美者带去更大的身心痛苦。

4. 良好的心理知识与沟通能力 我们所面临的求美者因为求美动机的不同也会体现出不同的求美需求，对于求美者她们不仅仅需要的是让外表美丽，同时还需要心理美丽的同步，所以作为美容医学从业者必须具有良好的沟通能力与心理知识，才能更全面地服务好求美者，让求美者对美容效果达到真正的满意。

5. 观念的改变是美容医学从业者完善自身素养的前提 随着社会元素的多元化，美容技术以及理念也在不断发生着演变。作为美容医学从业人员首先自己要观念上改变并跟进，才能更好地发展美容医学，服务好求美者。

二、美容医学从业者的职业技能要求

1. 咨询服务技能

（1）电话沟通、网络互动、现场接待、现场咨询：现在咨询沟通的多元化，要求部分岗位从业人员需要具备电话沟通、网络聊天预约、现场接待咨询等营销技能。

（2）医疗美容项目介绍技能：作为美容医学从业人员，首先必须要熟知所经营的医疗美容项目，以确保为求美者提供更好的沟通引导。

（3）医疗美容咨询信息采集技能：为更好地了解求美者需求、后期恢复情况及满意度，部分从业人员还必须具备信息采集的能力，如电话网络咨询、现场咨询等。

2. 需求评估技能 在与求美者沟通中，相对于美容医学求美者，美容医学从业者属于主动授予，且拥有求美者没有的专业美容知识与资讯。所以需要具备需求评估的能力，以确保为求美者做出更加有效的需求评估。

3. 预设方案技能 由于手术方案术种的划分精细化，以及配合市场营销配合，求美者来院一般会先由咨询岗营销人员（如现场咨询）做预先的方案设计，后期再由手术医生把关，目的是为了提高沟通效率。所以部分岗位需要具备预设方案的技能。

4. 康复指导及信息管理技能 医疗美容项目都是需要后期医生跟踪服务，并使美者配合才能达到相对完美的效果，所以美容医学从业人员需具备术后康复指导以及定期跟踪服务的能力，以保证远期效果。

三、知识要求

作为美容医学从业人员，首先要具备必要的基础医学和临床医学综合知识，见图 1-5-1。

1. 医学美容知识、解剖学基本知识 人体解剖学是美容医学造型艺术的基础，学好解剖学才能更好地了解人体基本结构，才能更安全有效地服务于求美者。

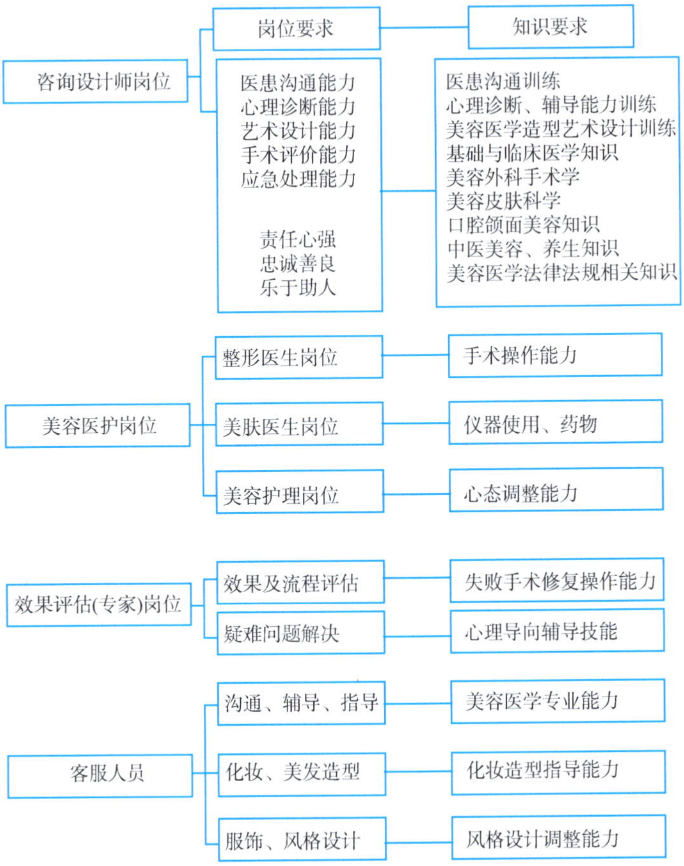

图 1-5-1　美容医学从业人员各岗位知识结构

2. 美学与人体美学知识　作为传递美丽的使者，只有具备扎实的美学及人体美学功底，才能更负责地为求美者提供美丽方案引荐，以确保美丽方案的有效性。

3. 人际关系与沟通学知识　必须具备很好的人际沟通能力才能更准确地发掘求美者的需求，同时也能为提高求美者满意度做最好的铺垫。同时也能避免因为沟通不到位造成的纠纷。

4. 心理学与美容心理学　很多求美者做美容手术其实是做给自己看的，简单地说，为其外表整形的同时也是在帮助求美者修心，要想真正地让求美者满意，辅助的心理沟通营销还是必不可少的。所以掌握一定的心理学及美容心理学的知识是美容医学从业人员必不可少的。

5. 服务与经营管理学　让求美者达到高满意度不仅仅体现在效果上，更多还体现在前期一系列经营管理及营销细节上。所以美容医学从业人员（这里多指经营、企划、营销人员）等还要具备服务与经营管理学方面的知识。

四、艺术技能

1. 全方位的审美观测能力　面对人体形态的观测我们往往容易局限在二维角度，如三庭五眼。但是在生活中，人们的审美除了二维角度，很多时候还源于一些模糊的更立体的视觉效果，如三维等，因此从业者要全方位、多角度、立体式地帮求美者分析。

2. 艺术语言的表达能力　艺术的语言往往出于丰富的想象力和表现力。如帮助求美者分析时，帮女性追求面部曲线柔和美，而帮男性塑造阳刚的有型美，棱角分明之感。

五、心理调控技能

对于求美者，如果作为咨询设计人员及整形医师都能很合理到位地将求美者心理调控到最佳状态，那么医疗美容机构就能与求美者获得双赢的效果。在心理调控中要多从仪表、仪态、肢体语言、行为语言、学识、品位等方面进行分析，以达到求美者由衷的满意并能成为朋友为目标。

（曹莉莉）

第2章 素描与色彩基础

第一节 素描在美容医学艺术设计中的意义

一、素描在美容医学艺术设计中的意义

素描是造型艺术的基础，在各种学科专业中有各种不同的形式。在美容医学艺术设计中，素描训练能有效帮助学习者认识和研究各种物象的结构形态与组合规律，逐步提高对形象美的判断力，正确把握塑造美的方法。

美容医学艺术设计对素描的训练要求是应用型的“真”和“准”，表达造型的真实和规范。如从事医疗美容咨询岗位的人员，在为求美者进行项目介绍时，有必要在讲述某一项手术操作过程时，准确地画出手术步骤的示意图，便于求美者的理解；从事文饰工作者，文眉、文眼线和文唇都需要使用仪器在人的皮肤上精准地纹出线条优美的眉、眼线和唇线。

素描的训练能有效提升手臂控制能力和手脑协调能力。其中，素描对手臂的训练一方面体现在手臂动作上，动作的自然化和自由化体现在多种线条的表达中；另一方面体现在铅笔的运用，从笔尖与画纸接触的角度、铅笔的压力大小、运笔的速度和方向等方面的训练，可有效提高手臂的灵巧度。素描训练的基本步骤包括整体观察、构图、明暗表达、深入刻画和调整。整个过程都是训练眼、脑、手共同作用，体现出手脑协调能力的培养。

二、素描基本知识

（一）素描的定义

“素描”——朴素描写。从绘画表现形式的角度理解，素描是以铅笔、木炭条、炭精条、炭笔、毛笔、钢笔等较单纯的绘画工具及单一的颜色在版面上所作的单色画，并通过对象的外形、比例、结构、体积、空间、质感和色彩的浓淡等造型艺术的基本因素的运用综合表现形象的绘画。

从素描的应用范围角度理解，素描是造型的基础，主要以单色线条和块面来塑造物体的形象，以锻炼观察和表达物象的形体、结构、动态、明暗关系为目的。

（二）素描的分类

素描从目的和功能上分为创作素描和习作素描两大类；从使用工具上分为铅笔、炭笔、钢笔、毛笔、水墨、粉笔或多种工具并用的素描等；从写生内容上分为静物、动物、风景、人像及人体素描等。

（三）素描工具

素描使用的工具简单且易于取得，平日书写的工具都可用于素描。一般在基础练习

时使用的主要有绘画铅笔、橡皮、图画纸、画板、画架等。

1. 素描工具的内容

（1）绘画铅笔：一般的铅笔，是用石墨做成的。最硬的铅笔含大量胶泥，最软的铅笔则只含微量胶泥或根本不含胶泥。所以，每只绘画铅笔都因其铅芯的软硬度不同而以“*H”或“*B”命名。以“HB”铅笔为例，“H”代表铅芯的硬度，“B”代表铅芯的软度，H 的数值越大，铅芯越硬越细，绘出线条越浅；B 的数值越大，铅芯越软越粗，绘出线条越深。软度由 1B 到 9B，硬度由 1H 到 9H，HB 软硬适中。

对于本书学习者来说，不需要使用太多型号的铅笔，一般用 2H、HB、2B、4B 铅笔就可以。H 系铅笔多用于素描的起稿，便于修改。4B 以上的铅笔多用于画色重的部分，素描画的深浅层次不仅靠铅芯的软硬来表达，还需通过用笔力度的大小和线条排列的疏密以达到目的。

（2）橡皮：素描需要绘画专用橡皮，一般有 4B、5B、6B 橡皮，还有一种可塑橡皮都适用于素描绘画。素描中使用橡皮主要有两种功能，一个是完全擦掉错误线条，重新再画；另一个是减弱线条颜色的深度，调整对比度。

（3）图画纸：市面上出售的各种厚薄、质地的画纸都可用于素描的绘画。若图画纸表面光滑，则表现出的线条细腻，便于画细微较小的形状；若图画纸表面粗糙，则表现的线条有断裂感，绘出的物象质感强，便于画层次感强、较大的形状。

（4）画板：多以轻型的木板或木制胶合板为主，以平整、无缝、轻便为宜。素描用板没有太高的要求，对初学者来说，可以携带画板以便随时随地进行写生绘画。

（5）画架

画架主要用于绘画大幅素描，其材料和样式也很多，初学者可依据自身需求和喜好来选择。

2. 素描工具使用

（1）绘画铅笔的使用：素描中要求握笔一定要轻，线条才能流畅、自然、有感情，并尽量使用侧笔，即笔的方向与画出来的线条成垂直。初学者往往会习惯像握钢笔一样握绘画铅笔，可试着像握刷子或棍子一样握住绘画铅笔，放松手和手臂，以便在纸上更好地发挥。

1）铅笔的执法：绘画铅笔的执法在具体绘画过程中会根据情况改变。

情况一：普通握笔。示指与中指握在距离笔尖 7 ～ 8 厘米的地方，笔后半段轻轻抵住无名指，如此能画出各种不同质感而流畅的线条，可丰富画面与空间变化的效果。见图 2-1-1。

情况二：表现暗色或较重的笔触时，可以握笔尖处，用示指压住笔芯，就可画出很重的线条而不会折断笔芯。见图 2-1-2。

情况三：作细部的处理。可以以一般写字的方式握笔，亦称直握，可稳控细节的表现。见图 2-1-3。

图 2-1-1　普通握笔方式

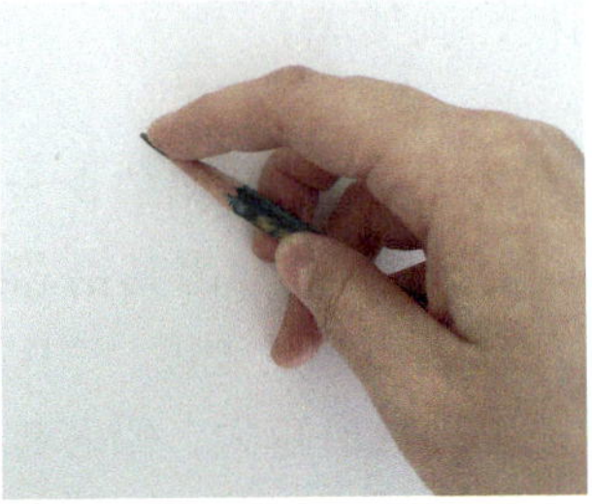

图 2-1-2　其他握笔方式一

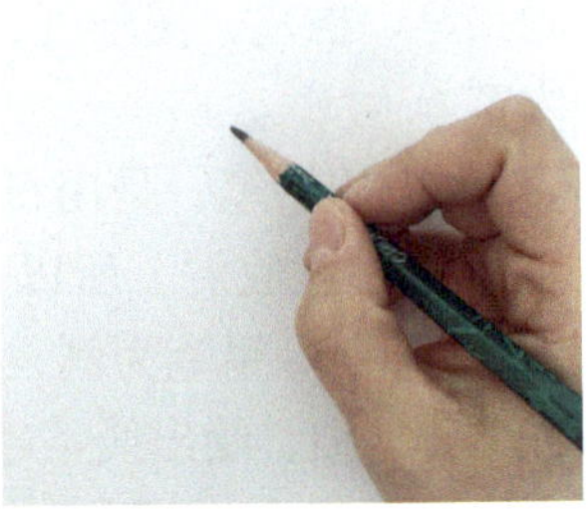

图 2-1-3　其他握笔方式二

2）铅笔的削法：削铅笔一般使用美工刀或类似刀具，避免使用专门用于削铅笔的工具。削铅笔后所呈现出的木质斜面一般接近 3 厘米，铅芯长约 1 厘米且不要尖锐（图 2-1-4）。如铅芯削得过长（图 2-1-5），在作画过程中易折断；削得过短（图 2-1-6），因使用侧笔绘画的原因，所表现的笔触有限。

图 2-1-4　标准笔尖

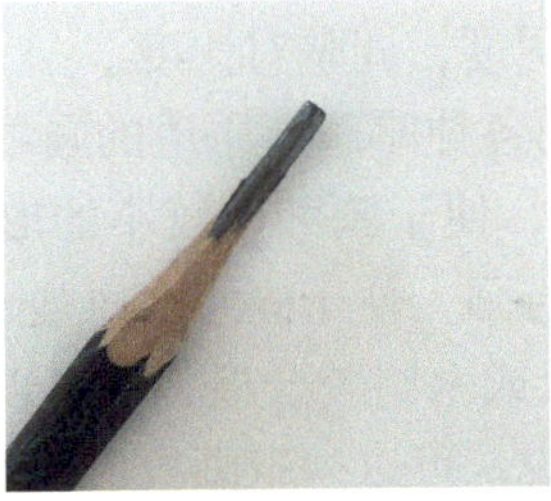

图 2-1-5　笔尖过长

图 2-1-6　笔尖过短

（2）画板或画架：画板或画架的使用和需求在具体绘画过程中会根据情况改变。

情况一：在没有画架时，可坐着将画板支起画。具体做法是右手执笔时，左手握画板左上端，手臂尽量伸直，右手应保持与肩膀等高；下端放于大腿上，角度与脸平行。见图 2-1-7。

情况二：最佳的绘画姿势应是站着画，也就是使用画架将画板支起画。作画时，必须保证绘画者与画之间有足够的距离，允许其胳膊、手腕和手自由地移动。绘画者的身体在观察物体时需保持同观察视线的统一，以保证画面透视关系及光影的统一性。见图 2-1-8。

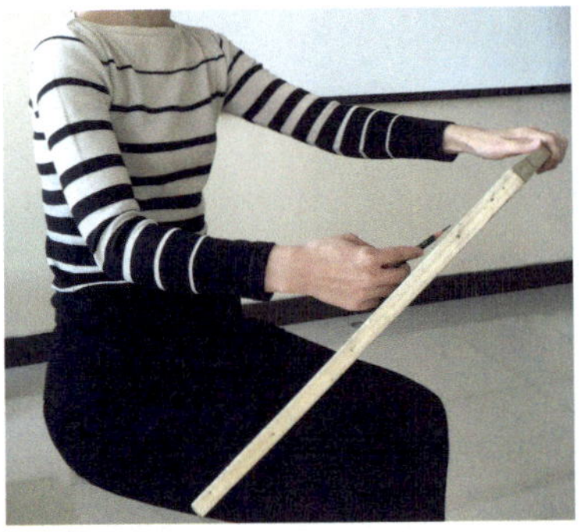

图 2-1-7　画板执法一

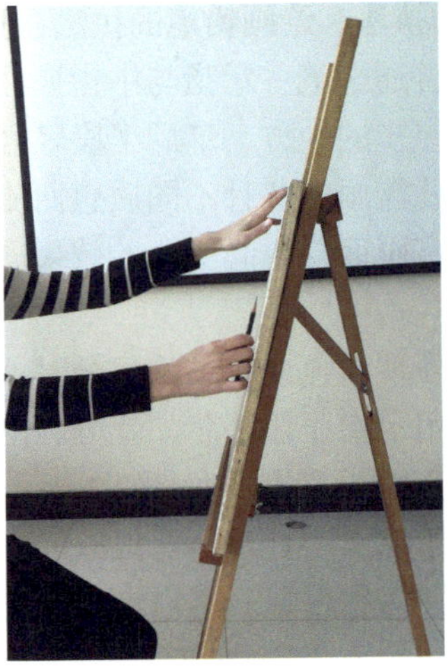

图 2-1-8　画板执法二

（四）素描造型基本因素

掌握素描造型的基本因素，才能塑造所描绘物体的立体形体。

素描造型的基本因素是点、线、面。

1. 点　素描中“点”表示位置，是形体塑造的标记。绘画时，先找出所观察物或组合的基点与顶点、左点、右点、近点和远点，以规定作画中物体的整体范围和各面之间大小比例和形状关系。见图 2-1-9。

2. 线　任何一幅素描都是由无数的线组合而成。

（1）线的种类

1）垂直线、水平线、斜线：有确定物体重心的垂直线，有确定物体间前后关系的水平线，有把握形体动势的斜线。见图 2-1-10。

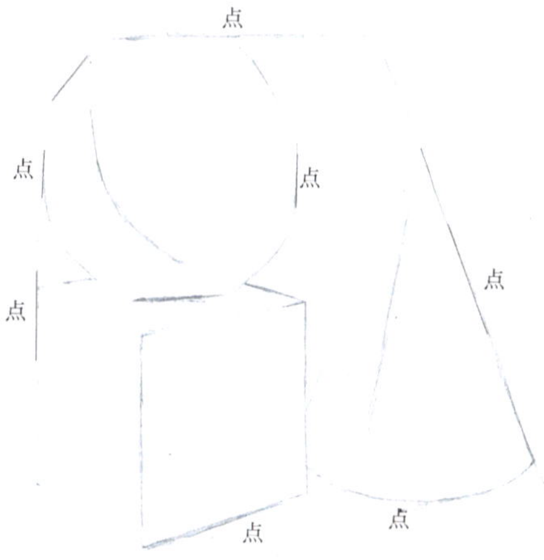

图 2-1-9　点

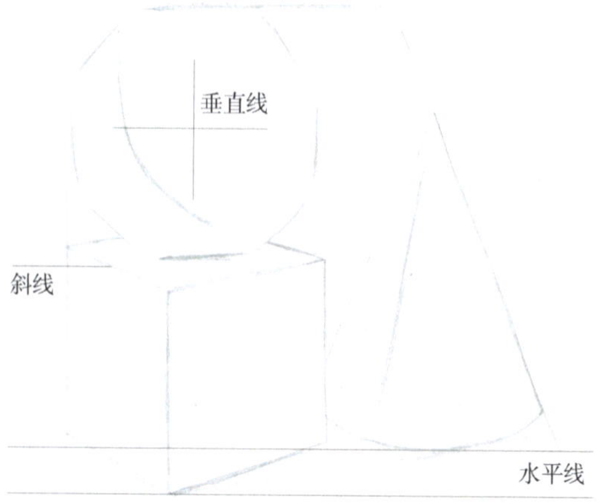

图 2-1-10　垂直线、水平线、斜线

2）记号线：标记调子。见图 2-1-11。

3）内、外轮廓线：反映形状。见图 2-1-12。

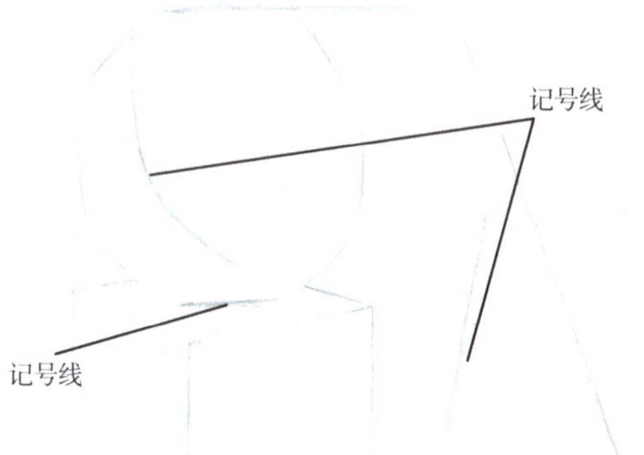

图 2-1-11　记号线

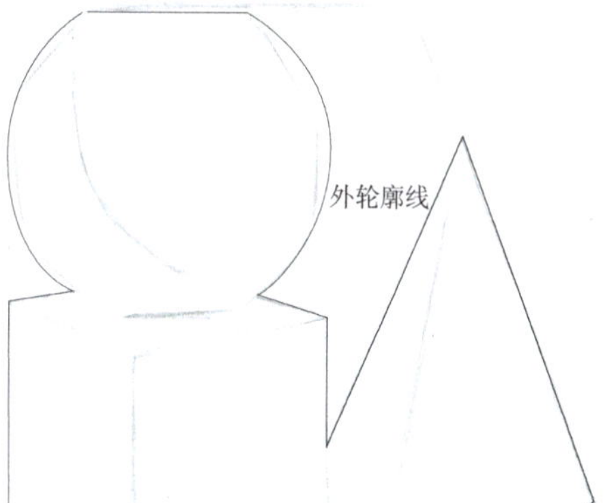

图 2-1-12　轮廓线

（2）排线：在素描中，排线能表现出画面丰富调子层次和物体质感。

排线即无数线条相对平行的并列。排线中的线具有“两头轻，中间重”特点。一般有斜线的排线、水平线排线、横斜线交叉排线、竖线排线、斜线交叉排线以及竖斜线交叉排线。见图 2-1-13。

排线时尽量避免出现带钩的线、两头齐的线、前后连笔的线、先重后轻的线、方格重叠的线以及分散排列的线。排线时线与线之间若出现结点，大面积铺线后画面不会保持干净、自然，不符合素描效果。见图 2-1-14。

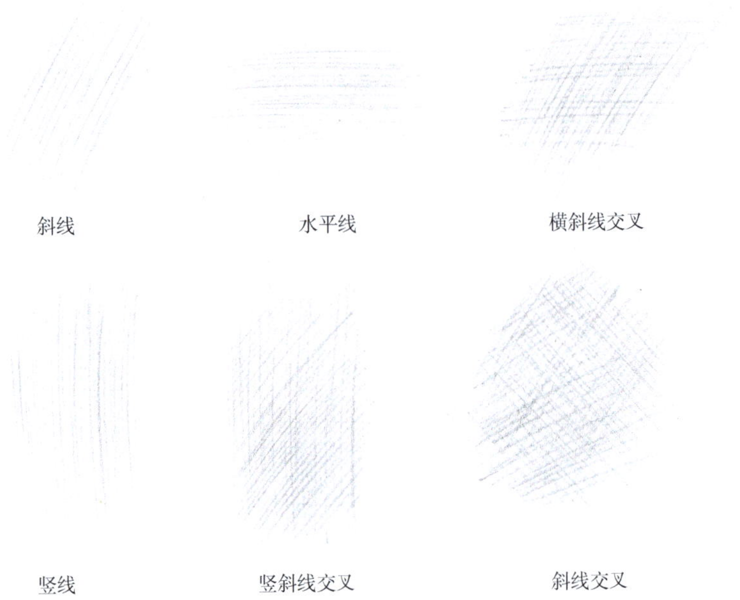

图 2-1-13　正确排线

图 2-1-14　错误排线

练习一：基本图形

在纸面中分别画出以下图形：点、垂直线、水平线、呈 45° 角的斜线、圆、等边三角形、正方形、五角星及螺旋线。见图 2-1-15。

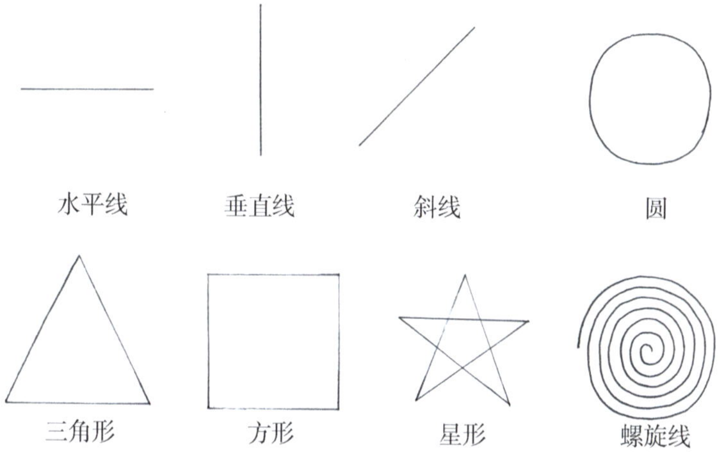

图 2-1-15　基本图形练习

目的：练习最基本的绘画技法——手和眼的配合。

方法：试着让你的注意力集中在你想落笔的那个点上。抛开一切杂念把全部注意力集中在笔尖一点，当眼准确地跟着手的移动而移动时，便会画得自然流畅，表达的形状也很准确。一旦注意力不集中，所画的对象就会走形。此练习一般维持在 5～10 分钟，反复练习。

练习二：矩阵

在纸面中分别画出以下矩阵，见图 2-1-16。

图 2-1-16　矩阵练习

其中，用点排成的线组成的方形，用点组成直线，点与点之间距离相等；用垂直线组成的方形，所有的线长度相等，线与线之间的距离相等；用水平线组成的方形，所有的线长度相等，线与线之间的距离相等；用两种相反斜度的斜线组成的方形，线的长度不同，线与线之间的距离相等。

目的：增强用眼准确判断空间和形状的能力。

方法：此练习是第一个练习的巩固和升华。画各种矩阵时，同样是控制好手，这是画好画必须学习的基本技术，此类练习做得越多，线画得越稳定。

3. 面　点和线构成面，任何数量的点和任何数量的线能连结成千变万化的面。

（1）造型中的面：在造型过程中，面可分为三类，即直面、曲面、直曲富于变化的面。

（2）三面五调

1）三面：物体在空间中的存在以高度、宽度和深度的三度空间来表达，高度表示上下的距离，宽度表示左右的距离，深度表示前后的距离。在光源的作用下便形成黑、灰、白三个大面的色区，即暗面、灰面、亮面。见图 2-1-17。

2）五调：代表物体在光的作用下所形成的明暗调子关系。

①亮调：亮调是物体受光线直射的部分，包括高光和亮面。见图 2-1-18，图 2-1-19。高光是对光源的直接反射而形成，是物体受光源直射，并直接反射光源的最亮的那部分。不是每件物体上都有明显的高光存在。

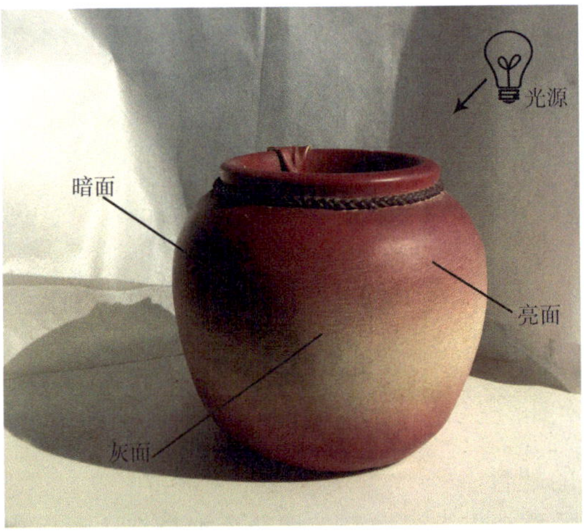

图 2-1-17　三面

图 2-1-18　高光和亮面

由于物体结构面的转折变化在光作用下，这个面总体上显得明快、清晰。

②暗调：暗调亦称背光面，是物体不能直接受光的部分。由于处于暗面，因此结构与面的转折不如亮调清晰、明快。见图 2-1-20。

图 2-1-19　亮调

图 2-1-20　暗调

③明暗交界调：明暗交界线并不是一条简单的“线”，是物体处于受光面与背光面间最暗的部分，形成一带明显的界限。它的宽窄、深浅、虚实的变化是随形体结构面的

不同而产生不同的明暗变化。见图 2-1-21。

④过渡调：过渡调在物体上呈现出许多不同层次的灰色调子，它是受光面直至明暗交界线部分，介乎亮调与暗调之间。见图 2-1-22。

图 2-1-21　明暗交界调

图 2-1-22　过渡调

⑤反光与投影：反光是环境反射光的部分，是物体暗部向纵深转过去的面，在受到周围环境的影响时即形成反光。素描练习中不应轻易将反光画掉或者画得太强和太弱，应保持在暗部统一的调子之中，不超过亮调的明度。

投影是物体遮住了光源，在背景物体上产生的投影，或是物体本身高出或凸起的部分遮住的光源，在物体的其他部分产生的投影。图 2-1-23。

⑥方体的五调示意图：图 2-1-24。

图 2-1-23　反光和投影

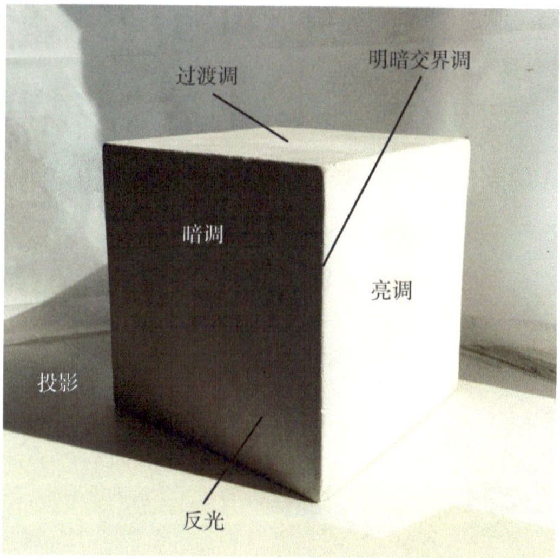

图 2-1-24　五调

练习一：方体的明暗，图 2-1-25。

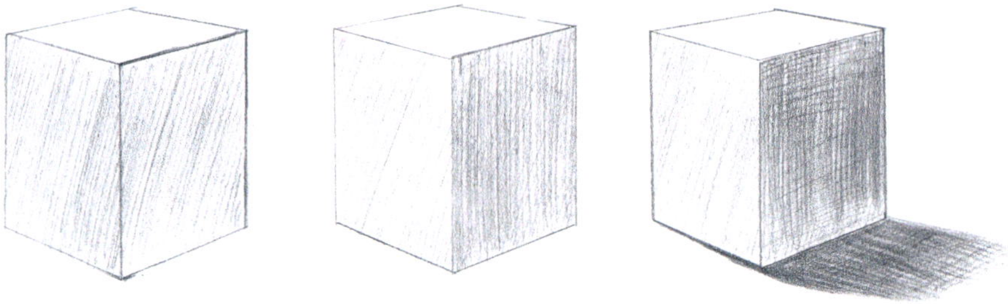

图 2-1-25 “三面五调”练习一

练习二：球体的明暗，见图 2-1-26。

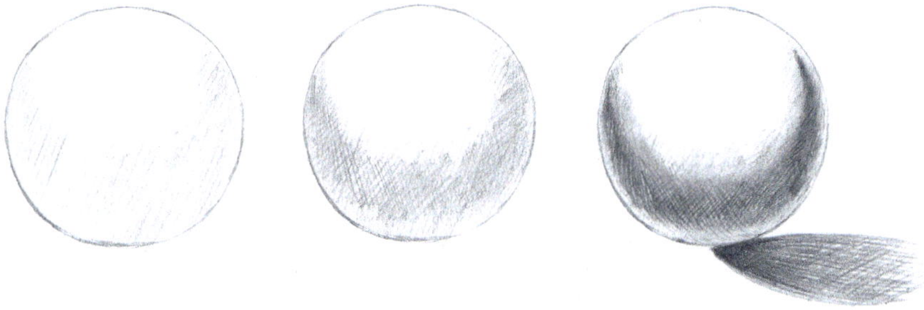

图 2-1-26 “三面五调”练习二

（寇晶堃）

第二节 素描的观察方法和透视原则

一、透 视

观察图 2-2-1 ～图 2-2-3。

图 2-2-1 椅子

图 2-2-2 笔筒侧视

图 2-2-3 笔筒俯视

正常状态下的椅子，它的四条腿本身是等长的，笔筒的筒口圆和底圆本身是等大的，如果成像后显示的椅子四条腿等长，俯视看到的笔筒顶圆和底圆大小一样，是否合理呢？

为何成像后的椅子四条腿长度不同，笔筒顶圆和底圆大小不等，成像后才合理呢？这就是绘画中必须表现的透视关系。

（一）透视的概念

透视规律很简单，例如，同一个物体越远越小。比如高 1.8 米的人，距离你 2 米远，你看到的他似乎只有 1 米高，如果离你 5 米远时，他就只有 20 厘米高了，离你 100 米远时，此人的高度基本接近为一个点了。所以透视的概念可以理解为相同物体的成像在人的视觉反射到大脑过程中形成的“近大远小”“明近暗远”。

（二）透视的种类

透视规律可把素描中常见的透视分为两种，一种为平行透视，一种为成角透视。

1. 平行透视　平行透视也叫一点透视，即物体向视平线上某一点消失。任何形状的物体，只要有一面与画面成平行的方向，就可以定义它为平行透视。

平行透视下，图像表现的关系很简单。

（1）单独物体的平行透视：见图 2-2-4。

此图中，正对着观察者的面（平行于画面的面），称平行面，它的边线均属原线，互相平行且永不消失；立方体其他同类面的边线称为变线，最终都相交于一个灭点（消失点）且消失。

（2）景象的平行透视：见图 2-2-5。

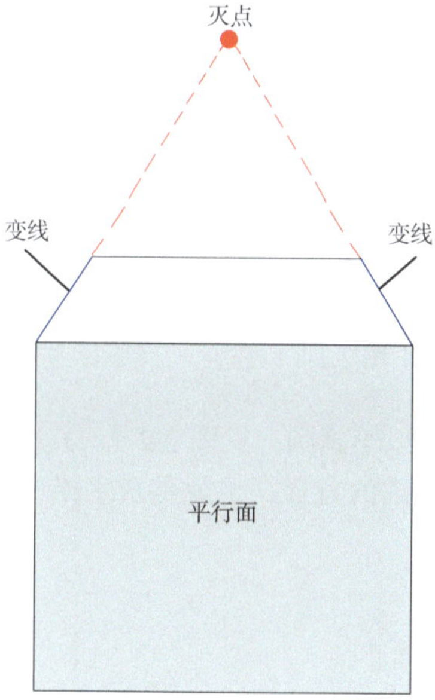

图 2-2-4　物的平行透视

图 2-2-5　景的平行透视

此图中，正对观察者的房屋是平行于观察者的面，灭点（视点）存在于同一个平行面中。当景象中的树木、地面的砖线逐渐接近灭点时，就变得越来越小，越来越细，间距越来越密。在同一视域中，事物的上下端连线形成的边都要消失到灭点上。

2. 成角透视　成角透视也叫二点透视，即物体向视平线上某二点消失。见图 2-2-6。

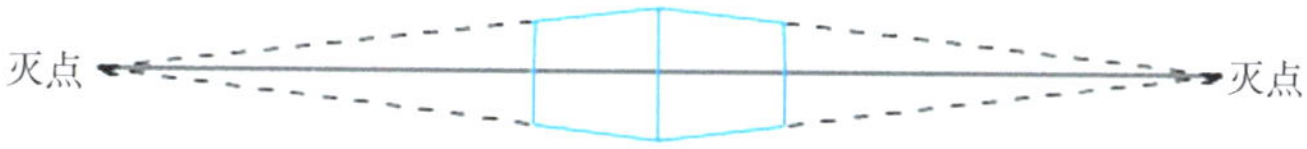

图 2-2-6　成角透视

在同一视域中，立方体没有一个平面与画面平行，仅有一条垂直的棱边距画面（观察者的观察位置）最近，立方体就和视点、画面构成成角透视关系。它的左右两组水平棱边都依附与各自与水平线成角的消失线，最终分别与左右两个灭点相交并消失。

二、石膏几何体写生

初学素描者一般都从石膏几何形体写生开始进行素描基础训练，因为任何物体的外形都可以由简单几何体来表达。以面部五官为例，人的头部可分析为球体，鼻子可分析为三角体，嘴巴可分析为圆柱体等。几何体是构成一切形体的基本元素。

本节以方体、圆柱体和圆的几何体组合写生为例，来指导石膏几何体写生中的几个问题。

1. 方体写生注意事项

（1）因透视关系，方体左右两个面与水平线形成的角度大小要随左右两个面大小而定。如观察者所观察到的方体左面（红色面）小于方体右面（蓝色面），则左面与水平线形成的角度要大于右面与水平线形成的角度，反之同理，见图 2-2-7。

（2）方体上下边因透视关系，有分别向各自灭点相交或趋平行的走移增行，见图 2-2-8。

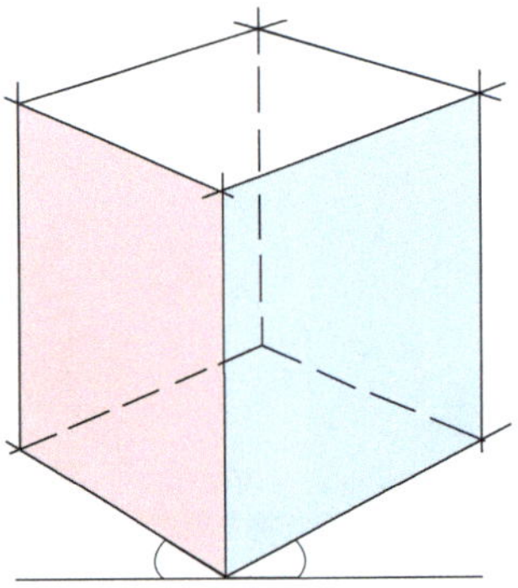

图 2-2-7　角度

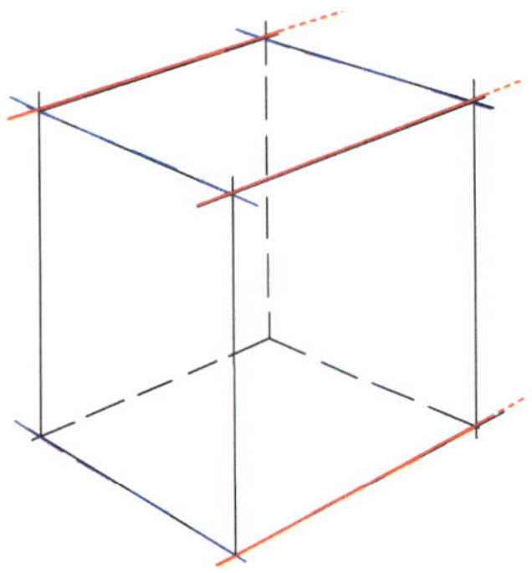

图 2-2-8　棱边

2. 绘画圆的技巧　借助辅助线形成米字格辅以绘画圆，见图 2-2-9。其中，第二步在对角线上以短线截取长度时，截取的长度应等于圆的直径，也就是米字格中心垂直线或水平线的长度。

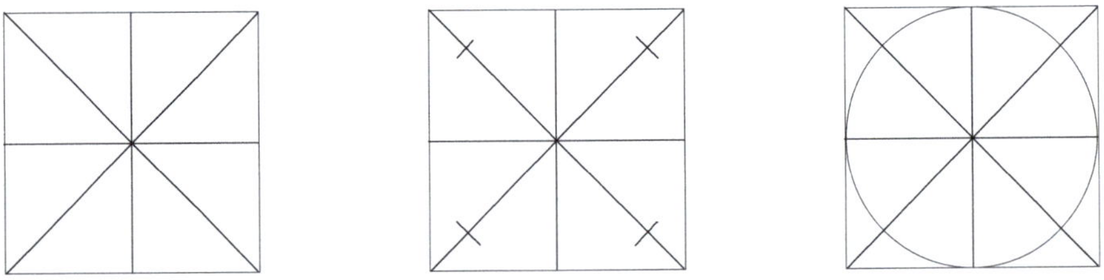

图 2-2-9　球体绘画步骤

3. 圆柱体写生注意事项　圆柱体上下两个面由于透视原因，大小不应一样，要随视角的上下位置而定。上下面透视圆的中心水平线应等长，以保证圆柱体的笔直形态。圆柱体示意图见图 2-2-10。

4. 几何体组合写生步骤及观察方法

（1）先用辅助线确定物象基本形状，画出各物象所在位置及其结构特征。在画物体结构时，笔触不易过重，为后面明暗法刻画物体结构做铺垫，先画大结构再画小结构。在观察物体本身结构或物体间位置关系时，可先找到一个参照点，以此测量物体各个部位的大小、长短、高低等比例。最后用记号线标出明暗交界调的位置和投影的位置。见图 2-2-11。

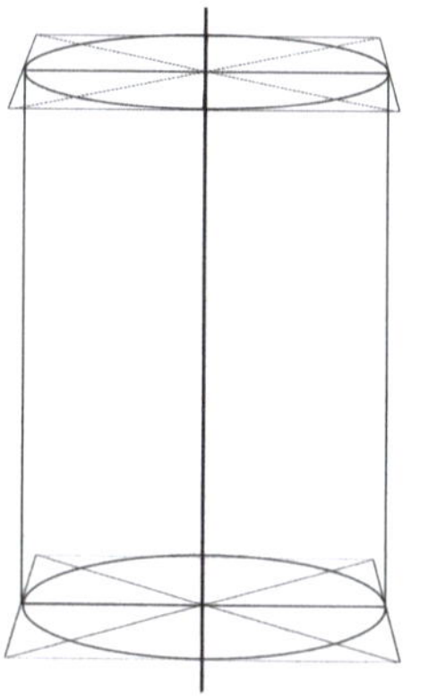

图 2-2-10　圆柱体

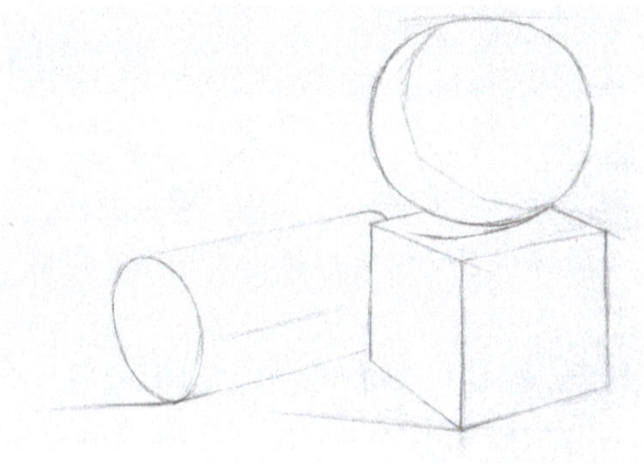

图 2-2-11　形体结构

（2）用排线方式将画面中暗调、明暗交界调、投影都铺上调子，增强物象体积感。但调子不能过重，否则会失去光感。见图 2-2-12。

（3）对画面局部的深入刻画，逐步用明暗来表现物体的结构、质感和量感，不要出现单独的某条线段勾画出物体形态的做法。要注意亮调、过渡调与暗调的明暗关系，时刻运用整体比较与局部观察相交替的方法严格控制画面色调，反光和投影要依据所观察到的实际情况刻画。见图 2-2-13。

（4）调整整体效果，从整体上审视画面，画面是否凌乱，透视关系是否正确，明暗关系是否清晰自然，如有瑕疵的地方要及时去掉，最终保证画面效果统一、完整。见图 2-2-14。

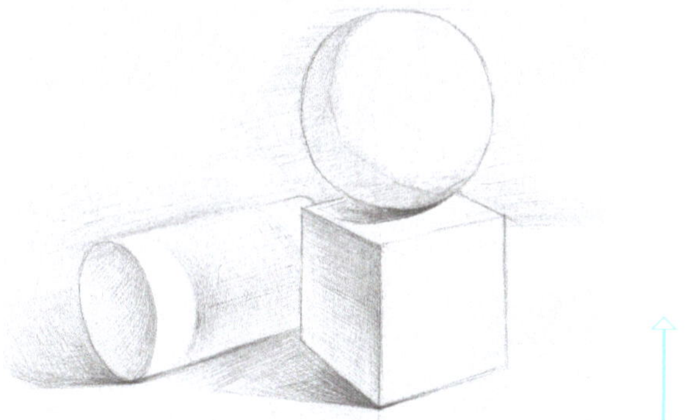

图 2-2-12　大体明暗

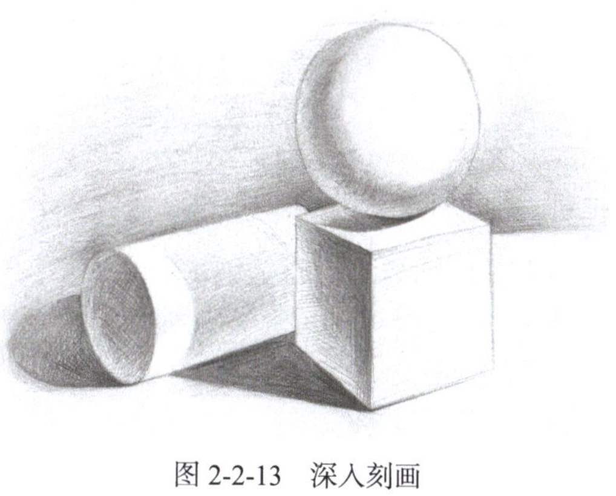

图 2-2-13　深入刻画

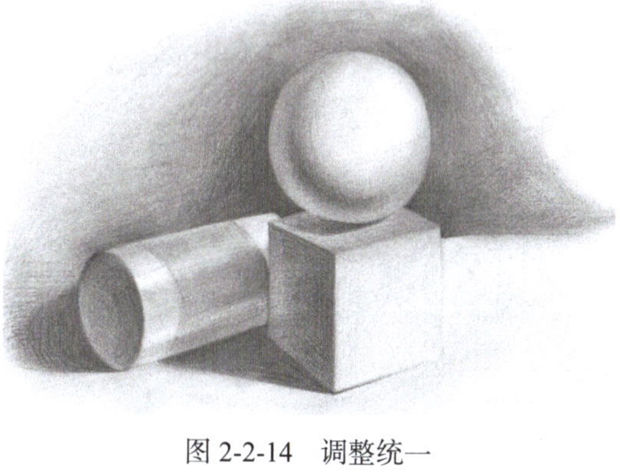

图 2-2-14　调整统一

（寇晶堃）

第三节　五官素描

五官是头部的重点，掌握五官的刻画，要弄清五官形体特征、五官明暗表现、五官在面部的比例关系。

一、五官造型特征

（一）眉

眉分上下两列，上列眉向上生长，呈放射状，下列眉向下生长，两列眉相接成眉梢。眉头呈弧形，眉峰呈直角型，眉梢呈尖角型。见图 2-3-1。

（二）眼

眼包括眼眶、眼睑和眼球 3 部分，见图 2-3-2 ～图 2-3-4。眼球嵌入眶内，有上、下眼睑。因眼睑的闭合，上眼睑大于下眼睑。上眼睑最高点和下眼睑最低点的连线是一条斜线，而非直线。眼的形状呈平行四边形。

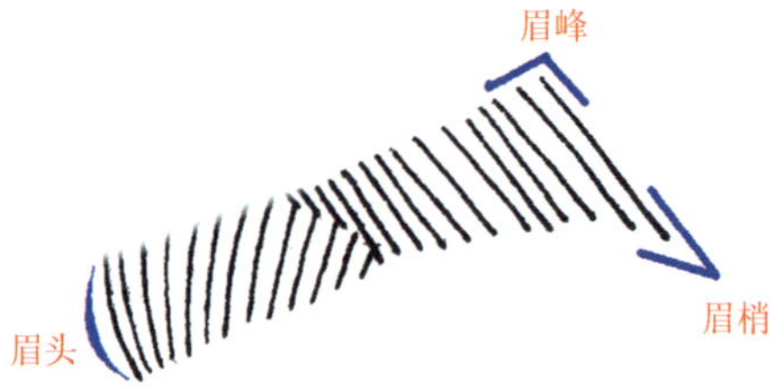

图 2-3-1　眉毛结构

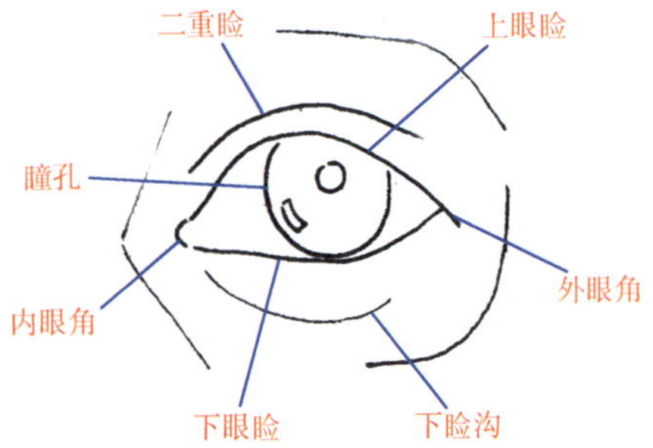

图 2-3-2　眼的结构

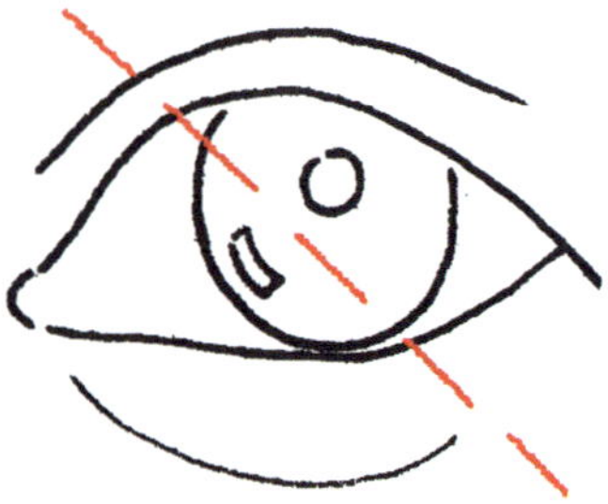

图 2-3-3　眼睛正视图

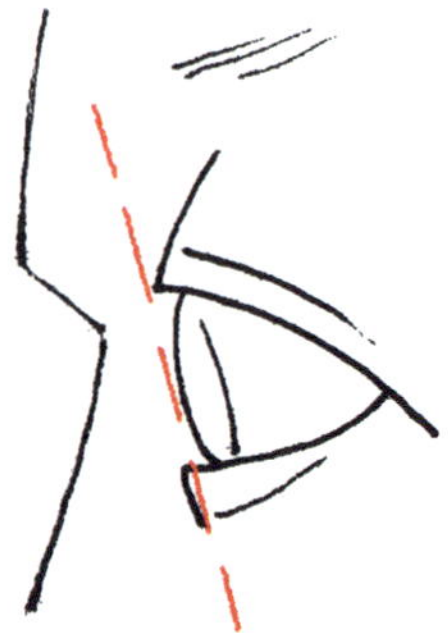

图 2-3-4　眼睛侧视图

（三）鼻

鼻由鼻根、鼻背、鼻翼、鼻头、鼻孔构成。鼻翼底面和鼻尖底面不在一根水平线上，鼻孔呈亚圆形。鼻的几何结构可看作由 1 个长方形正面、2 个长三角形的侧面和 1 个直立的梯形底面构成。见图 2-3-5，图 2-3-6。

（四）嘴

嘴分为上唇和下唇。上唇中间有两个突出的角形体，两边有两个细长的翼，可看作两个三角面组成。下唇有三个面，中间面呈方形面，两边也呈三角面，但比上唇短。见图 2-3-7，图 2-3-8。

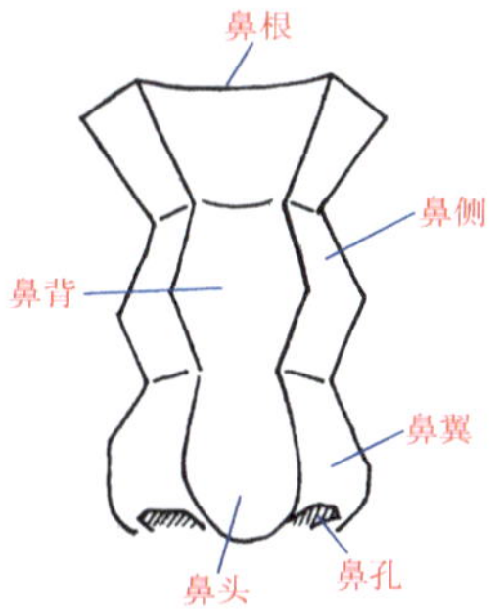

图 2-3-5　鼻结构

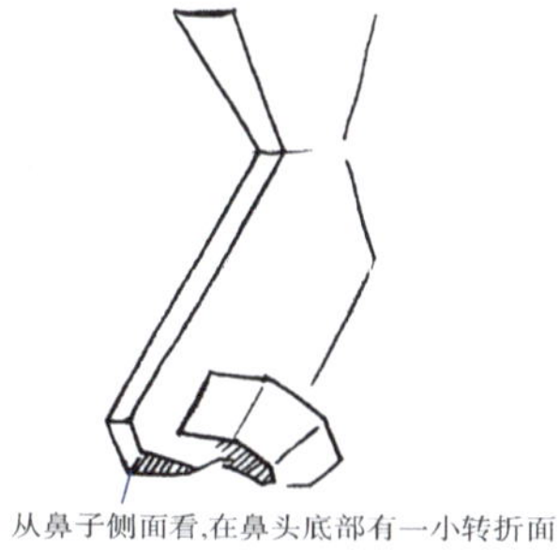

图 2-3-6　侧鼻

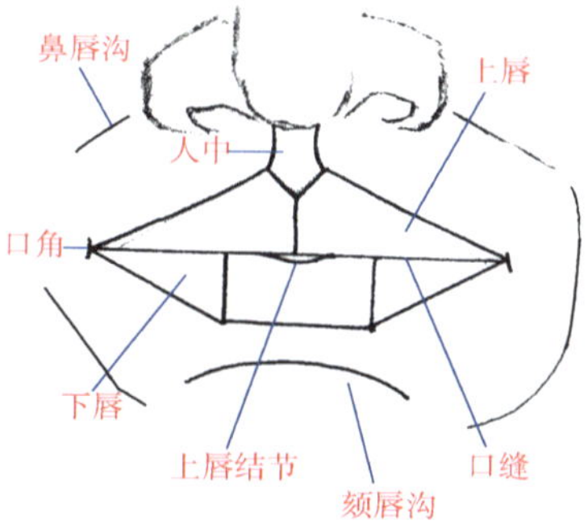

图 2-3-7　嘴结构

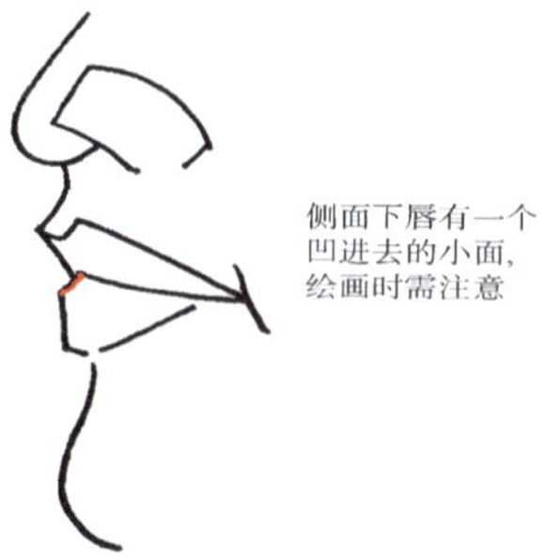

图 2-3-8　嘴侧面特征

5. 耳　耳朵由耳轮、对耳轮、耳屏、对耳屏、耳垂构成，外形呈倾斜的长方形。见图 2-3-9。

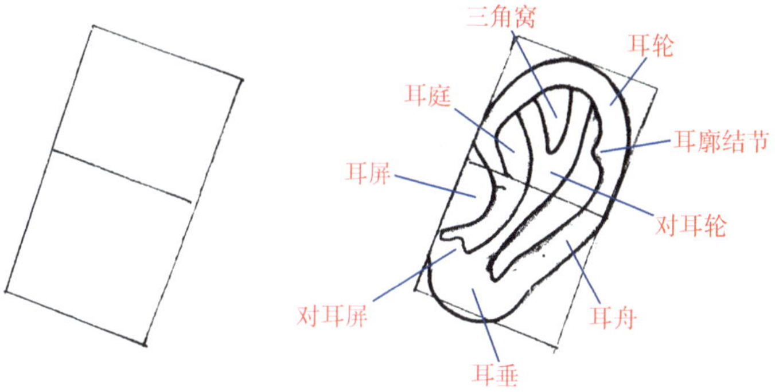

图 2-3-9　耳的结构

二、五官明暗表现

（一）眉和眼

见图 2-3-10 ～图 2-3-12。

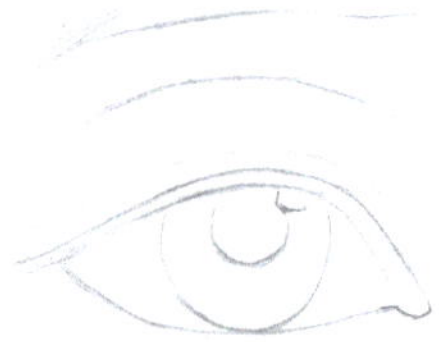

图 2-3-10　眉眼形体结构

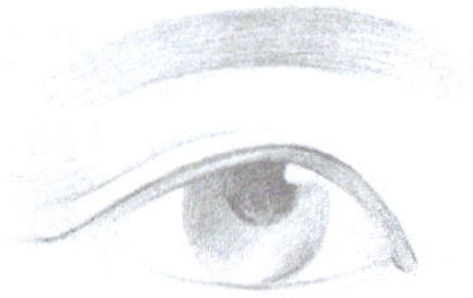

图 2-3-11　眉眼大体明暗

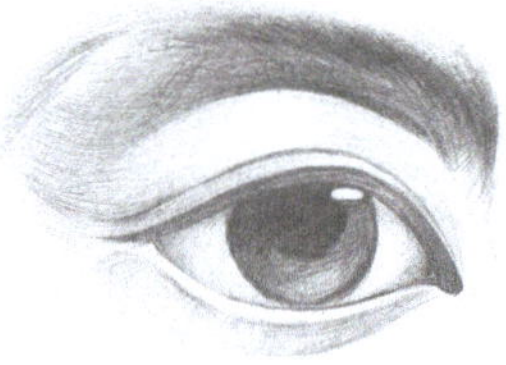

图 2-3-12　眉眼明暗调整

（二）鼻

见图 2-3-13 ～图 2-3-15。

图 2-3-13　鼻形体结构

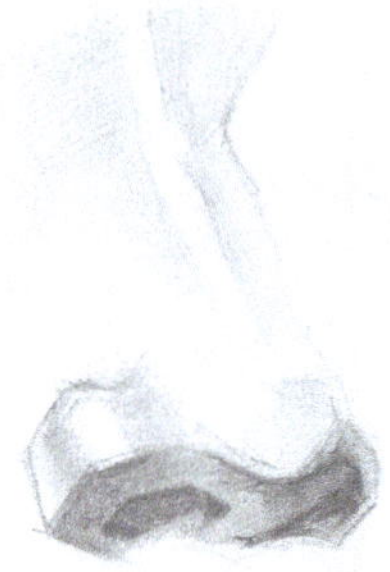

图 2-3-14　鼻大体明暗

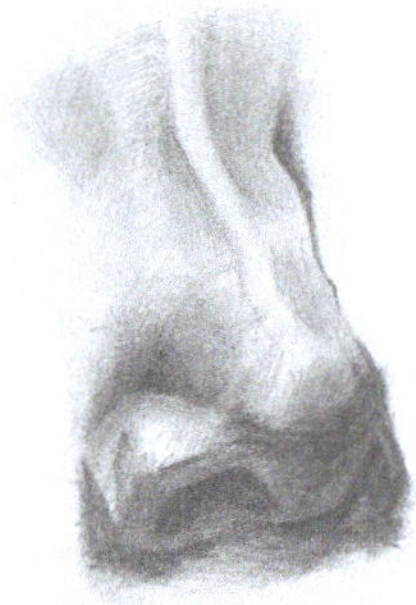

图 2-3-15　鼻明暗调整

（三）唇

见图 2-3-16，图 2-3-17。

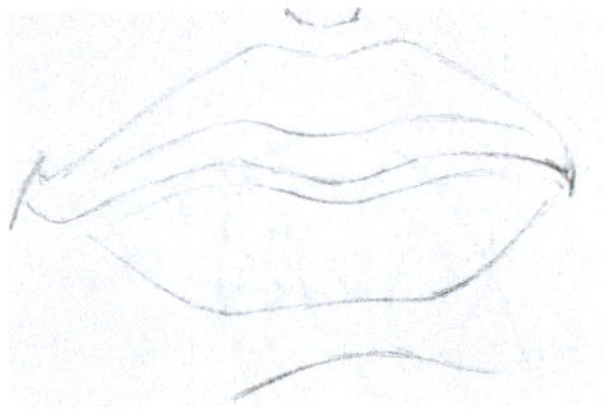

图 2-3-16　唇形体结构

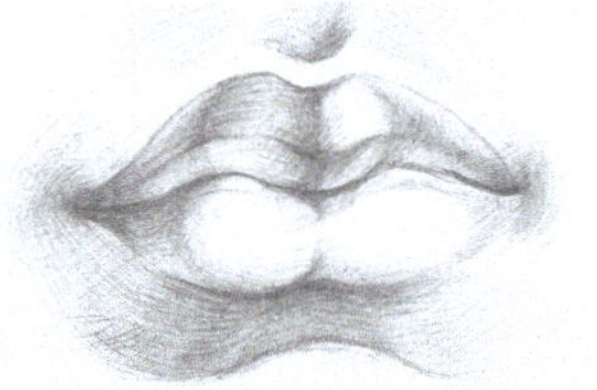

图 2-3-17　唇明暗调整

（四）耳

见图 2-3-18，图 2-3-19。

图 2-3-18　耳形体结构

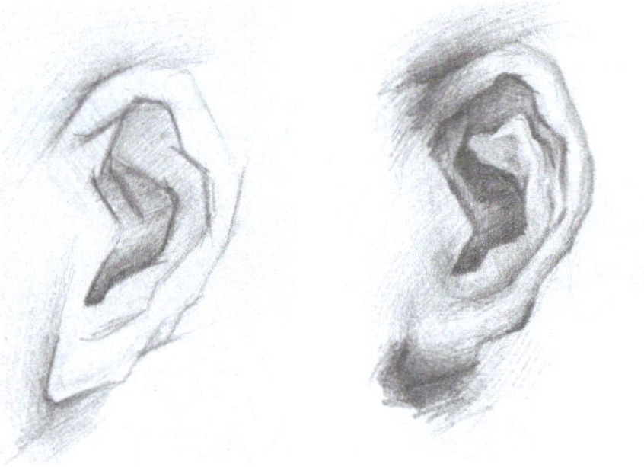

图 2-3-19　耳的明暗表现

三、人物肖像绘画

（一）八格

中国传统人相中，将人的脸型分为“八格”，即甲、申、由、田、国、目、风、用八种脸型。见图 2-3-20。

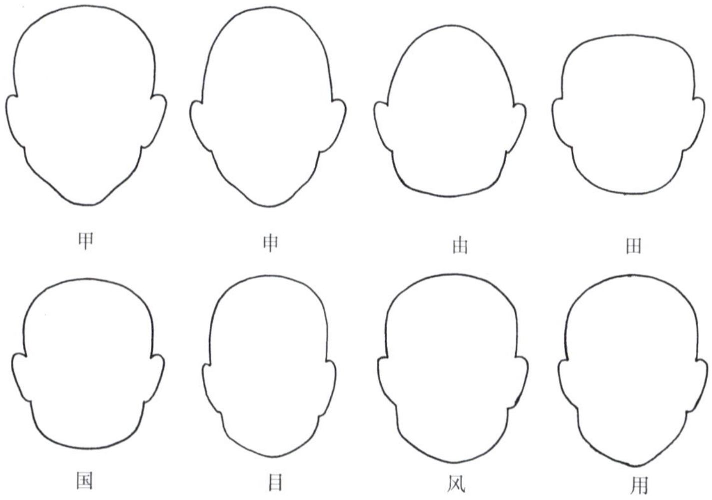

图 2-3-20　八格

将人的脸型视为一个蛋圆形，并平分为三个部分，则这三个部分的变化以及脸的长宽比例决定了人的脸型。见图 2-3-21 ～图 2-3-28。

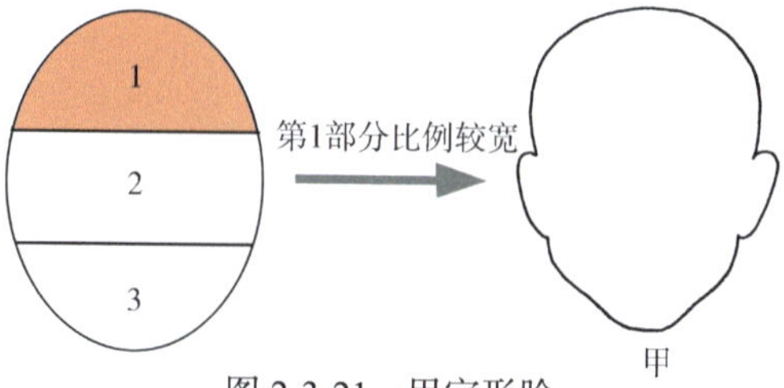

图 2-3-21　甲字形脸

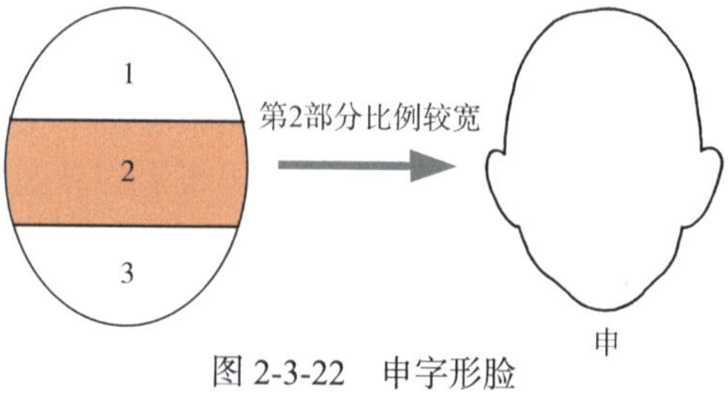

图 2-3-22　申字形脸

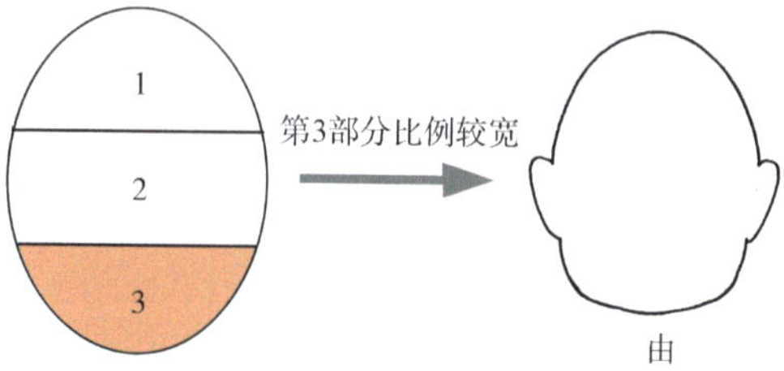

图 2-3-23　由字形脸

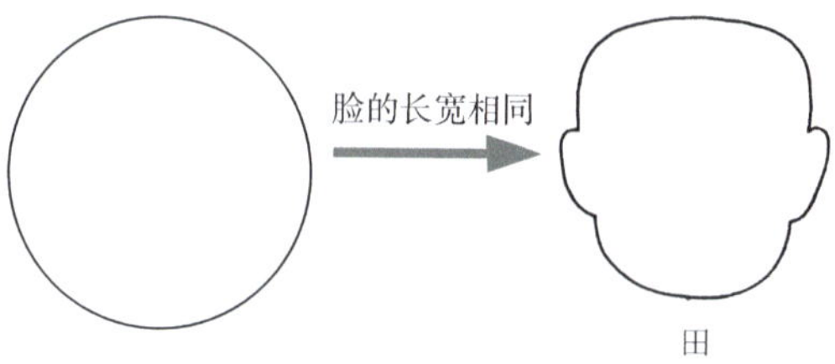

图 2-3-24　田字形脸

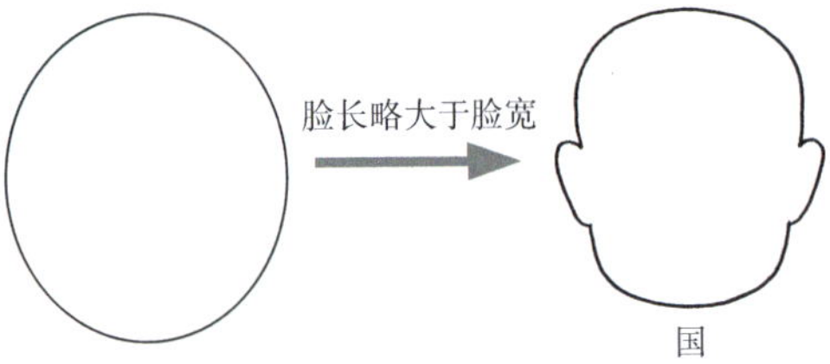

图 2-3-25　国字形脸

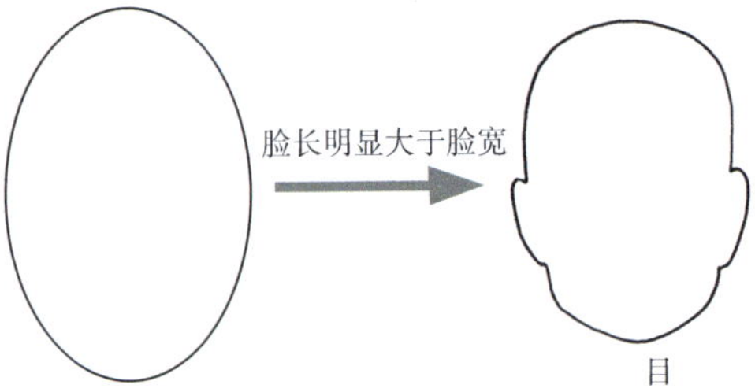

图 2-3-26　目字形脸

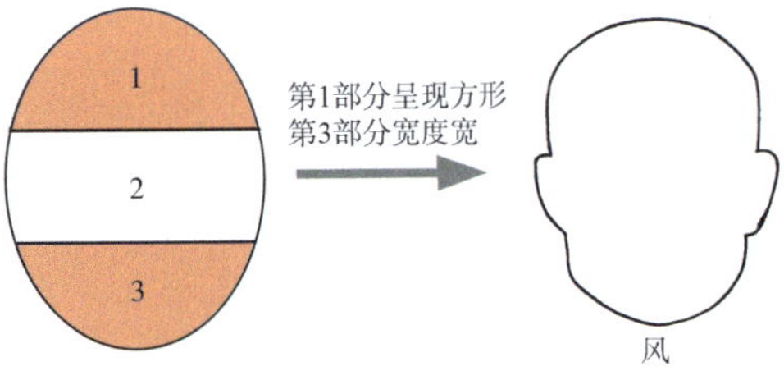

图 2-3-27　风字形脸

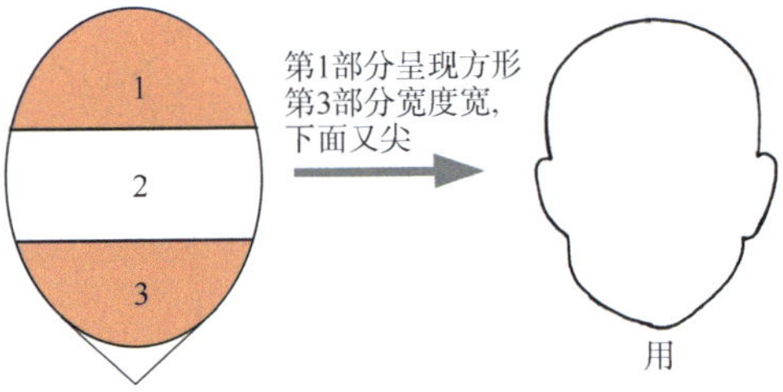

图 2-3-28　用字形脸

（二）五官比例

成人五官比例示意图见图 2-3-29。

（1）成人眼的位置在头长的 1/2 处。

（2）眉的位置在眼到头顶的 1/5 处。

（3）鼻底的位置在眉到下巴的 1/2 处。

（4）下唇缘的位置在鼻底到下巴的 1/2 处。

（5）口缝的位置在鼻底到下唇缘下 1/3 处。

（6）发际线到眉的距离等于眉到鼻底的距离。

（7）左右耳之间的距离平分为五份，其中的一份就是一只眼的长度，所谓的“五眼”。

（三）人物肖像素描写生

见图 2-3-30 ～图 2-3-32。

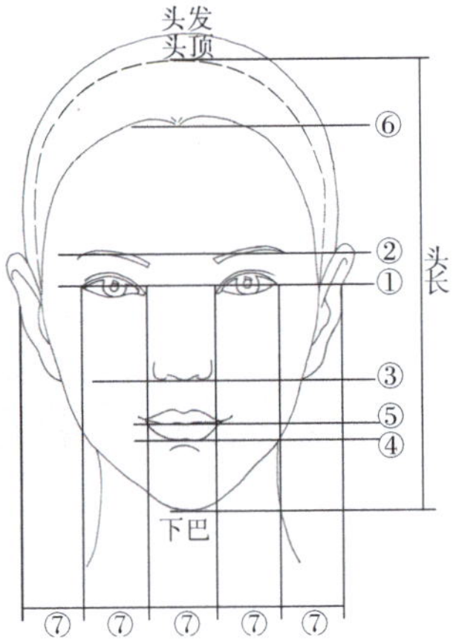

图 2-3-29　成人五官比例

图 2-3-30　女性头部形体结构

图 2-3-31　女性头部大体明暗　　　图 2-3-32　女性头部明暗整体调整

（寇晶堃）

第四节　色彩基础

一、色彩的分类

（一）一般惯例的色彩分类

1. 无彩色　指黑色、白色及深浅不同的灰色。

2. 有彩色　除了黑色、白色及深浅不同的灰色外的其他各种色彩。

（二）按颜料的调和分类

1. 原色　颜色中不能再分解的三种基本色，即红、黄、蓝。其他一切颜色都可由这三种基础色调配出来。

2. 间色　由两种原色混合而成，即：

红 + 黄 = 橙

红 + 蓝 = 紫

蓝 + 黄 = 绿

生成的橙、紫、绿即为三间色。

3. 复色　由两种间色或三种原色混合而成的颜色，如橙加紫生成的颜色、紫加绿生成的颜色等均为复色。色彩与色彩之间相加得越多，得到的色彩越丰富。

二、色彩三要素

每种色彩都具有自己的性质，才会与其他色彩区分开。色彩的性质就是色彩三要素，即色相、色彩的明度、色彩的纯度。

（一）色相

色相就是色彩的相貌特征，如红、黄、蓝、绿。见图 2-4-1。

图 2-4-1　色相

（二）明度

明度就是色彩的明暗深浅程度，是色彩的明亮程度。色相之间的明度变化分为两种：

1. 色相之间的明度变化

如图 2-4-2 显示，第一组黄色和橙色相比，黄色明度高于橙色明度；第二组橙色和红色相比，橙色明度高于红色明度；第三组红色和紫色相比，红色明度高于紫色明度；第四组紫色和黑色相比，紫色明度高于黑色明度。

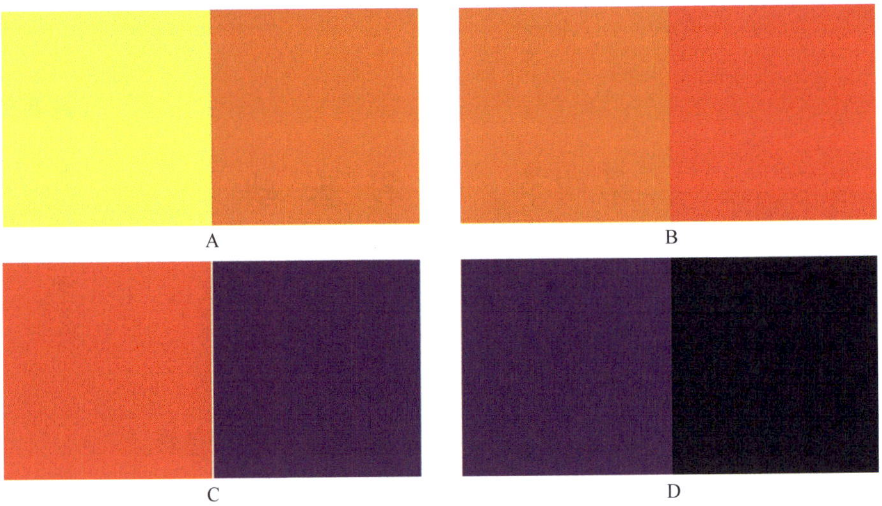

图 2-4-2　色相明度对比

所以，白色明度最高，黄色、橙色、绿色次之，然后是红色、青色，明度较低的是蓝色和紫色，黑色明度则最低。如果想要提高一种颜色的明度则加白色，降低明度则加黑色。

2. 同一色相加入不同程度的黑白发生的明度变化　见图 2-4-3。

图 2-4-3　同一色相明度变化

（三）纯度

纯度就是色彩的鲜明饱和程度。

最高纯度的颜色是三原色，次之为间色，再次为复色。间色是两色相混的颜色，复色是三种以上色料相混的颜色，间色和复色都没有原色色彩饱和度高，就是因为混合了颜色。所以，原色纯度最高，而黑色和白色纯度最低。见图 2-4-4。

图 2-4-4　纯度

三、色　　性

色性即色彩的冷暖性质。

色彩的冷暖是指人类对各种色彩所产生的心理反应。人们对色彩的温度感不过是习惯性反映，是人们长期实践的结果。如看到黄色、橘色、红色，使人联想到阳光、夏天、火焰，给予人温暖感，称之为暖色；看到蓝色、紫色，使人联想到冰雪、冬天，给予人寒冷感，称之为冷色。

色彩的冷暖不是绝对的，而是相对的。

图 2-4-5 中，右边的绿色和左边的黄绿色相比，绿色呈现冷色倾向；左边的绿色和右边的蓝绿色相比，绿色呈现暖色倾向。

图 2-4-6 中，右边的红色和左边的橙红色相比，红色呈现冷色倾向；左边的红色和右边的紫红色相比，红色呈现暖色倾向。

图 2-4-5　绿色系冷暖比较

图 2-4-6　红色系冷暖比较

四、色　相　环

色相环是以色彩的三要素为基础的，一是明度的变化，二是纯度的变化，三是色相的变化，见图 2-4-7。

色相环的两个特点：①色相的排序由暖至冷的循环秩序变化。以红色和绿色之间的直径为轴作水平线，可划分出冷、暖两种色系，冷色排序是绿、蓝绿、蓝、蓝紫、紫。暖色的排序是红紫、红、橙、黄、黄绿。②色彩明度的秩序推移循环变化。

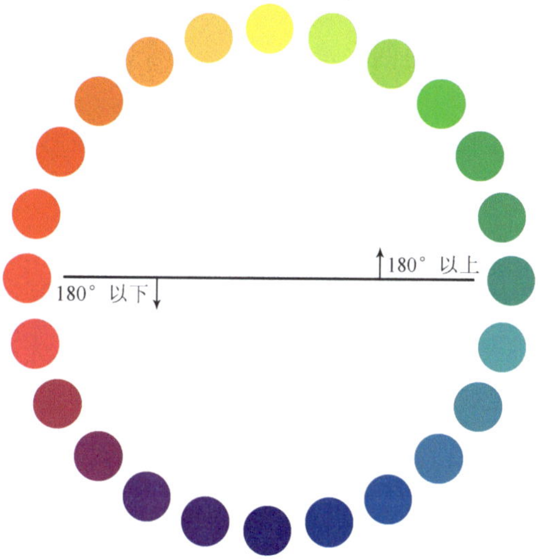

图 2-4-7　色相环

五、色彩对比与搭配

（一）明度的对比搭配

1. 三个明度基调（高明度、中明度、低明度）　见图 2-4-8，图 2-4-9。

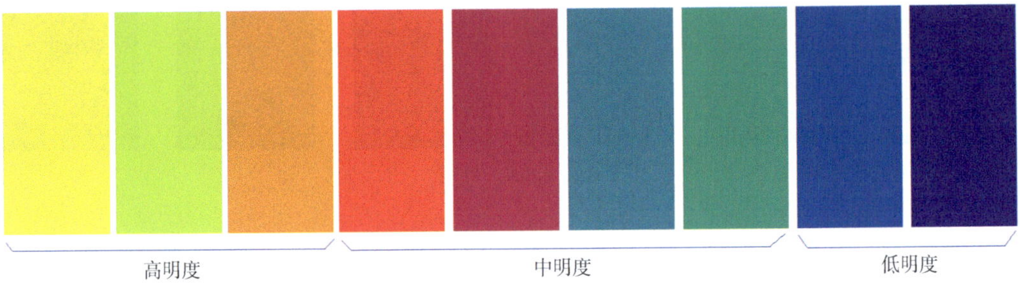

图 2-4-8 无彩色明度轴

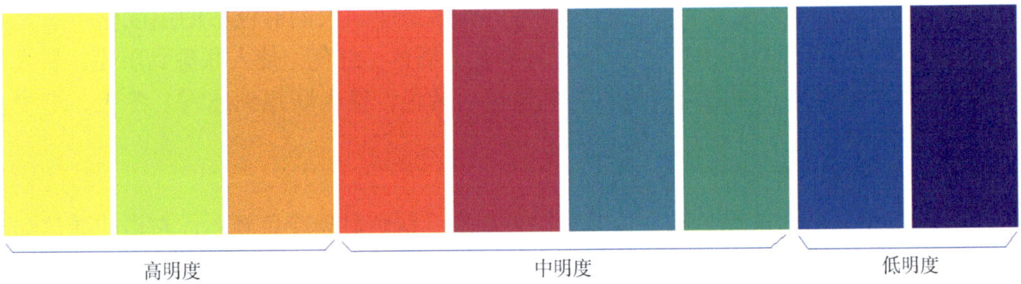

图 2-4-9 有彩色明度轴

其中，各个基调给人的情感影响不同：

高明度基调——明亮、轻快、明净、柔媚、纯洁。

中明度基调——平凡、朴素、稳实、中庸、疲劳。

低明度基调——沉寂、厚重、刚强、神秘、抑郁。

2. 明度对比搭配　明度对比搭配是运用三个明度基调互相组合形成的效果来进行搭配。搭配效果有强弱之分，强对比颜色间反差大，对比强烈，醒目、易疲劳，见图 2-4-10；弱对比颜色间反差不明显，淡雅、含蓄、柔和，见图 2-4-11。

图 2-4-10 明度强对比

图 2-4-11 明度弱对比

（二）纯度的对比搭配

纯度对比是指由于色彩纯度的区别而形成的色彩对比效果。所有高纯度色彩与灰色相混，与同纯度色相混，与白色相混，与黑色相混，与不同明度、不同纯度色相混，都能依据混入色料的比例得到不同系列的色彩纯度变化。

纯度越高，色彩越鲜明，对比越强烈，色的搭配组合具有扩张性、刺激性，并且朝气蓬勃、积极乐观、充满活力的情感特点，但若观色时间过长，会产生视觉疲劳。纯度越低，色彩越灰旧，对比弱，色的搭配组合具有高雅、朴实、沉着、含蓄、和谐，并且古拙、浑厚的情感特征，但易会产生忧郁感和压抑感。见图 2-4-12。

图 2-4-12　纯度弱强对比

（三）同类色、邻近色、中差色的对比搭配

1. 同类色、邻近色、中差色概念

（1）同类色：同类色色相相同，但明度或者纯度之间不同。

（2）邻近色：邻近色是相邻的几个颜色。

以色相环中的黄色为例，黄色的邻近色就是左边的橙黄色和右边的黄绿色。见图 2-4-13。

（3）中差色：中差色是色相环中 90° 范围内的颜色。

以黄色为例，黄色在色相环中的中差色就是左边 90° 角的橙黄色、橙色、橙红色以及右边的黄绿色、绿色、叶绿色。见图 2-4-14。

图 2-4-13　黄色邻近色

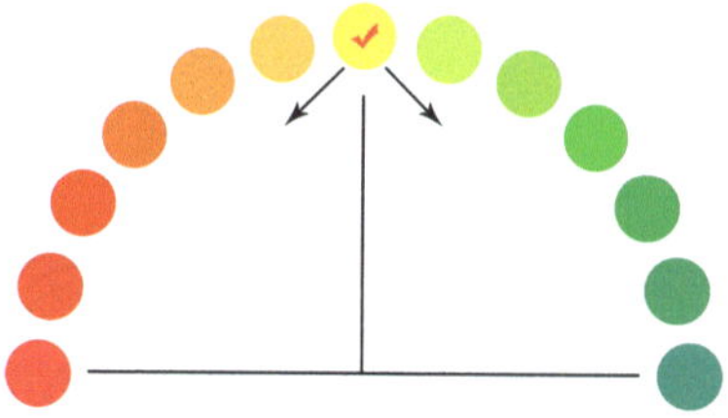

图 2-4-14　黄色中差色

2. 搭配效果　同类色、邻近色、中差色的搭配，色彩对比较弱，色的搭配组合具有柔和、淡雅、平淡、模糊、和谐的情感特征。见图 2-4-15 ～图 2-4-20。

图 2-4-15　同类色搭配一

图 2-4-16　同类色搭配二

图 2-4-17　邻近色搭配一

图 2-4-18　邻近色搭配二

图 2-4-19　中差色搭配一

图 2-4-20　中差色搭配二

（四）互补色、对比色的对比搭配

1. 互补色、对比色概念

（1）互补色：互补色是色相环中相对的两个颜色。

如图 2-4-21，黄色的互补色是正对着黄色的紫色；红色的互补色是正对着红色的绿色；紫红色的互补色是正对着紫红色的黄绿色。

（2）对比色：对比色是色相环中一种颜色对面（180°范围）的颜色。

如图 2-4-22，黄色的对比色是除了互补色外，对面区域中的颜色。

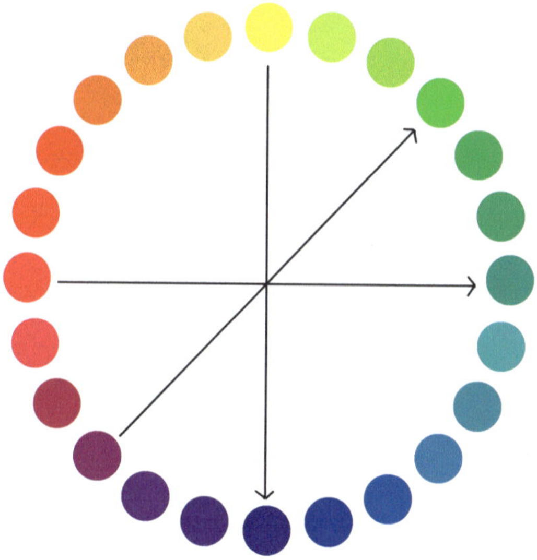

图 2-4-21　互补色

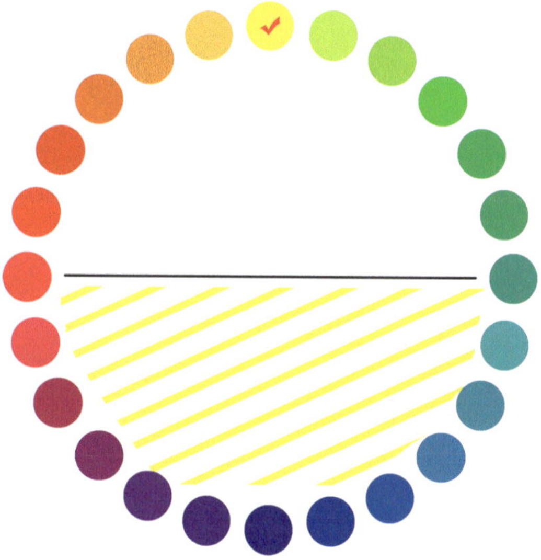

图 2-4-22　黄色对比色

（3）搭配效果：互补色、中差色的搭配，对比效果强烈，引人注目。色的搭配组合具有鲜活、热烈、醒目、冲击、极端的情感特征。见图 2-4-23，图 2-4-24。

图 2-4-23　互补色搭配

图 2-4-24　对比色搭配

（五）冷暖色的对比搭配

暖色常给人活泼、愉快、兴奋、膨胀、亲近的感觉，具有扩展感，是主动色；

冷色常给人安静、沉稳、踏实、遥远的感觉，具有收缩感，是被动色。两种色性搭配，可互相映衬，强调出对方的色性，色搭配的效果强烈而醒目。见图 2-4-25，图 2-4-26。

图 2-4-25　冷暖色搭配一

图 2-4-26　冷暖色搭配二

六、色彩的联想

人们常会把看到的色彩和生活的环境或有关的事物联想在一起，这种思维倾向称为色彩的联想（表 2-4-1）。

表 2-4-1　色彩的联想

色相	联想到的事物	象征感	味觉感
黑	夜晚、头发、污渍、阴影	权威、高雅、低调、创意、执着、冷漠、防御、恐怖、死亡、邪恶、孤独	苦
灰	钢铁、尘埃、阴天	诚恳、沉稳、考究、精确、失望、消极、空虚	苦
白	牛奶、雪、羽毛、薄纱	纯洁、神圣、善良、信任、开放、脱俗、柔弱	甜
褐	咖啡、巧克力、木头	自然、朴素、安定、沉静、平和、亲切	苦
红	火焰、鲜血、玫瑰、灯笼	热情、喜庆、自信、嫉妒、控制、暴力	辣
粉红	糖果、桃花	温柔、甜美、浪漫	甜
橙	柑橘、秋叶、夕阳	亲切、坦率、开朗、健康	甜
黄	柠檬、光电、阳光、稻穗、黄金	希望、富贵、速度、娇嫩、警告	酸
绿	树叶、草地	和平、清新、舒适、安全、隐藏	涩
蓝	天空、海洋	理智、沉静、权威、信赖、独立	无
紫	薰衣草、葡萄	优雅、高贵、神秘	无

练习：

用适宜的色彩描绘出春夏秋冬四个季节。

学生作品展示（医疗美容技术专业学生创作）见图 2-4-27 ～图 2-4-29。

图 2-4-27　学生作品一

图 2-4-28　学生作品二

图 2-4-29　学生作品三

调色常识：

1. 调淡色，一般以白色为主。见图 2-4-30。

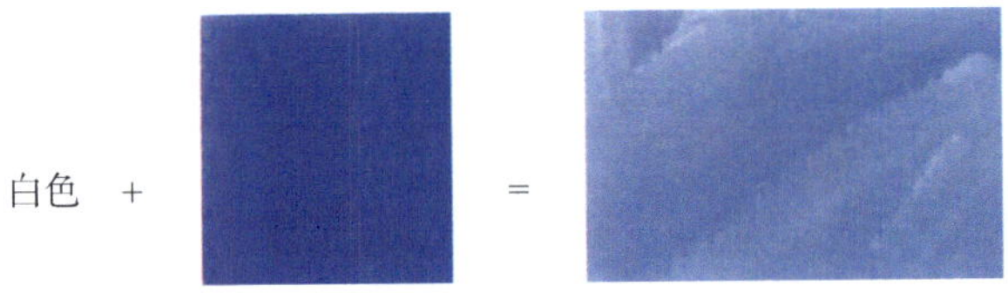

图 2-4-30　调色常识 1

2. 加入过量白色，画面易显“粉气”。见图 2-4-31。

图 2-4-31　调色常识 2

3. 调深色，尽量少加白色，水分需略多些。见图 2-4-32。

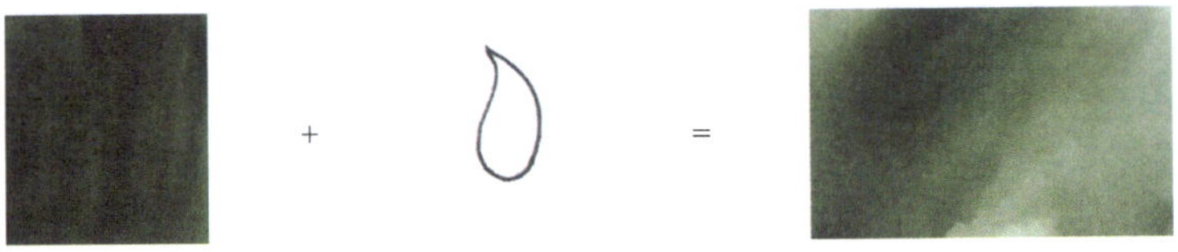

图 2-4-32　调色常识 3

4. 可用普蓝、深红、深绿、群青来调深颜色。见图 2-4-33。

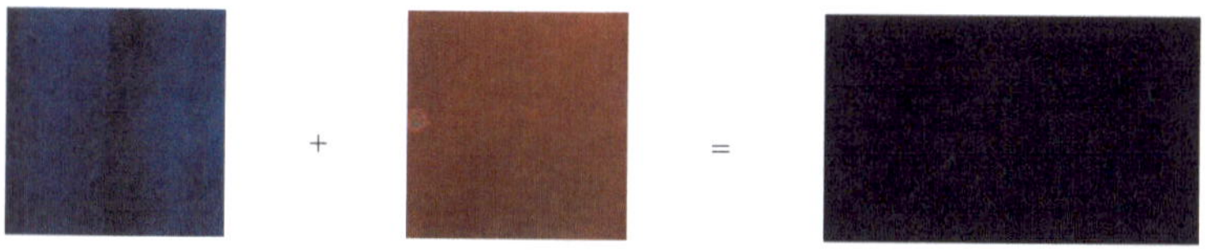

图 2-4-33　调色常识 4

5. 调色时，反复调和，色彩鲜度会降低，颜色变熟。见图 2-4-34。

图 2-4-34　调色常识 5

6. 调色时，不易调入过多种类颜色，会降低纯度，使颜色变“脏”。见图 2-4-35。

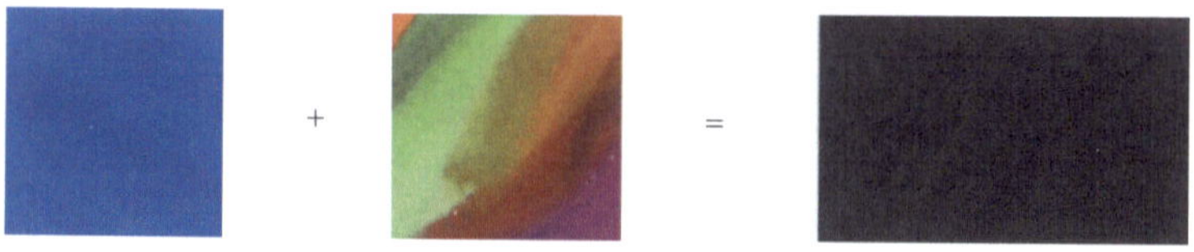

图 2-4-35　调色常识 6

7. 在红色中加入少量绿色，可使红色纯度降低；反之亦然。见图 2-4-36，图 2-4-37。

图 2-4-36　调色常识 7

图 2-4-37　调色常识 8

8. 可在鲜艳的颜色中加入赭石、熟褐、土黄、橄榄绿降低色彩纯度。见图 2-4-38。

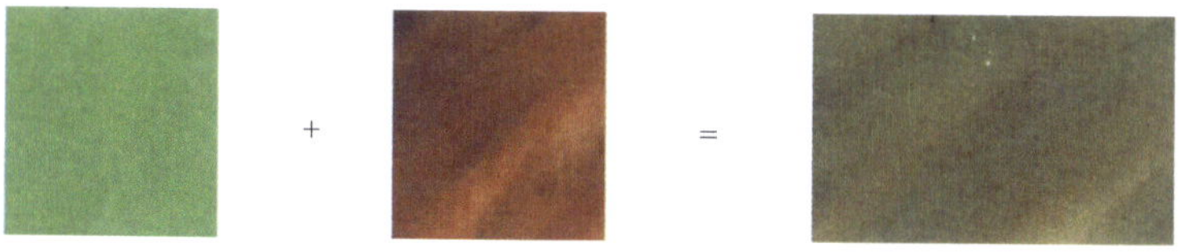

图 2-4-38　调色常识 9

9. 加入适当橘黄色，可使颜色变透亮。见图 2-4-39。

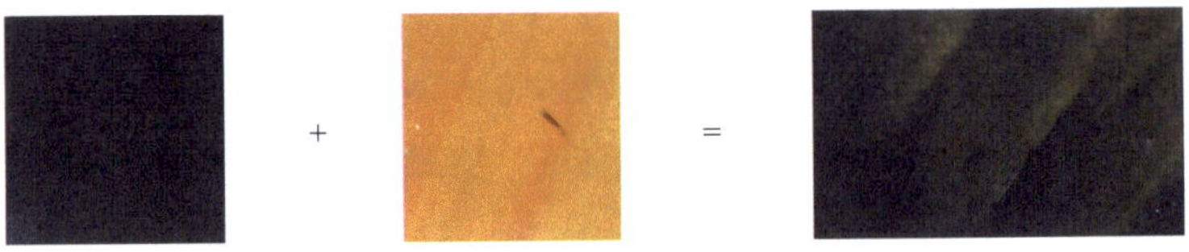

图 2-4-39　调色常识 10

（寇晶堃）

第3章 雕塑艺术造型基础

美容医学专业的学生所必备的三大主要技能之一是艺术技能，雕塑艺术造型基础是训练三维空间表达能力的重要手段。一切医学美容手段都是在三维空间中进行，追求最后的良好视觉效果。面部整形就是活体的面部雕塑，既包括医学科技手段又包括艺术创作能力和审美心理表达能力。面部雕塑就是把医学、美学、艺术三大学科应用技术相结合的基础应用训练。

第一节　雕塑与医学美容

医学美容的对象是鲜活的人体，不但立体而且运动，并且受意识控制。因此，面部整形是一个运动的、三维空间的创造性劳动，不但需要高超的医疗技术，还需要准确的特征捕捉技术和空间表达能力；既要把形象的人体抽象化（特征捕捉、审美分析），还要具有抽象的概念形象化（个性化设计）的能力并进行准确的空间表达。雕塑就是训练具象转化为抽象能力，以及抽象设计后，具象表达能力训练的一种手段。而面部整形美容就是在人体面部运用医学手段进行雕塑的过程。他与艺术雕塑重要的不同点就是不允许失败，并且限定条件多，难度大。因此，要进行面部雕塑需要掌握以下知识和能力：

1. 面部的解剖及生理学基础　骨骼、肌肉解剖形态及生理功能；器官形态和位置。
2. 动态器官和静态器官的造型特点　眼、口；鼻、耳。
3. 面部三维空间的观察能力、表达能力和面部解剖雕塑平面的型相表达能力。
4. 面部雕塑的个性化审美设计能力。

一、面部结构的解剖学基础

颌面形态是在三维的空间中形成的，主要由面部骨组织和软组织（图 3-1-1）构成。面部的解剖及生理学将在美容解剖学详细论述，这里仅就影响面部形态的部分进行简单说明，以够用为主，便于理解解剖与造型的关系。

案例：20 岁女孩的脸型和颅骨形态。将颅骨与面部照相重叠后可见，颅骨形态主要决定面型的轮廓和量感。软组织主要决定质感，然而，随着胖瘦的变化，也对面部的轮廓有影响。

1. 头颅骨骼结构（图 3-1-1）　头颅的骨骼主要构成面部的轮廓与形态，其功能结构，这里不做详细介绍。颅骨分为脑颅和面颅两部分，颅骨的名称如下：①脑颅：额骨、颞骨、顶骨、枕骨、蝶骨。②面颅：颧骨、鼻骨、上颌骨、下颌骨 。

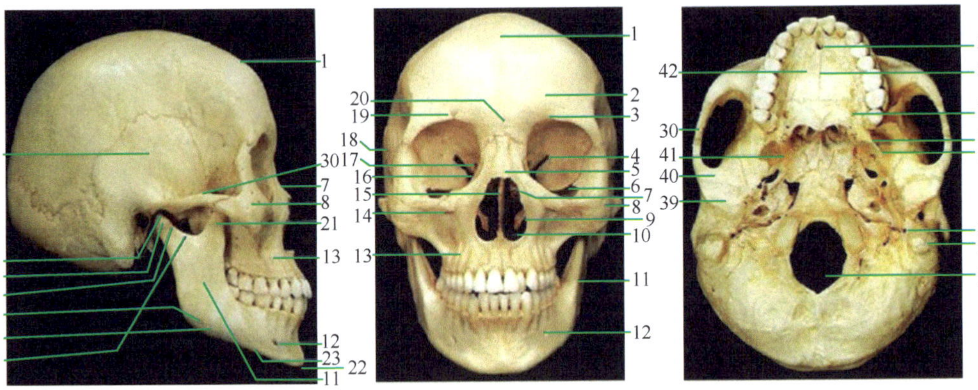

图 3-1-1　头颅骨骼构造

1. 额骨；2. 眉弓；3. 眶上切迹；4. 眶上裂；5. 鼻骨；6. 眶下裂；7. 中鼻甲；8. 颧骨；9. 下鼻甲；10. 梨状孔；11. 下颌支；12. 颏孔；13. 上颌骨；14. 眶下孔；15. 鼻中隔；16. 泪骨；17. 视神经管；18. 颞骨；19. 眶上孔；20. 眉间；21. 喙突；22. 颏隆突；23. 颏孔；24. 下颌体；25. 下颌角；26. 咬肌粗隆；27. 斜线；28. 下颌支；29. 下颌颈；30. 颧弓；31. 髁突；32. 下颌切迹；33. 腭骨；34. 腭大孔；35. 鼻后孔；36. 颈动脉管外口；37. 茎突；38. 枕骨大孔；39. 下颌窝；40. 关节结节；41. 翼窝；42. 上颌骨

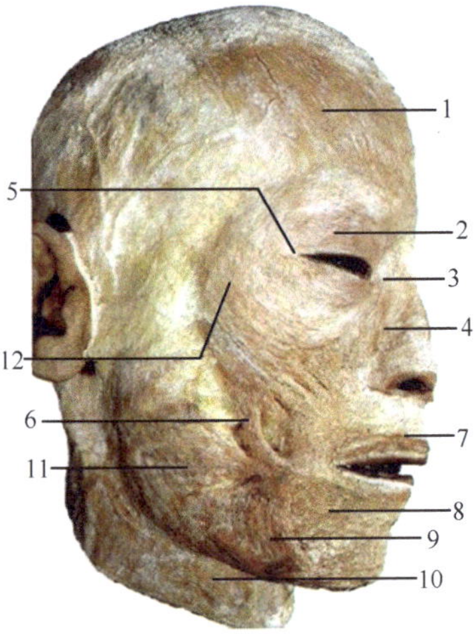

图 3-1-2　面部表情肌的分布

1. 额肌；2. 眼轮匝肌；3. 内眦韧带；4. 压鼻肌；5. 外眦；6. 颧大肌；7. 口轮匝肌；8. 下唇方肌；9. 降口角肌；10. 颈阔肌；11. 笑肌；12. 眼轮匝肌

2. 肌肉分布（图 3-1-2）　面部肌肉除了功能以外，还构成面部的形态，包括静态面容和动态面容。面部的主要肌群有以下几个：

（1）咀嚼肌群：咀嚼肌群是上下颌骨进行咀嚼功能运动的肌群。一部分肌肉也参与面部的轮廓结构，影响面部形态。主要有咬肌、翼内肌、翼外肌、颞肌。其中，咬肌和颞肌参与面部轮廓的构成。

颞肌萎缩可使颞部塌陷，呈现出衰老的状态；咬肌形态可以影响脸型等。

（2）表情肌群：主要参与面部的表情运动。面部的动态表情和静态表情都受到面部肌肉的丰满与萎缩影响，肌肉的平衡状态也可以影响骨骼的形态。如年轻的面部骨骼和年长的面部骨骼形态上是不完全一样的。骨骼的发育在各个年龄段，呈现不同的形态。面部的肌肉也一样，随着年龄的增长也出现松弛、下坠，肌肉的紧张度也会发生变化，因此，面部表情肌的变化对于面部的形态有很大的影响。表 3-1-1 详细总结了表情肌的作用和美学表现意义。

表 3-1-1　面部肌群的美学意义

层次		名称	位置	起于	止于	作用	造型意义	相
额部肌群	浅层	额肌	成对盖在额部	帽状腱膜	眶上缘的皮下	收缩时能将眉提高，形成额部水平皱纹。更用力时则会使眉竖起，眼睁大	静止时额横纹 运动时额横纹	衰老 惊讶 注意
		枕肌	枕骨位置	上项线	帽状腱膜	收缩时部分发根立起	惊吓时收缩	紧张

续表

层次		名称		位置	起于	止于	作用	造型意义	相
眼周围肌群	深层	上睑提肌		眼轮匝肌深层	视神经孔	上睑板上缘及皮肤	自然提上睑、睁大眼睛，形成双眼皮的肌肉	松垂 紧张	困倦 萎靡 不振 开大 眼裂
	浅层	眼轮匝肌	眶部	两眼周围遮盖眼窝及眼球	睑内侧韧带	皮肤	紧闭上、下眼睑	松弛时上睑下垂	衰老
			睑部		睑内侧韧带	睑外侧缝	闭锁上、下眼睑	紧张时增大睑裂	惊讶
			泪部		泪骨和泪囊后壁	连于睑部	促泪液吸入泪囊		
	深层	皱眉肌		沿眶上缘分布	鼻额缝	眉梢皮下浅层	皱眉	川字纹	严肃
口鼻周围肌群	中层	降眉肌		眉间鼻根上部	鼻根	眉头皮下	降眉	鼻间横纹	
		降眉间肌		眉间鼻根上部	鼻根	眉头皮下	降眉	鼻间横纹	
	浅层	鼻肌		鼻部	齿槽边缘	鼻背 鼻翼	聚鼻	激怒	威吓
		口轮匝肌		扁环形盖于牙齿处	口角黏膜、皮下颊肌等	正中线附近皮下	闭口	唇向口内收	坚定 自信
		上唇方肌	内眦头	鼻两侧眶下凹处	内眦	向下走汇合，一部分止于口角上方的鼻唇沟处皮下，一部分与口轮匝肌交错相连	上提上唇 开大鼻孔 鼻唇沟上部向外上方深陷	使鼻翼向外方扩张，鼻孔向外扁而大，使上唇外端皮肤和肌肉向颧肌移动，鼻唇沟加深	不满意 轻蔑
			眶下头		眶下缘				
			颧头		颧骨面				
		颧小肌			颧上颌缝	口角皮肤及口轮匝肌，一小部分止于颊黏膜	牵口角向外上方，使颧部增大	笑的主要肌肉	喜悦 开心
		颧大肌		颧骨面与口角之间	颧颞缝				
		笑肌		口角外侧，面颊中部	咬肌筋膜	口角皮肤	牵引口角向外下方	形成酒窝	喜悦
	中层	颏三角肌			下颌骨斜线				不满意
		尖牙肌			尖牙窝	口角皮肤和黏膜	上提口角	上提可露出尖牙	轻蔑 不看 抵触
		下唇方肌		下唇下方在中层	下颌骨斜线	下唇皮肤和黏膜与口轮匝肌交错	牵引下唇向下方	与颧、笑肌为对抗肌	不满意 后悔 惋惜
	深层	颊肌		面颊中部，深层	颊咽缝	口角皮肤黏膜	牵引口角向外	助咀嚼，横拉口角	不满意
		上门齿肌		唇部	上门齿齿槽边缘	与口轮匝肌交错，止于唇黏膜处皮下	使唇向外翻转	与其他肌配合使口收敛或紧闭	
		下门齿肌			下门齿齿槽边缘				
		颏肌		颏前方 颏隆突处	下颌中侧切牙下方	颏部皮肤	上提颏部皮肤	撅嘴	不满意

二、面部结构的动与静

面部骨骼的形态是固定的，是相对静止的；面部的表情肌是相对运动的，是动态的。静态的面型可以传达个体的气质，如庄重、尖刻；端正、偏斜。动态的面容反映心态，如阳光、抑郁；高兴、怒气。了解面部动与静的解剖学基础，对于进行面部的个性化美学设计具有重要意义。

1. 额、鼻部、上颌、颧部骨骼相对稳定区构成静态面容的解剖学基础　面型轮廓是由面弓形态决定的，面弓形态与额骨、顶骨、颞骨、上下颌骨、颧骨、鼻骨等的形态有关。面型轮廓还与面部脂肪等软组织发育状况有关，并随着生理发育及年龄变化而发生变化。面弓形态主要由四个弓形（眉弓，颧颌弓，㕮弓，下颌弓）组成，起到了框架作用，如同灯笼的龙骨（图 3-1-3）。

（1）眉弓：由额骨眉突及颞区的软组织形态组成。眉弓形态对于情绪表达具有很强的功能，与颏部共同刻画性格（图 3-1-3）。

（2）颧颌弓：由上颌鼻突、颧骨、颧弓组成，是面中分的主要骨性支架。在头颅的形态上与其他弓形共同构成了面型支架，其高度是否协调与下颌弓的关系密切，如果下颌弓窄小，则颧骨凸显（图 3-1-3）。

（3）㕮弓：由上下颌骨及上下牙弓组成（图 3-1-3）。

（4）下颌弓：由颏部、下颌骨体、下颌角组成，构成面型的下部形态，决定面型。颏部形态对于性格刻画起主要作用。

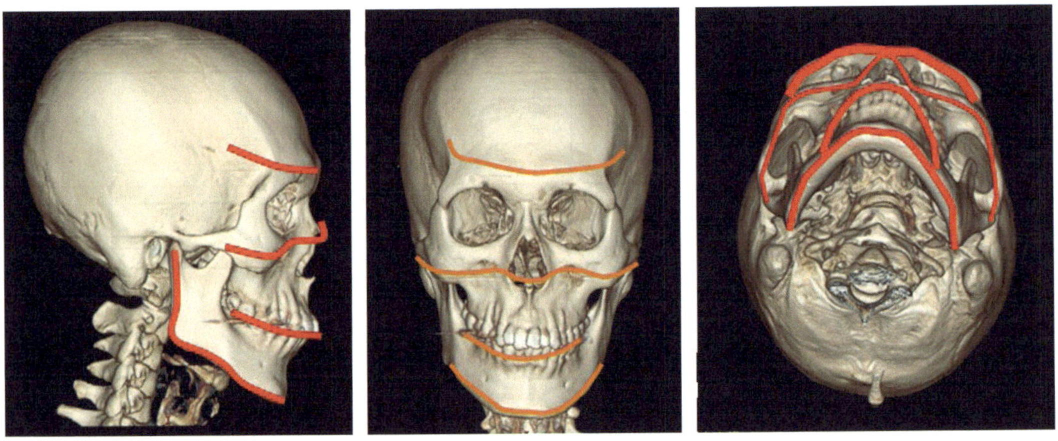

A.正位　　B.侧位　　C.颏顶位

图 3-1-3　面弓形态

2. 下颌骨的运动区构成相对静态的解剖学基础　相对运动区：下颌骨的运动区，㕮弓，下颌弓。这部分虽然是运动的，但其轮廓结构由于是骨性的，是相对稳定静态区。

3. 面部表情肌是动态区，受心情影响　长期的心情状态呈现出相对倾向的稳定性，表现为心态。如阳光型、抑郁型。这些心态随着岁月的流逝，渐渐刻画到面部，表现为相对固定的表情，形成表情符号。如阳光心态表现为口角上扬，抑郁心态表现为口角下降。尤其是眉间纹与颌面部其他皱纹的综合型相（型：类型；相：风格状态），如愤怒型，其面相则是排斥感很强的相。

三、医学手段可调整的面部结构部分

医疗手段可以对面部进行形态有限度的调整，分为软组织和硬组织两部分。软组织主要是肌肉的松弛度和脂肪的饱满度；硬组织主要是骨骼的形态。调整的目的主要是增加和减少，其中隆鼻术、隆额术等是加法；下颌角修整、颧骨降低是减法。由于骨骼是软组织的附着部分，无论加法还是减法，都会对功能和形态产生很大的影响，因此，对于各部分的特点、人工材料的性能、运动变化状态等具体问题都要十分清楚，否则，会产生不良后果。例如，面部的注射美容，由于对于各个解剖区域的特点缺乏了解，临床上出现了填充眉间纹等眼周围软组织时，发生失明、移位、肿胀等情况，填充颞部导致死亡的病例出现。面部手术则出现的问题更多，如下颌角手术致死、去眼袋造成下睑外翻等。因此，颌面部手术的要求条件极高。第一，要有广泛细致的专业医学知识；第二，要具备长期、丰富的临床实践经验；第三，融会贯通的艺术造型设计技能；第四，切实的医患沟通技能。这些条件可以集一人于一身，也可以是一个团队进行操作。无论哪种情况，都应当进行专业学习和训练。

通常，由于医学专业的严格划分，临床医学主要对于躯体的整形和整形的技术见长，口腔颌面外科主要对于颌面的解剖等临床手术通晓，互有短缺。因此，颌面部的美容外科主要由这两部分医师团队进行操刀，以术式为中心，而不是以美为中心。临床表现就是单项手术的粗略设计，没有客观的、可量化的美学标准。例如，下颌角手术，都是追求锥子脸或瓜子脸，做出了很多怪异的面型。事实上，这两个团队主要缺乏医学与艺术的结合，因此，面部的医学解剖与造型艺术的结合是解决这些问题的有效途径。从组织上分类，面部可调整的部分有：①软组织可调整的部分，额部、颞部、眼部、面部、颈部；②脂肪组织的增减部分，面部、颈部、全身体表；③骨组织可调整的部分，鼻部、上颌骨、下颌骨、颏部、颧弓。后面将详细叙述。

（于　江）

第二节　雕塑的基础

一、雕塑训练流程

泥塑头像写生是雕塑入门的基础课程之一，要求学生在这一阶段建立正确的三维观察方法，掌握基本的雕塑塑造步骤，并启发学生对客观对象的本质及空间结构的认识，逐步培养学生的立体的造型能力和创造能力。主要分为四个阶段，前一个阶段是后一个阶段的基础，应循序渐进（图 3-2-1）。

第一阶段：面部解剖基本知识。

第二阶段：基本面部平面雕塑。

第三阶段：面部解剖雕塑。

第四阶段：人体面部雕塑。

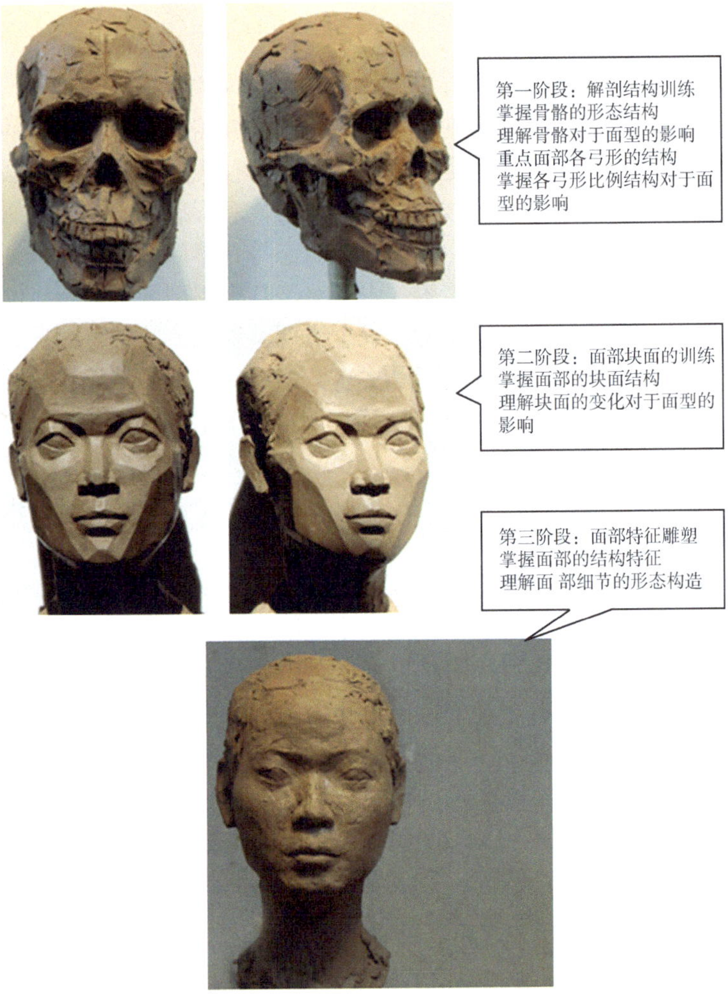

图 3-2-1　雕塑训练过程

二、雕塑工具及材料

1. 工作室　当我们要对着人物进行写生训练时，由于面对的是 1.7 米高左右真实的人，这就要求我们与模特要有适当的距离才能整体、准确地观察对象。一般来说，作者距模特要有一定的距离，也就是说最少要有人体高度的二倍距离，人体写生时最好是距模特 4 ～ 5 米的距离（头像写生可适当近些），并且左右也需要有一定的空间以利于观察。在室内做雕塑，一定要有充足的光线，最好是房顶北侧斜上方有天窗，利用稳定柔和的自然界光源，可以充分显示出模特的型体体积关系。依靠灯光照明也可以，但灯光照射的明暗反差不能太大，反差太大不利于观察整体和暗部的体面关系（图 3-2-2）。

图 3-2-2　天光教室

在工作室内，应安置一个模特转台。这个台子不宜太高，它的高度应尽量控制在 40 厘米左右，作者视平线基本位于转台上人体模特身高 1/2 处为宜（头像以眼线为准较佳）。模特台上应有一个能转动的平盘，以利于不停地转动模特（图 3-2-3）。

除模特台子之外，我们还必须准备一个雕塑转台，雕塑转台上面的平板也必须能够灵活水平转动和升降。

2. 材料　胶泥。胶泥即用土层中颜色发红的一种。这种土含沙量少，强度大，可塑性能比较好。用水浸透后反复搅拌、捶砸，直到手搓起来没有明显颗粒，且细腻滑润为宜。含沙量少的泥用手搓一根十多厘米长，小手指粗细的泥条有韧性且不易折断，便是很好的胶泥。泥的软硬程度要掌握好，一般来说抓在手里既不坚硬又不粘手为合适。而且这种发红色的胶泥视觉效果也较好，尤如紫铜一般，便于塑造强烈的形体。

图 3-2-3　雕塑转台

在南方，黄胶泥较少，多用田中之黑泥。这种黑泥颜色呈深灰色，视觉观察上不太理想。特点是易于炮制，一旦有些干裂时，只需洒一些水在上面，很短时间即能恢复柔软，用起来倒也方便。

另外，还有一种灰色的泥，产自东北的火山灰，是各院校和雕塑家们目前常用的一种材料。

3. 工具　雕塑工具大约有数十种样式各异、功能有别的雕塑刀。我们只需准备几种最常用的工具就可以了。一般来说，必须准备一把金属平铲刀，30 厘米左右长。再准备一把小木刀、一把金属刀和一把小刮刀。金属刀用弹簧钢制作为好，用起来具有弹性，手感好。木刀宜用黄杨木、檀木或其他质地细腻且材质坚硬的木料制作为佳。有了这几种常用工具就基本上可以做雕塑了。在做雕塑过程中还可以根据需要和个人的习惯再去制作一些适手的工具。

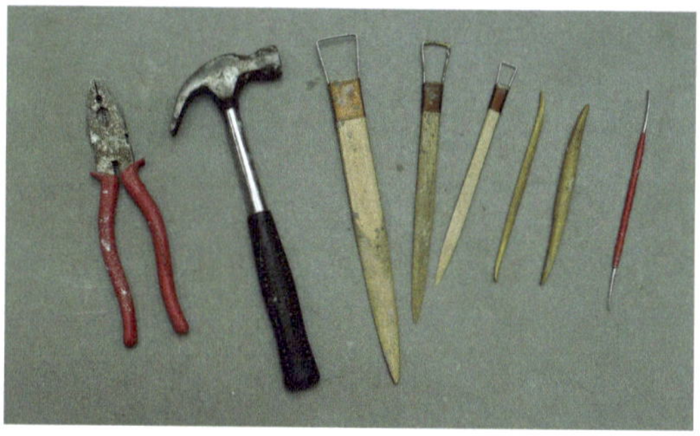

图 3-2-4　雕塑工具

平时还应准备一把卡尺。

另外，因为做雕塑总是要先搭架子，故离不开榔头、手钳、锯子、钢卷尺、铁丝、钢钉等这些常用工具和材料（图 3-2-4）。

4. 保护材料　泥塑塑造过程中，由于不是一次完成，往往需要几天甚至几十天，这就需要经常给泥塑喷水并用东西保护起来，以防干裂损坏。现在最好的方法是用聚氯乙稀塑料薄膜将泥塑包起来，能比较长时间地保护泥塑（图 3-2-5）。

三、头面部基本解剖平面的雕塑

人类的头部是一个位置明确、结构精巧的块面。了解头部的平面结构是创作出真实可靠的雕塑形体的首要一步。雕塑富有体积感，从几何形块来思考雕塑是了解体积的简便方法。平面具有形体标识的功能，一旦掌握了基本平面，便能够确立那些界限不太明

图 3-2-5　薄膜保护

确的平面。利用平面和几何形块将复杂的人体解剖转化成简单的雕塑语言。平面为我们确定了形态的范围和表面，而几何形块帮助我们看到其中的韵律和图案。

形体的平面（图 3-2-6），亦即表面，可以确定关键性的脸部位置，表明雕塑的方向和位置。头部和五官的比例及形状决定头像的神态和外形特征。颌面部美容整形的许多手术就是面型平面的雕塑。如去下颌角的改脸型手术。

面部平面雕塑方法步骤如下：

（1）确定头部体积：从下颏底至前额的高度与前额至后脑颅的距离是相等的。脸的宽度（颧骨之间的距离）比脸的高度或厚度要短得多。普通成人的头部的高度接近 19 厘米，厚度为 19 厘米，宽度为 11.4 厘米。雕塑头部块面时，要牢记这些三维比例关系。

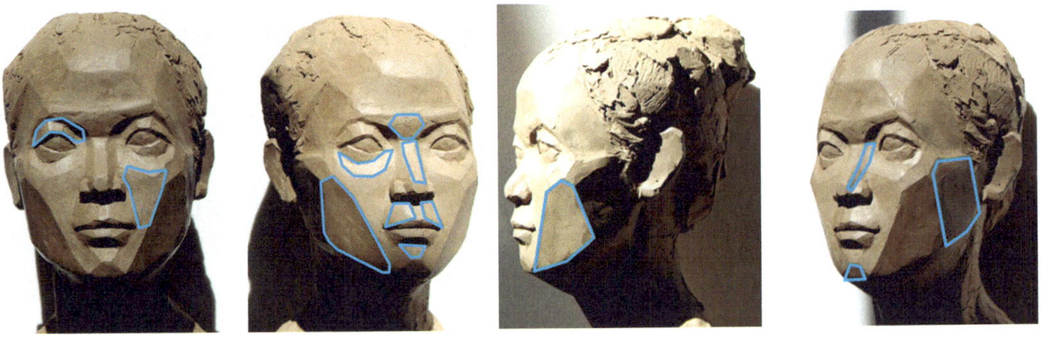

图 3-2-6　面部各平面构造

（2）确定前面部比例：头部的正面称作前平面或脸部平面，从上至下分为三等分。再在这个平面的$\frac{1}{3}$处画一条与头顶部平行的线条，此即眉线。为了表示出鼻的位置，在头部的正中央画一垂直线，从眉线一直延伸至第二条平行线上，在这条线的末端画一“V”形，在第三等分的中央画一平行线，为口的位置。

（3）确定侧面部比例：头部两侧被称为侧平面。耳位于侧平面的中央。为了找准这个点，将眉线延伸，再从鼻底引出一平行线，从前绕至脑后，这两条线一定要与头顶部保持平行。在侧平面，两条平行线的正中，凿一个洞，或画一个 X 印记（使用木质雕塑工具的柄把）表示出耳的位置。第二步，确定下颌线。分别于两侧面，以鼻底的那条平行线为起点，向下画一条约 2.5 厘米长的直线。然后，转而向下颏伸延。从下颌底切去一些黏土，让下颌的结构从侧面凸现出来。

（4）雕塑面平面：顺序是先额部、颊部，然后是咬肌平面、眶下平面、颧部平面、颊部平面、口唇部的平面。

（5）口唇、眶区等细部的雕塑。

（于　江　房延军）

第三节　面部解剖雕塑

面部解剖雕塑是训练空间的解剖形态对于面型的影响状态，体会面部的三维解剖结构与形态表达的关系。

一、头颅骨骼的解剖雕塑

雕塑头像所需的头部平面构造和几何基础知识是建立在角、外形轮廓、表面块面、形状以及头颅底层所透露出的结构点与解剖之间的比例关系之上的。要掌握好头像的雕塑技巧，必须打好扎实的基础——敏锐的观察力和较强的理解力是很重要的。头颅是单一对称的整体。每个头颅的各部分之间的比例关系是固定不变的。这种立体构造形式的特点体现在一种独特的几何体系之中，这便是支撑头部的面部骨架。见图 3-3-1，图 3-3-2。

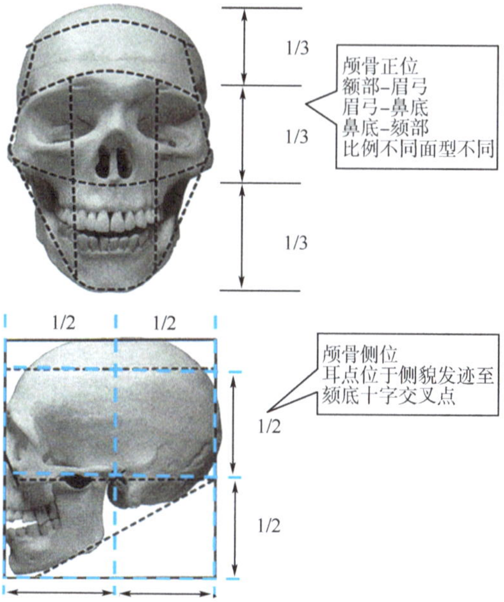

图 3-3-1　头颅骨骼的比例结构

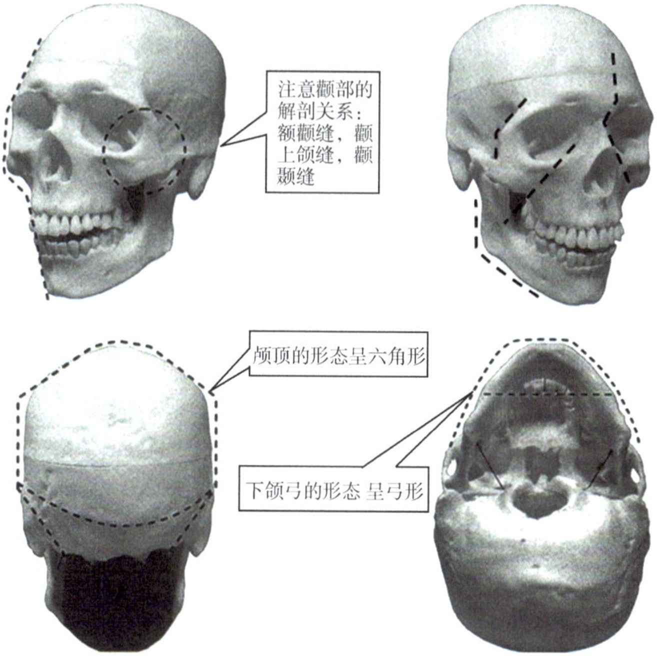

图 3-3-2　头颅骨骼的各部位结构

二、面部肌肉的解剖雕塑

通过面部肌肉分布及走向的解剖雕塑练习，掌握颅面肌肉的走向及解剖结构。面部表情肌是附着在颅骨上面的薄层肌肉，位于眼窝部和口裂部为环行肌群，其他部分为直线肌群，共同构成丰富的表情运动，肌群的运动方向与面部皱纹直接相关。一般而言，皱纹方向与运动方向成垂直状态。见图 3-3-3。

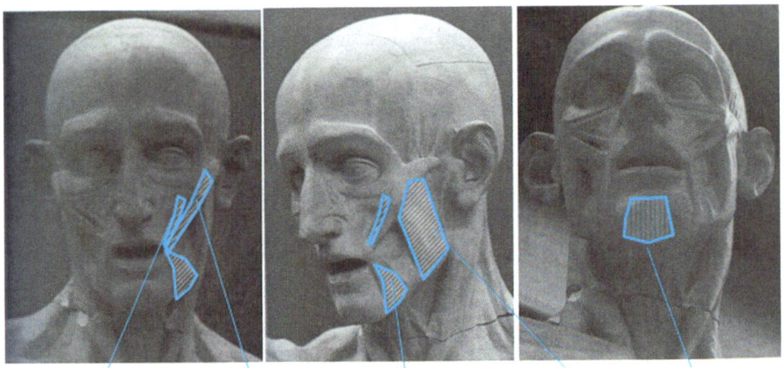

图 3-3-3 面部部分表情肌

三、面部弓形对面部形态的影响

前面已经讲过，面弓形态决定面型轮廓，其中眉弓的形态不能调整，是相对的稳定状态。由上颌鼻突、颧骨、颧弓组成颧颌弓则可以相对调整，如鼻骨、颧弓。上下颌骨及上下牙弓所组成合弓可以通过牙弓进行调整，也可以通过颌骨手术截骨进行调整。由颏部、下颌骨体、下颌角所构成的下颌弓可以通过截骨手术进行调整。

（于　江　房延军）

第四节　微整形与面部风格雕塑

面部的风格就是人物个体性格和气质的面部形象，如男性、宽厚、正直、亲和力强等特点，就是风格的一种。这些风格通过（1）性别密码：直曲度；（2）年龄密码：量感度；（3）U 美规律：五种形式，通过微整形的方法进行雕塑。微整形就是微创简单的方式进行的艺术创作。

一、微整形与面部雕塑

微整形，广义上是指微创整形，通过小切口或者内镜手术的方法结合其他技术进行的整形美容手术；狭义上是指利用高科技的医疗技术，不需开刀，短时间就能变美变年轻的特性，取代传统的整形外科手术，具有相对安全、微创、恢复期短的优点。主要项目如下：

1. 微创整形手术　重睑、内眦开大、内镜除皱、面部组织填充等美容整形手术。

2. A 型肉毒素除皱和瘦脸　可改善各式脸部的皱纹，包括鱼尾纹、抬头纹、皱眉纹等等。另外，可以改善肌肉肥大所导致的国字脸，达到瘦脸的效果。

3. 填充剂注射　主要是透明质酸、胶原等的填充。以透明质酸为原料的产品是以非动物来源的透明质酸作原料，与人体内的透明质酸近乎一致，避免出现组织异常反应，而且透明质酸钠凝胶具有一定的物理形状，可增加皮肤容积，改善皮肤组织结构。同时，透明质酸钠凝胶能有效保持水分，维持皮肤内的水平衡。可以维持一年左右，是可逆的，一般用于填充皱纹、丰唇等。

4. 自体脂肪移植充填　适用于面颊部、颞区、上睑凹陷的人群。该方法肿胀期短，不会产生排斥反应。

5. 面部微吸脂　面部肥胖下垂会让人显得臃肿和衰老，通过小针眼吸除多余的脂肪，创伤小且效果明显，特别适合治疗双下巴者。

6. 激光治疗　先进的激光设备可以刺激胶原新生、重塑，达到紧致皮肤、除皱美白的效果。

7. 注射美白针　美白针其中主要成分谷胱甘肽，是由谷氨酸、半胱氨酸及甘氨酸三种氨基酸结合而成的三肽。

以上的各种方法和传统的整形美容手术对于面部的形态或者色泽、质地均能改善，实际上的活体雕塑，操作方法是医学手段，完成的目标是艺术设计，实现的是患者的心理需求。

二、型→相表达在面部雕塑中表现性别的作用

型→相表达的作用，我们通过对男性方脸型雕塑来进行说明。

方形脸的控制因素是下颌角的形态，主要由下颌角角度与外展度控制。型的控制因素主要有直曲度和量感。相的控制因素由型决定，在塑造型的同时是根据相的设计而进行的。

三、U 美法则在面部雕塑中表现魅力的作用

1. 对称与均衡　对称：两侧完全一致；均衡：两侧视觉一致，实际不一致。

（1）对称的功能：产生稳定感，是均衡的特例。静态，僵化。

（2）均衡的功能：产生生动感，使人感觉活泼。动态，鲜活。

（3）常见典型临床应用案例：面部美容整形的对称度调整，美容牙齿矫正。

2. 比例与协调　比例：长短比的率值；协调：大小不一，比例一致。

（1）比例的功能：产生量感，是协调的本质因素。

（2）协调的功能：产生亲近感，是大小、深浅、色系的一致。协调是一致；调和是相近。

（3）常见典型临床应用案例：眼部微整形。

3. 节奏与韵律　节奏：点与点的连续重复；韵律：两点连线的连续规律有节奏的变化。

（1）节奏的功能：产生规律，呈直线型。

（2）韵律的功能：产生活力（生命力），呈曲线型。

（3）常见典型临床应用案例："苹果肌"注射。

4. 对比与统一　对比：异同的反差；统一：一致，无反差。调和；是两者中间状态。

（1）对比的功能：产生反差，突出个性。

（2）统一的功能：产生和合，突出共性。

（3）常见典型临床应用案例：激光美肤。

5. 个性与和谐　个性：独一无二；和谐：符合共性特征的个性。

（1）个性的功能：产生特色，具有标记性。

（2）和谐的功能：产生愉悦，感觉舒服。

从个性到和谐是一个量变到质变的过程，两者既有联系又有区别。微小对比，高度统一，这种状态容易产生和谐。

和谐是众多个性的中间状态。

（3）常见典型临床应用案例：面部年轻化综合整形美容。

四、人像雕塑过程

我们从习惯角度上讲看人主要是看头部，即面部特征和表情，这使得头在人物雕塑中成为最重要的一部分。尽管头只是雕像的一部分，但作为头像或半身雕塑往往可以独立存在的，在半身雕像中头尤其重要。

要知道每个人都有自己的体貌特征，再加上种族、性别、年龄、生活环境的差异，形成自己的特点。每个人也都能根据容貌去辨识他人，但却画不出他们的样子，没受过训练用黏土也雕不出来。面部的许多部位都在不停地运动，这使问题变得复杂。而且人与人之间的细微差别和表情的微小变化都非常细腻。所以，当身体其他部位误差较大时我们还能侥幸过关，但即使是极其细微的面部的误差后果都是相当严重的。

泥塑头像的学习基本上大致可分为三个阶段。

第一阶段：观察。

首先把模特摆放在一个光线较好的位置，可根据学习的程度让模特做出你需要的动态。

同时还可以让模特四处走走，和模特聊聊天，看看工作室的东西。和模特接触的过程中要仔细观察他们，找到一种感觉，感觉出该模特所特有的东西，然后让他（或她）摆出你认为最自然的姿势。

然后再调整他，使之生动起来。塑造人物头部姿势极其重要，除了外表、仪容和表情外，他们的姿势在很大程度上显示出作品所展现的人物个性。

第二阶段：一旦你选定一种姿势让模特摆好，就弯一下骨架上的金属绕，接近模特头的角度。在多数情况下根本不要弯曲多少，但还是要检查一下，确保角度一致。接着把黏土填充到骨架上那些金属线所组成的框架中，填满填牢，再把黏土压成一个灯泡状，这个灯泡状的东西是开始塑造头像雕塑的基础，所以要保持那种确定的姿势。

如果准备往头像上加肩膀，可以在此阶段沿着骨架的管子添加黏土，一直加到托盘为止。这些黏土以后会支撑住肩膀（图 3-4-1）。

以下是一些有关头像雕塑的技巧：

1. 做好准备。模特来之前做好一切准备，包括骨架、黏土、工具、模特的位置、自己做模型时站的平台以及其他一切可能要用的东西。

2. 模特摆姿势时，头部要与你站立时的眼同高，不要让自己的高度超过模特。

3. 调整你的工作台，使黏土头像与模特的头同高。

4. 模特的身体能自由转动，这样能从侧面、背面与作品相比较。工作时要经常让模特转动，塑像也要转动，使之与模特的方向始终一致。

5. 模特会感到疲倦，需要经常休息。一个坐姿半身模特持续工作 25 分钟是可以的。如果姿势比较僵硬，或动作较大那就要缩短一些。随着工作段的增加，需增加休息的间隔，以对付不断加剧的疲惫感。

雕塑头像通常有几种不同的方法，每一种方法都有它的优点，同时也有不足之处。大多数雕塑家即使是那些相当有经验的雕塑家都会在使用一种方法的同时，穿插使用其他方法。

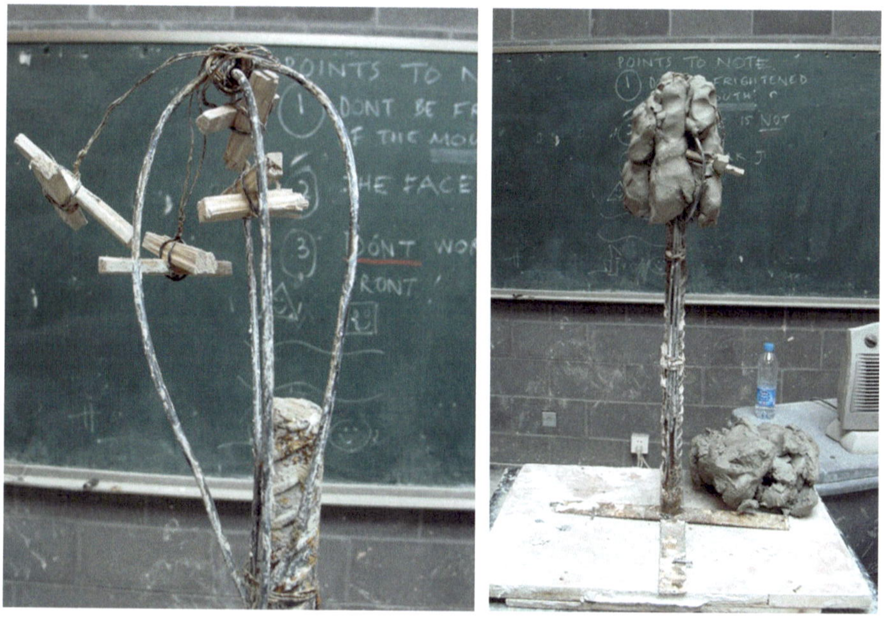

图 3-4-1　在支架上加黏土

利用剪影寻找对象特征是罗丹始终如一采用的方法，它也是最可靠和最易行的方法。

一开始就要从模特的侧面入手，哪一侧都不重要——当你看模特时你就塑出侧影，也就是他的轮廓。接着你移到模特的另一面塑造出他的轮廓，再转到另一侧修整一下你前面的侧影轮廓，最后转到正面，做出头前部和脸的轮廓，注意，还不是脸的细节。

接着从前后左右四面不同的角度重复观察，并重新调整一遍，再从这四面所构成的四个夹角重复同样的工作。此时如果你已经准确地做好每个轮廓，就能得到一个与模特头型较为相似的泥塑，尽管此时细节尚未制作，但这是做好雕塑第一个重要的环节。

再接着首先忽略嘴唇，只管做那条从下巴到鼻根的线条。同样也可手持雕塑刀或其他平行于模特侧面的工具以测定它的角度，并用手指量出它的长度。这时你可以添上一些黏土作为鼻，接着检测一下鼻梁与鼻根的位置关系。鼻梁离鼻根有多远。它正好位于鼻根的正上方，还是靠后，或突前，要做到精确。到这时就继续往上，从前额上方向后弯曲的曲度，以及发际的角度。再塑出头顶，主要是它于何处达到最高点。此时观察一下眼是否摆在了头顶与下巴尖的正中部位，因为几乎所有人的眼都在这两者正中。然后做后脑一直做到脖根。

至此，你已经塑好了模型头部的主要侧面轮廓，记住此刻你想要做的只是个整体外部轮廓，而没有其他目标。千万不要去想任何线条内的细节。试着从泥塑上看出同样简单的线条。

现在站在模特的正后方观察，采用同样的方法塑出后脑壳的轮廓，注意所构成的轮廓。在泥塑的边上添加黏土，使之与那个形状相类似。完成之后，它的影像应和模特的影子差不多。做头部泥塑一开始就要采用直接添加黏土的方法。绝大多数后脑壳都很圆，所以要尽量塑出球形。

要不断地转动模特和你的泥塑，从每个不同的角度去寻找塑像的轮廓，雕琢修整直到完美为止。

现在要雕刻面部了。请记住，现在还是雕面部，只是雕一个轮廓而已，一个从下面看上去的整个头部轮廓。实际上是做两个形状：一个是稍小一点的面部轮廓；第二个是稍大一点的脸后部的头发轮廓。尽管面部的后面是头发，但在此阶段面部的轮廓与头发是不可分离的。

有时过于追求细枝末节反而会遗忘了重要部分，那就是泥塑的整体部分。此时仔细看看模特的脸型到底什么模样，是三角脸、圆形脸、国字脸还是其他脸型，然后再用黏土塑出它的特征，只要保证整体轮廓就行。这样在微光下或当你眯着眼研究时它就有点像你的模特了。如果一尊头像脸型做错了，和真人是绝不会相像的。相反，如果脸型正确，即使任何细节还没塑造都会有点接近对象。在这个阶段，仍像前面那样从前后左右多个角度认真仔细地实施轮廓线就行了。我敢肯定如果整个头型错了，不管在眼、唇上花多少工夫，都不会和真人相像。相反，这个基础做好了，自然而然就会貌合神似。

此时最容易犯的错误是把脸当成平板一块，实际上脸部的弯曲度很大，双颊感觉一下这个形状，手小心地离开脸颊——保持双颊的姿势不变——看一看双手所夹的角度。

正如生活中的许多事情一样，一种方法适合某人但对另一个人却不一定适合。试着使用一种方法并把其中适合的部分综合起来，形成自己独特的方法。比如，你正在使用剪影法，就试着综合一点测量中的卡尺测量术。从上到下测量一下模特的头，与你做的半身塑像相对照；再从前到后测一下，确定高度和厚度比例关系是否正确（当我们从水平和垂直的角度看统一距离时会发现两者差异很大，因此测量法十分重要）。在练习 1 ∶ 1 泥塑训练时你感到需要测量的地方就去测量，这样可在这种方法下增强你的自信心和判断力。

（于　江　房延军）

第4章 化妆美容造型艺术设计

第一节　化妆基础知识

一、化妆的目的

1. 调整器官的形态结构及比例关系，表达所需的情感，完成艺术美学表现的目的。
2. 增强立体印象，调整形色，掩饰缺陷，表现神采，焕发风韵，增添魅力。
3. 唤起心理和生理上的潜在活力，增强自信心。还有助于消除疲劳，延缓衰老。

二、面部五官比例

人的五官指的是眉、眼、鼻、口、耳。美学家用黄金切割法分析人的五官比例分布，以“三庭五眼”为修饰标准。三庭指脸的长度，把脸的长度分为3个等分，从前额发际线至眉骨，从眉骨至鼻底，从鼻底至下颏，各占脸长1/3。五眼指脸的宽度比例，以眼长度为单位，把脸的宽度分为5个等分。从左侧发际至右侧发际，为五只眼的宽度，两只眼之间有一只眼的间距，两眼外侧至两侧发际各为一只眼的间距，各占比例的1/5（图4-1-1）。

面部骨骼的特征很大程度上决定了脸型的表现，不同的颅骨解剖学定位在化妆中具有不同的作用（图4-1-2）。

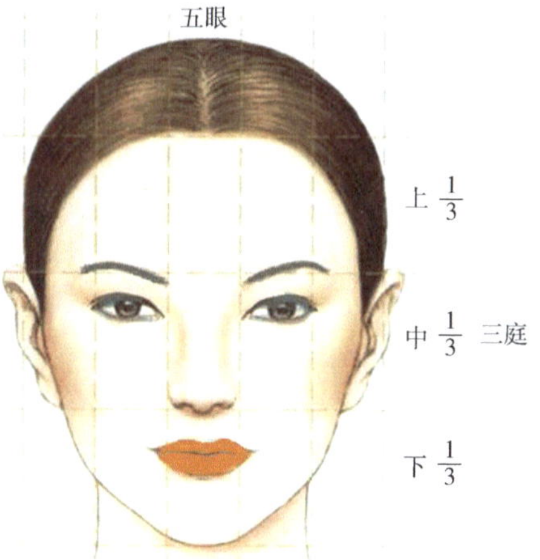

图4-1-1　三庭五眼

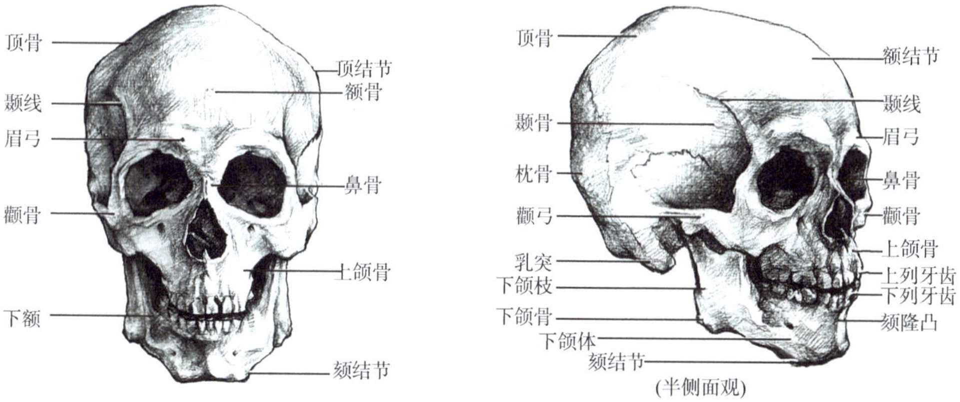

图4-1-2　面部骨骼解剖学结构

眉弓：位于额丘下面，眶上缘的内半部，男性年龄越大眉弓越明显。

颞线：是额骨与顶骨颞骨的连线，位于颞窝（太阳穴）的边缘。此线随着年龄增长而明显。

上颌骨：位于面部中央，上端与鼻骨相连，下端缝合，形成鼻部软骨所在的梨状孔，孔的下方就是上齿槽。齿槽略靠上处有犬隆突与犬齿窝，随着年龄增长或身体瘦弱而先显露。

颏结节：在颏隆起的基底两边，稍隆突。男性较显著，颏部呈方形，女性较小，呈卵形。

下颌角：是下颌体转为下颏的转角处，俗称“腮帮子”的部位。其角度大小、宽窄直接影响整个面部的形象。

三、美容化妆品和化妆用具的应用

美容化妆是通过化妆品、化妆用具和化妆技术三者的完美结合来实现的，三者缺一不可。先要了解化妆品、化妆用具应用方面的知识，为熟练掌握化妆技术打下基础。

（一）美容化妆品的应用

美容化妆品是用于清洁、保养和美化皮肤、毛发的用品。美容化妆品种类举不胜举，要在化妆品中正确选择和使用美容化妆品，达到理想的化妆效果，应对化妆品的分类、特点和使用方法等问题有所了解。

1. 美容化妆品的分类　美容化妆品的分类方法有很多种。

(1) 按外部形态分类：分为膏霜类、蜜类、粉类、液体类。

(2) 按使用目的分类：分为清洁类、护肤类、粉饰类、治疗类、护发类、固发类、美发类、美甲类等。

(3) 按使用对象的年龄性别分类：分为婴儿用美容化妆品、儿童用美容化妆品、老年用美容化妆品、女性用美容化妆品、男性用美容化妆品。

(4) 按使用部位分类：分为肤用化妆品、发用化妆品等。

(5) 从美容化妆的专业需要区分：分为洁肤类、护肤类和粉饰类三大类。

此外，还可按皮肤性质和产品特点等进行分类。

2. 美容化妆品的特点及使用

(1) 洁肤类

1) 洁面皂

作用：洁面皂是人们普遍使用的洁肤品，其特点是质地细腻、性质温和、泡沫丰富、去污力强、价格相对较低，是一种深受人们喜爱的传统洁肤品。洁面皂现在加入的保湿剂和软化剂成分，使其克服了以往洗后皮肤干涩的缺点，加之其使用方便，因而成为家庭常用的洁肤品。

使用方法：先用温水将皮肤润湿，再用洁面皂和水在手上揉出泡沫，利用泡沫清洗皮肤，这样可减少皂体直接接触皮肤所产生的刺激。当泡沫与皮肤充分接触后，用温水将皮肤冲洗干净。

2) 洗面奶

作用：洗面奶是一种性质温和的液体软皂，其 pH 多与皮肤表面 pH 相同，为弱碱性或中性。主要是利用表面活性剂清洁皮肤，对皮肤无刺激并可在皮肤上留下一层滋润的膜，使皮肤细腻光滑。适合于卸妆后或没有化妆的皮肤使用。

使用方法：要根据皮肤性质选择洗面奶，油性皮肤选择收敛性的，干性皮肤选择滋润营养性的。

3）卸妆液

作用：卸妆液性质温和、清洁效果好、对皮肤的刺激小。卸妆液多用于眼部的卸妆。

使用方法：用棉签或化妆棉蘸卸妆液轻轻擦拭眼部的皮肤，直到棉花上不再有任何化妆品的颜色，再用温水清洗。

4）卸妆油

作用：卸妆油是卸油彩妆及浓妆的第一道清洁剂。卸妆油对油彩妆的清洁效果好，但对皮肤有一定的刺激。

使用方法：先将卸妆油涂于皮肤并轻轻按摩，使皮肤上的油彩溶解，然后用棉片或纸巾擦拭干净，再用清洁霜或洗面奶清洁。

5）磨砂膏

作用：呈均匀颗粒妆膏霜，在皮肤上摩擦后可使老化的鳞状角质剥落，除去死皮细胞，使皮肤保持柔软细腻。

使用方法：沐浴时，先使皮肤湿润，表皮软化，在根据皮肤性质选择产品。

6）去死皮膏

作用：对皮肤的角化细胞有剥脱作用，去死皮膏涂于皮肤后，其中的酸性物质使角化细胞溶解，当搓掉或除去这些膏体时，可以把被溶解的角化细胞一起带下来，起到净化皮肤的作用。

使用方法：将皮肤清洁后涂匀去死皮膏，像涂面膜一样，空出眼、口、鼻部，然后搓脱，清水洗净。

⑵ 护肤类

1）化妆水

作用：化妆水又被称为营养水、滋润液等。化妆水的主要作用是补充皮肤的水分和营养，使皮肤滋润舒展，平衡皮肤酸碱度，同时还具有收缩毛孔、防止脱妆的作用。化妆水的种类很多，要根据化妆需要和皮肤的性质进行选择。①滋润性化妆水：具有保湿作用，适合干性及中性皮肤；②柔软性化妆水：有软化表皮的作用，用后可使妆面服帖自然，适合皮肤较粗糙者使用；③收敛性化妆水：具有收缩毛孔的作用，可防止脱妆，多在夏季使用。收敛性化妆水一般有两种，一种是酸性化妆水，适合油性皮肤；另一种是碱性化妆水，适合干性皮肤和中性皮肤；④营养性化妆水：可补充皮肤的水分和营养，使皮肤滋润有光泽，适合干性及衰老性皮肤者使用。

使用方法：将化妆水滴于化妆棉上，再用化妆棉轻拍在皮肤上。

2）润肤霜

作用：润肤霜可保持皮肤的水分平衡，提供皮肤所需营养，并会在皮肤表面形成保护层，将化妆品与皮肤隔开。

使用方法：将润肤霜在面部涂匀并轻轻按摩，使皮肤充分吸收。

3）按摩膏

作用：在按摩的过程中起到润滑的作用。

使用方法：按摩膏含有丰富的营养和油分，用后要清洗干净，保证皮肤的呼吸功能。

4）乳液

作用：这类化妆品中的水分含量大，油脂含量较少，使用后皮肤显得清爽。

使用方法：乳液的油脂含量小，相对保温性差，最适合于油脂分泌旺盛的油性皮肤。

5）防晒霜

作用：可以防止日光中波长为2900～3200A的紫外线对皮肤的伤害。防晒化妆品主要是对这部分紫外线有吸收和散射的功能。

使用方法：将防晒霜直接涂敷于皮肤上，量要足，在皮肤上形成薄膜，尽量不擦拭。在日光强的情况下2～3小时涂抹一次。

(3) 粉饰类

1）粉底

作用：粉底具有遮盖性，可掩盖皮肤的瑕疵，调整肤色，改善皮肤质地，使皮肤显得光滑细腻。通过粉底的深浅变化还可以增强面部立体感。粉底的种类很多，有粉底液、粉底霜、粉条、粉饼和遮瑕膏等。①粉底液：呈半流动状，油脂含量少。粉底液易于涂擦，可使皮肤显得透明、自然，但遮盖力较弱。粉底液适合化淡妆时使用，也适合油性皮肤者使用，尤其适合夏季使用。②粉底霜：含脂量高，粘附性及舒展性都较好，遮盖性强于粉底液。适合用于干性和中性皮肤使用，也适合于秋冬季节使用。③粉条：形状多呈长条形，故称粉条。粉条油脂含量高，遮盖性强，适合于浓妆或肤色难看者使用。④粉饼：呈固体状的粉块。并配有专用的化妆海绵。粉饼有多种使用方法，如涂粉底、定妆和补妆等。粉饼使用简单、携带方面，适合个人使用。由于粉饼的含脂量低，适合夏季使用。⑤遮瑕膏：成分与粉条相似，其遮盖力强于粉条。遮瑕膏根据颜色不同和深浅差异分成很多种，要按具体情况进行选择。

使用方法：用微潮湿的化妆海棉蘸上粉底在皮肤上均匀地涂抹。

以上各种粉底除粉饼外，在使用后都需定妆。

2）蜜粉

作用：蜜粉也称干粉或粉碎，为颗粒细致的粉末。蜜粉在涂抹粉底后使用，目的是使粉底与皮肤的贴合更为牢固。还可调和皮肤光亮度，吸收皮肤表面的汗和油脂，使皮肤光滑，减少粉底的油腻感。

使用方法：用蘸有蜜粉的粉扑拍按在皮肤上，再用粉刷将浮沉扫掉。

3）胭脂

作用：胭脂有改善肤色和修正面型的作用，它可使面色显得红润健康。美容化妆常用粉状胭脂。

使用方法：膏状胭脂用在定妆之前，可用手或化妆海绵涂擦。

4）眼影

作用：眼影用于美化眼，具有增加面部色彩，加强眼部的立体效果，修饰眼型的作用。常见的眼影有粉状眼影、膏状眼影和笔状眼影。美容化妆品中最常用的是粉状眼影。

使用方法：粉状眼影在定妆之后使用，用眼影刷或眼影海绵涂抹；膏状眼影在涂粉底之后定妆之前使用，用化妆海绵或手涂抹；笔状眼影在定妆后直接涂抹。

5）眼线液（笔）

作用：眼线液（笔）用于调整和修饰眼部的轮廓，增强眼睛的神采。眼睛液为半流动状液体，并配有细小的毛刷。用眼线液描画眼线的特点是上色效果好，但操作难度较大。

眼线笔外型如铅笔，芯质柔软，特点是易于描画，效果自然。

使用方法：使用眼线液时，要先用毛刷蘸眼线液后再描画。描画时，手要稳，要用力均衡。用眼线笔化眼线时，沿睫毛根部直接描画即可。

6）眉笔

作用：眉笔呈铅笔状，芯质较眼线笔硬。眉笔用以加强眉、增加眉的立体感和生动感。常用的眉笔颜色有黑色、灰色、棕色等。

使用方法：用眉笔在眉上描画，力度要小而均匀。描画应尽量自然柔和。

7）唇线笔

作用：唇线笔外型如铅笔，芯质较软，用于描画唇部的轮廓。唇线笔配合唇膏使用，可以增强唇部的色彩和立体感。选择唇线笔的颜色时应注意与唇膏于同一色系，且略深于唇膏色，以便使唇线和唇色协调。

使用方法；用唇线笔依唇部的基本轮廓描画。描画时要注意线条整齐并体现柔和感，生硬的或参差的线条都会影响唇型的美感。

8）唇膏

作用：唇膏的黏稠度强，色素含量大。唇膏具有增添唇部色彩和光亮度的作用。

使用方法：用唇刷将唇膏涂于唇线以内的部位。涂抹要均匀，薄厚要适中。

9）睫毛膏

作用：睫毛膏通过增加睫毛的密度、长度和光亮度来美化眼。睫毛膏可分为无色睫毛膏、彩色睫毛膏、加长睫毛膏、防水睫毛膏等多种。无色睫毛膏呈透明或半透明状，可以增加睫毛的光泽；有色睫毛膏具有多种颜色，要根据自身睫毛的颜色和化妆色彩的需要进行选择。亚洲人在化妆中最常用黑色的睫毛膏。

使用方法：用配置在睫毛膏包装物内的睫毛刷蘸取睫毛膏后，从睫毛根部向上、向外涂刷，待其全干后再眨动眼，以防弄脏眼部皮肤。

（二）美容化妆用具的应用

成功的化妆，一方面是靠对美的理解和娴熟的化妆技艺，而另一方面是通过化妆品和化妆用具来实现的。在对化妆品有充分了解的基础上，还要对化妆用具有全面系统的认识。正确地使用化妆用具，可以使化妆的技艺得到更好地发挥和表现。俗话说“工欲善其事，必先利其器”，也正是这个道理。

1. 常用的美容化妆用具　美容化妆用具的种类很多，其作用及所应用的部位也各不相同。常用涂粉底和定妆的用具有化妆海绵、粉扑、粉刷等；常用修饰眉的用具有眉刷、眉梳、眉扫、眉钳、修眉刀、眉剪等；常用修饰眼的用具有眼影刷、眼影海棉、眼线刷、睫毛夹、假睫毛和美目胶带等；常用修饰面色、面型的用具有轮廓刷、胭脂刷等；常用画唇的用具有唇刷等。为了使用方便，化妆用具中的刷类用具常配成一套，放在特制的用具套中，称为化妆套刷。

2. 常用化妆用具的使用

(1) 化妆海绵：化妆海绵是涂粉底的用具，它可使粉底涂抹均匀，并使粉底与皮肤结合的更紧密。化妆海棉质地柔软细腻，形状多样（图 4-1-3）可根据各人的习惯和喜好选择。

使用方法：先将化妆海绵用水浸湿，然后再用干毛巾或纸巾将化妆海绵的水分吸出，使其呈微潮的状态，因为微潮的化妆海绵会使粉底涂得更服帖，然后再蘸粉底在皮肤上均匀涂抹。

A　　B

图 4-1-3　化妆海绵

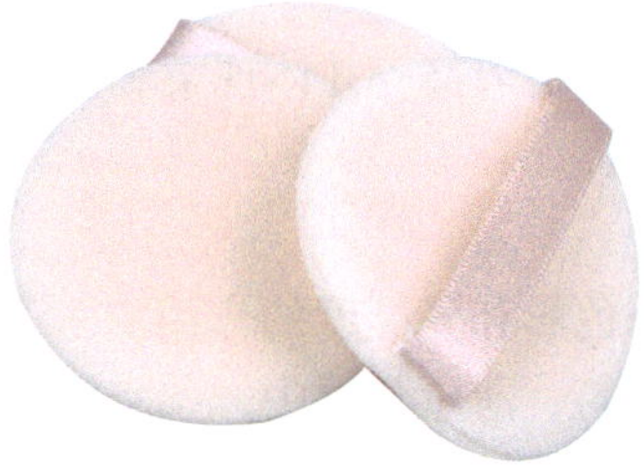

图 4-1-4　粉扑

（2）粉扑：粉扑用于涂拍定妆粉，一般呈圆形，专业美容师使用的粉扑背后有一半圆形夹层或一根宽带（图 4-1-4），其目的是可用手将粉扑勾住。化妆时应该准备两个粉扑，互相配合使用。

使用方法：用一个粉扑蘸上蜜粉。与另一个粉扑相互揉擦，使蜜粉在粉扑上分布均匀，再用粉扑扑按皮肤。另外，在定妆后的化妆过程中，为了避免美容师的手蹭掉化妆对象脸上的妆，美容师应用手的小指套上粉扑进行描画，这样手就不会接触到面部皮肤了。

（3）粉刷：粉刷多用于定妆时掸掉浮沉，是化妆套刷中最大的一种毛刷。其外型饱满，毛质柔软，不刺激皮肤（图 4-1-5A）。此外，还有一种刷头呈扇形的粉刷（图 4-1-5B），这种粉刷主要用于保持妆面的洁净。

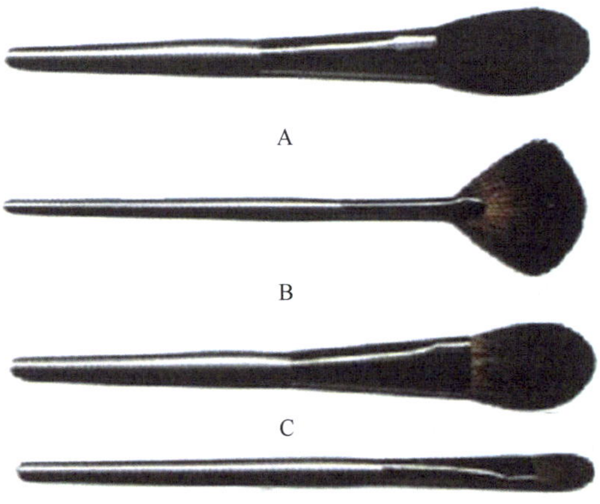

A　B　C　D

图 4-1-5　化妆套刷

使用方法：用粉刷在定妆之后的皮肤上横向清扫，将浮粉扫掉。操作时不要将刷头直接对着皮肤，以免刺激皮肤。扇形粉刷的使用一般在画眼影之前。扇形粉刷的作用主要是蘸蜜粉涂在下眼睑处，要多涂一些蜜粉，待眼部化妆完成后，再用粉刷将下眼睑的浮粉连同掉落的眼影粉一起扫去，这样做是防止画眼影时弄脏妆面。

（4）胭脂刷：胭脂刷用来涂擦胭脂的毛刷，其外形小于粉刷而大于轮廓刷，毛质柔软（图 4-1-5C）。

使用方法：用胭脂刷上胭脂由鬓角处向面颊清扫。

（5）轮廓刷：轮廓刷用于修饰面部的轮廓，外形小于胭脂刷图（4-1-5D）。它主要是用来配合阴影色或光影色使用，是调整面型的化妆用具。

使用方法：用蘸有阴影色或光影色的轮廓刷在面部的凹凸部位进行涂刷和晕染。

（6）眼影刷：眼影刷是晕染眼影的工具，毛质柔软，顶端轮廓柔和（图 4-1-6）。眼影刷可使眼影的晕染效果柔和自然。

(7) 眼影海绵：眼影海绵是涂抹眼影的工具，为椭圆形的松软绵头，分单头和双头两种（图 4-1-7）。化妆时，用眼影海绵涂眼影，可以使眼影粉与皮肤贴服，是眼部化妆的必备用具。

图 4-1-6　眼影刷

图 4-1-7　眼影海绵

使用方法：用眼影海绵蘸眼影粉在眼睑处轻轻涂抹。

(8) 眼线刷：眼线刷是化妆套刷中较细小的毛刷（图 4-1-8），用于画眼线。用眼线刷画眼线比用眼线液和眼线笔画得更柔和自然。

使用方法：用眼线刷蘸深色眼影粉在睫毛根处描画。

(9) 眉扫：眉扫是整理和描画眉毛的用具，扫头呈斜面状，毛质比眼线刷硬一些（图 4-1-9）。用眉扫画眉比较柔和。

图 4-1-8　眼线刷

图 4-1-9　眉扫

使用方法：用眉扫在画过的眉毛上清扫，使眉色均匀自然。也可以用眉扫蘸深色眉粉在眉毛上清扫，以加深眉色。

(10) 眉梳和眉刷：眉梳是梳理眉毛和睫毛的小梳子，梳齿细密，有时也被称为睫毛梳。眉刷是整理眉毛的用具，形同牙刷，毛质粗硬。在化妆工具中眉梳和眉刷常常被制作为一体，成为一件用具的两个部分（图 4-1-10）。

图 4-1-10　眉梳和眉刷

使用方法：在修眉前用眉梳把眉毛梳理整齐，这样便于眉毛的修剪。眉梳还可以将涂睫毛膏时粘在一起的睫毛梳通，具体操作是从睫毛根部沿睫毛弯曲的弧度向上梳。眉刷的具体用法是在画过的眉毛上，用眉刷沿着眉的生长方向轻轻刷动，使眉色协调。

(11) 眉钳：眉钳是修整眉型的用具（图 4-1-11）。眉钳可将眉连根拔掉，去除所修眉型以外的多余眉。眉钳有多种类型，常见眉钳有圆头和方头，可根据个人爱好及使用习惯选择。此外，眉钳还可作为辅助工具使用，如帮助粘贴、固定假睫毛等。

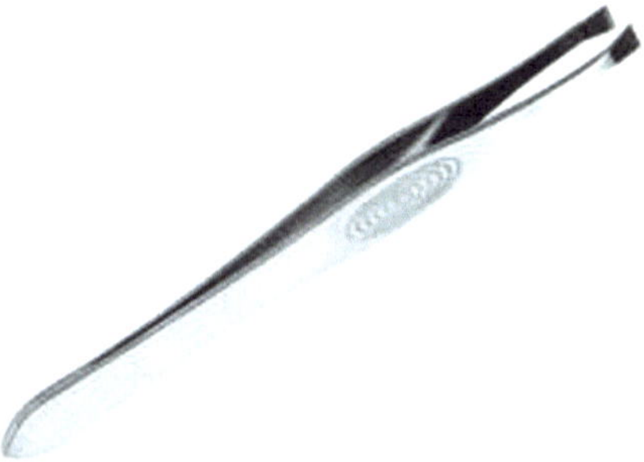

图 4-1-11　眉钳

使用方法：用眉钳将眉轻轻夹起，然后快速拔掉。拔时要一根一根地拔。

(12) 修眉刀：修眉刀用于修整眉型及发际处多余的毛发。修眉刀的外型与美发用刮刀相似，有普通型（图 4-1-12A）和防护型（图 4-1-12B）两种。普通型和防护型的不同之处在于，防护型在刀片两侧加了两排细齿，在使用时更为安全。修眉刀的特点是去除毛发的速度快，清理毛发时边缘处整齐。

使用方法：将皮肤绷紧后，刀片与皮肤呈 45°，贴皮肤将毛发切断。

A

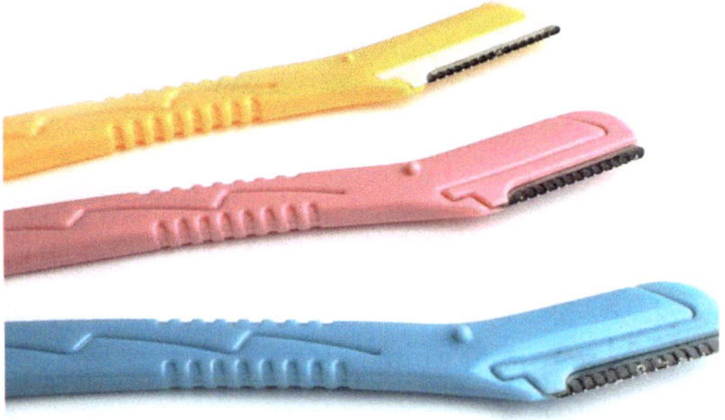
B

图 4-1-12　修眉刀

(13) 眉剪：用于修剪杂乱或下垂的眉，也可用于修剪假睫毛。有的国家用眉剪代替眉钳和修眉刀修眉。眉剪细小、头尖，并且微微上翘（图 4-1-13）。

使用方法：在修剪杂乱或下垂的眉时，先用眉梳按眉的生长方向梳理整齐，将超过眉型部分的毛剪掉。

(14) 睫毛夹：睫毛夹可使睫毛卷曲上翘。睫毛夹的头部呈弧形，夹口处有两条橡皮垫，使夹口啮合紧密（图 4-1-14）。

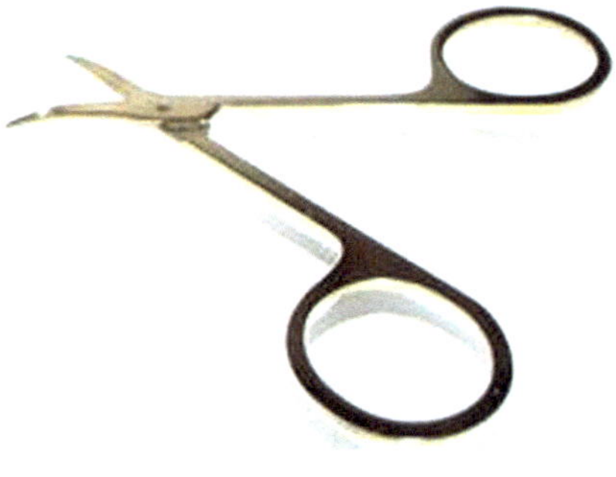
图 4-1-13　眉剪

图 4-1-14　睫毛夹

使用方法：先将睫毛置于睫毛夹啮合处，再将睫毛夹夹紧。操作时从睫毛根部、中部和外端分别加以弯曲。睫毛夹固定在一个部位的时间不要太长，以免使弧度过于生硬。

(15) 假睫毛：假睫毛可增加睫毛的浓度和长度，为眼部增添神采。假睫毛一般有完整型（图 4-1-15A）和零散型（图 4-1-15B）两种。完整型是指呈完整睫毛形状的假睫毛；零散型是指两根或几根组成的假睫毛束。零散型适合局部睫毛残缺的修补，也适合淡妆中睫毛的修饰。

A

B

图 4-1-15　假睫毛

使用方法：完整型假睫毛使用前要先进行修剪，然后用化妆专用胶水将其固定在睫毛根上。零散型假睫毛是用专用胶水将假睫毛固定在真睫毛上，并与真睫毛融为一体。

图 4-1-16　唇刷

(16) 唇刷：唇刷是涂抹唇膏的毛刷。唇刷的外形小于眼影刷而大于眼线刷，刷毛富有弹性（图 4-1-16）。用唇刷涂抹唇膏比较均匀且唇纹（唇部纵向的纹）明显，显得自然真实。

使用方法：用唇刷蘸唇膏均匀涂抹于整个唇部。

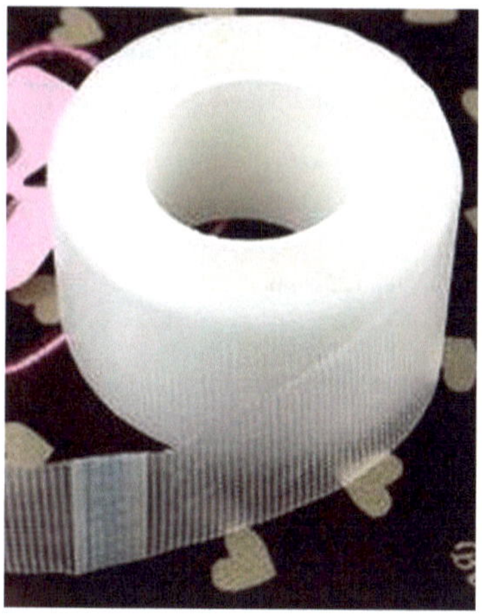
图 4-1-17　美目胶带

(17) 美目胶带：美目胶带是矫正眼型的化妆用具，是带有粘性的透明胶纸，其可将单眼皮修饰出双眼皮的效果，也可矫正下垂的上眼睑。美目胶带为透明或半透明的卷状胶带（图 4-1-17）。

使用方法：根据修饰需要将美目胶带剪成弧形，贴于上眼睑的适当部位。

四、化妆色彩

化妆离不开色彩，而化妆造型的关键是色彩与色彩之间的相互搭配、组合及在不同光线条件下产生的变化。

（一）化妆常用色彩搭配

1. 化妆中的几种色彩搭配方法　化妆造型是美容师利用各种颜色的化妆品并通过熟练的技巧来体现的一种艺术形式。通常在一个妆型中会出现几种不同的颜色，因此决定妆面效果是否完美的重要因素是色彩合理地运用。另外，在运用色彩时，所表现的情感因素要与妆面效果达成一致。如果错误地搭配色彩，一定会造成凌乱无序的妆面形象。化妆中的色彩搭配丰富，一般可以分为以下几类。

(1) 色彩明度对比的搭配：明度对比是指使用的色彩在明暗程度上产生对比的效果，也称深浅对比。明度对比是众多色彩搭配方法中强调立体效果的一种，即利用深浅不同的颜色使较平淡的五官显得醒目，具有立体感。明度对比有强弱之分，强对比颜色的反差大，效果醒目、强烈。如黑色与白色，对比强烈，产生明显的凹凸效果。这种搭配方法在化妆中经常使用，像立体晕染法就是通过明度强对比来实现的。弱对比则淡雅含蓄，比较自然柔和。

(2) 色彩纯度对比搭配：纯度对比是指由色彩纯度的区别而形成的色彩对比效果。纯度越高，色彩越鲜艳，因此纯度对比越强，色彩所呈现的效果便鲜明艳丽。纯度低，色彩浅淡，因此纯度对比弱，色彩所呈现的效果则含蓄、柔和。化妆造型使用纯度对比搭配时，要分清色彩的主次关系，在突出妆型特点的基础上，选择颜色纯度的强与弱，避免产生凌乱的妆面效果。

(3) 同类色对比、邻近色对比搭配：同类色对比是指在同一色相中，色彩的不同纯度与明度的对比，如在化妆中使用蓝色与浅蓝色的晕染便属于同类色对比。邻近色对比则是指色环谱上距离接近的色彩对比，例如黄与橙、橙与红的对比等。这两种色彩的搭配特点是，比较柔和、淡雅，不能产生对比强烈的视觉效果，容易产生平淡、模糊的妆面效果，所以在使用同类色对比与邻近色对比的搭配进行化妆造型时，要适当地调整色彩的明度，使妆面效果和谐。

(4) 互补色对比、对比色对比的搭配：凡在色环谱上呈 180° 的相对的两种颜色均为互补色，互补色对比如黄与紫、红与绿、蓝与橙色的对比；对比色对比是指三个原色间的相互对比。这两种对比都属于强对比，对比效果强烈，引人注目，适用于浓妆或气氛热烈的场合。在搭配时，颜色的使用量要有所区别。色彩的使用量分出主次，妆面便会显得醒目；色彩的使用量相同，妆面会显得模糊。例如，红色与绿色，同量的红色与绿色在一起搭配，会产生俗气的视觉效果，但是如果其中一个颜色降低纯度，或减少使用量，如红色与墨绿搭配，则效果醒目。

(5) 冷色、暖色对比的搭配：色彩的冷暖感觉是色彩作用于视觉，是人体产生的一种视觉感受，与人的心理联想有关。暖色妆面艳丽醒目，具有扩张的感觉，使人兴奋，感觉温暖。冷色妆面冷艳神秘，具有收缩的感觉，使人安静平和，感觉清爽。冷色在暖色的衬映下，会显得更加冷艳。同样，暖色在冷色的衬映下会显得更加温暖。

2. 眼影色与妆面的搭配

(1) 淡妆眼影色及妆面效果：淡妆中所使用的眼影色的总体特点是柔和，搭配后效果自然，因为所用的颜色浅淡，化妆后的妆面效果若有若无。化淡妆选择使用眼影色时，要根据个人的喜好、年龄、职业、季节与眼的条件来决定。例如浅棕色与白色搭配，妆面显得冷静、朴素；浅蓝色与白色搭配，眼显得清澈透明；浅灰色与白色搭配，搭配后显得理智、严肃；粉色与白色搭配，充满了青春的活力；

(2) 浓妆眼影色及妆面效果：浓妆中所使用的眼影色艳丽、跳跃、对比强烈，搭配后效果醒目，颜色浓艳，强调五官的清晰度与立体结构。化浓妆时要根据不同的妆型选择所使用的眼影色。例如，紫色与白色搭配，妆型冷艳，具有神秘感；蓝色与白色搭配，妆型高雅、亮丽。橙色与黄色搭配后效果艳丽；橙色与白色搭配，显示女性的温柔；绿色与黄色搭配后极具田园风情。浓妆的眼影色选择颜色范围较广，在不同的妆型中，凡是较浓重的颜色都可以与浅色配合使用，使眼凹陷，如深棕色、黑色与白色搭配，强调眼的立体结构，使眼显得凹陷、立体。

3. 胭脂色与妆面的搭配

(1) 淡妆胭脂色：使用同一色系的颜色是化淡妆的用色原则。淡妆在选择颜色时要特别注意与眼影色及妆面的其他色彩相协调，如粉红色、浅棕红色、浅橙红色等比较浅淡的颜色常用于淡妆中。

⑵ 浓妆胭脂色：棕红色、玫瑰红色、紫红色等较重的颜色常在浓妆中使用，这些颜色可以配合其他妆色达到化妆的要求。但是胭脂色与眼影和唇色相比，其纯度与明度都应适当减弱，目的是使妆面色彩整体协调。

4. 唇膏色与妆面的搭配

⑴ 棕红色：朴实，适用于中老年女性及化妆设计的具体需要而使用，其妆面效果含蓄、成熟稳重。

⑵ 橙红色：醒目、热情，适用于青年女性，妆面效果热情奔放。

⑶ 紫红色：成熟、艳丽、适用于晚宴化妆，妆面效果端庄、神秘。

⑷ 粉红色：青春、柔和、适用于少女妆等浅淡妆型，妆面效果温柔、可爱。

⑸ 玫瑰红色：艳丽、亮丽，可用于晚宴化妆与新娘化妆，妆面效果醒目、艳丽。

（二）光色与妆色

在进行化妆造型时，要注意光色与妆色的关系。相同的妆色在不同的光色中，即在不同的光线环境中会发生不同的变化。光色与妆色的正确搭配，决定着化妆造型的完美程度。

1. 光的基本常识　从物理学角度来看，一切物体的颜色都是光线照射的结果。在正常日光下呈现的颜色称为固有色；在有色光的照射下的物体呈现的颜色称为光源色。相同的物体在不同的光线照射下会呈现不同的色彩变化。例如同是阳光，早晨、中午、傍晚的颜色却是不同的：早晨的光色偏黄或玫瑰色；中午的光色偏白；而傍晚的光色偏橙红或橙黄色。同样，光线的颜色也可以直接影响到化妆颜色。在这里，光源色对于化妆造型极为重要。光源可以是天然光，即阳光、日光，自然光的特点是，一般比较柔和，不强烈；光源也可以使用人造光，即灯光、烛光，人造光的特点是，可以根据不同的设计变化和投照的位置。在化妆时，如果光色发生了变化，那么在光投照下的妆色也会发生不同程度的变化。

2. 光色与妆色的关系　光色依色相可以分成冷色光与暖色光，冷色光可以使相同的妆色产生变化。暖色光照在暖色的妆面上，妆面的颜色会变浅，效果比较柔和；冷色光照在妆面上妆面则显得艳丽。例如，蓝色的光照在紫色的妆面上，妆面效果更加冷艳；暖色光与冷色妆面，冷色光与暖色妆面都会产生模糊、不明朗的妆面效果。例如，蓝色光照在橙红妆面上或橙红色光照在蓝色妆面上，都会使妆面显得浑浊。

化妆造型时，要根据展现妆型的光色条件来选择所使用的妆色。

五、化妆皮肤的保养与护理

化妆是为了美化容貌，但美的容貌不能完全依赖于化妆，更不能一味地追求化妆所产生美感而忽视了皮肤本身的美和健康。作为美容师在熟练掌握化妆技术的同时，更应懂得对化妆皮肤的正确护理，使人们在通过化妆美化容貌的同时又拥有健康而漂亮的肌肤。

（一）化妆前的皮肤清理

面部皮肤常暴露在外，皮肤上很容易附着一些对皮肤有害的尘埃、致敏物和细菌等物质，再加上皮肤自身的一些代谢产物，这都会影响到皮肤的健康。如果在化妆前不将皮肤清洁干净，皮肤上众多附着物会与化妆品混合在一起，紧紧地覆盖在皮肤表面，给皮肤带来严重的损伤，这也是很多问题皮肤的诱因。具体操作是先将洗面奶或洁面皂涂在面部，然后用手指在面部打圈进行清洁。清洁时应一个部位一个部位按顺序进行。一般面部清洁的顺序：额头→眼周→面颊→下巴→口周→鼻。清洁后，先用纸巾将浮在面部的洁面皂或洗面奶擦净，然后再用湿棉片或是湿毛巾将面部擦干净。

（二）卸妆应注意的问题

做好卸妆工作对于化妆皮肤的健康非常重要。由于化妆是借助化妆品在皮肤表面的附着来实现的，而粉饰类化妆品都具有较强的遮盖性，长期使用会影响皮肤的正常呼吸和排泄等功能，为了不使皮肤受到损伤，化妆后要及时、彻底地卸妆。在卸妆过程中，卸妆不彻底、卸妆方法不正确或力度过大等也会妨碍皮肤健康。

1. 卸妆时要正确选择卸妆用品　常用卸妆用品有卸妆油、清洁霜和卸妆液等。卸妆油用于清除油彩化妆的妆面，其中所含的矿物油成分可充分溶解皮肤上的化妆品；清洁霜主要用于日常淡妆及粉质化妆品的清洁；卸妆液可用于眼部和唇部的卸妆。

2. 卸妆时应从局部到整体按顺序进行　这样面部的一些细小部位不会被遗漏，可彻底卸妆。卸妆的顺序：睫毛→眼线→眼影→眉→唇→整个面部。在清洁时应注意手的力度适中，卸妆彻底，如发现哪个部位卸妆不彻底，要重复清洁直至干净为止。

（三）化妆皮肤的日常保养

1. 准确合理的选择化妆品　选择化妆品主要依据是皮肤的类型。如干性皮肤要选择油分含量高的化妆用品；油性皮肤要选择油分含量低的化妆用品。而在选择时还应考虑到季节的因素，如在冷而干燥的季节，要选择比平时所使用的化妆品的油分含量更高一些的、保湿性更强的化妆品；而在热而潮湿的季节，应选择比平时所使用的化妆品更清爽的化妆品。除此之外，年龄、环境等也是应考虑的因素。总之，在选择化妆品时考虑的越全面，对皮肤的健康越有益处。

2. 做好润肤　所谓润肤是指在清洁后的皮肤上涂抹与肤质相适应的营养液和润肤霜，使皮肤得到滋润的过程。化妆前的润肤对保护皮肤起着很重要的作用，经常化妆的人更应重视这一点。因为认真、细致的润肤可以使皮肤得到充分的滋养和保护，可以在皮肤和化妆品之间筑起一道安全防线，可消除化妆品对皮肤的影响。所以润肤要仔细认真，不能马虎。

3. 控制带妆时间　在晚间 10 时至次日凌晨 2 时间，皮肤细胞新陈代谢最为活跃，是皮肤的最佳修复期。如果此时皮肤处于带妆状态，会对皮肤造成严重损害。因此，就寝前一定要彻底卸妆。带妆时间过长，会影响皮肤的呼吸和排泄功能，从而损伤皮肤的健康，尤其油性皮肤、敏感皮肤及经常化浓妆者更需要特别注意。带妆时间最好不要超过 4 个小时，如遇到特殊情况需长时间带妆，就要在化妆后 4 小时左右设法卸妆让皮肤休息一下，然后再化妆。

（李晓静）

第二节　局部化妆技巧

一、肤色的修饰与矫正

化妆的功能之一是改善和修饰皮肤的外观。人的皮肤在容貌美中有重要的地位，均匀、光泽、润滑的皮肤会赋予人以健康、清爽、和谐之美。

（一）肤色

肤色即皮肤呈现的颜色，主要由黑色素决定，因种族、个体及分布部位的不同而有差异。肤色会随年龄、季节、健康状况、生活环境等影响而发生变化。黄种人的皮肤从颜色深浅看可分为浅肤色、中肤色和深肤色；从色调看可分为偏白色、偏红色、偏黄色、偏黑色四种类型。没有化妆时肤色是不均匀的。由于皮肤上各个部位的色素分布不均匀，造成面部各部位的皮肤色调有深浅冷暖的变化。因此，需要用化妆的手段对皮肤进行修饰，以达到美化的效果。

（二）底色对皮肤的修饰

1. 保护皮肤　底色不仅可以滋润皮肤、抑制皮肤多余油分，更可以在皮肤上形成一层保护膜，对风吹日晒、辐射等外界刺激有一定的防御能力。因此，对皮肤具有保护作用。

2. 调整肤色　随着年龄的增加、地域环境的不同，肤色会渐渐变得不均匀，皮肤变得粗糙、灰暗。粉底可以调整或改变不理想的肤色，如将偏黄的肤色调整为红润的健康色；将无光泽的灰黄色变成滋润的粉嫩色；将苍白的病容色调整为理想的健康美色等。如何选择粉底的颜色，这与化妆设计的风格、地域文化、审美、气候、媒介、时尚流行等因素都有密切的关系。比如，生活中粉底的颜色和肤色接近为好。选择粉底的原则：粉底色彩要与肌肤亲和，与肤色相近或略浅一号。过白的粉底会给人假面具的感觉；过深的粉底会使皮肤显得太暗。一般象牙白或偏黄的粉底更接近亚洲人肤色的基调。因此通过粉底的修饰可以统一面部的色调，使皮肤更加健康、柔和。

3. 改善皮肤质地　不同的皮肤类型有不同的皮肤状态。随着现代科学技术的发展，对粉底的材质也有越来越多的选择。我们可以通过不同的粉底打造不同质感的皮肤。滋润质地的粉底使皮肤质地润泽、平衡，给人自然健康感；亚光质地的粉底使皮肤紧致、清爽、不油腻，有丰富的粉质感效果，给人古典感；油光质地的粉底使面部皮肤泛出自然、透明、水嫩的油光，有夏日感；闪亮质地的粉底使皮肤有亮泽、细致、自然的珠光效果，给人轻盈、耀眼的时尚感。针对不同的妆型，可选择相应的底色质感，以表现更生动的彩妆主题。

4. 遮盖面部瑕疵　粉底具有遮盖性。化妆对象的条件各有不同，常常会出现细小的斑点瑕疵，如雀斑、黑眼圈、粉刺留下的瘢痕等问题。遮盖性强的粉底可以很好地对瑕疵进行遮盖，使整个面部皮肤变得自然、健康。

（三）粉底的颜色

人的面部具有起伏变化之特点，这种微妙的变化无法只用一种色调所表现出来。由于人的面部由于受光的程度不同，会产生不同的立体感，因此在肤色的修饰中，要选择不同颜色的粉底，对面部不同的位置进行修饰。

1. 基础底色　基础底色具有统一皮肤色调的作用。一般会选择接近肤色的粉底作为基础色，以表现皮肤的自然质感。过白的粉底会给人“假”的感觉，像带着一个面具，无法产生美感。粉底颜色过深，会使皮肤显得太暗，也收不到好的效果。只有使用与肤色相近颜色的粉底，才能在美化肤色的同时尽显自然本色。

2. 高光色　高光色浅于基础底色。使面部打上高光的地方看上去有浮出、明显的效果。一般应用在鼻梁、下眼睑、前额、下颌、眉骨等需要体现面部突出的部位，宜薄不宜厚，不能出现边缘线。

3. 阴影色　阴影色具有收缩、后退和凹陷的作用。常选择较深的粉底来表现需要隐去或减弱的部位。与高光色相互配合可使较扁平的面庞具有立体感，同时也可做鼻侧影使用。阴影色一般选择咖啡色，可根据整体妆面的浓淡程度来选择深咖啡或浅咖啡色的阴影色。要注意过渡均匀，衔接自然。

（四）粉底的涂抹手法

粉底是借助于海绵、刷子和手指来实施的。用海绵涂抹粉底，可以使粉底和皮肤结合得更紧密，涂抹速度快而均匀；运用刷子涂抹粉底，可以使粉底更薄，通透自然；用手指打粉底，接触面小，可以深入细小的部位，如鼻翼两侧、下眼睑及唇角等部位进行处理。进行粉底涂抹时，要采用以下手法：

1. 点怕法　即用指腹蘸粉底直上直下地轻轻拍打，使粉底与皮肤紧密结合在一起，增加其附着力，不易脱妆。大面积使用会使粉底涂得过厚，使底色显得不自然。用这种手法不易显现皮肤皱纹，也适用于表现局部高光和阴影的部位以及遮盖瑕疵。如图 4-2-1A。

2. 印按法　即在上述点拍的手法上加一个手指移动的动作，将粉底抹匀并进行晕染，适用于光亮部分与底色之间的衔接处的渐变晕染，是最普遍的涂抹手法。涂抹均匀，附着力强，效果自然。如图 4-2-1B。

3. 平涂法　即在皮肤表面来回涂搽，常用于全面抚抹修饰整个妆容，使色泽更加圆润。但这种手法不能在一开始化妆时就采用，因为这样涂上去的粉底不够牢固，易于发生脱妆。这一手法也适用于将较厚的粉底涂得更薄，便于在脸的轮廓、眼周围等处施薄妆。如图 4-2-1C。

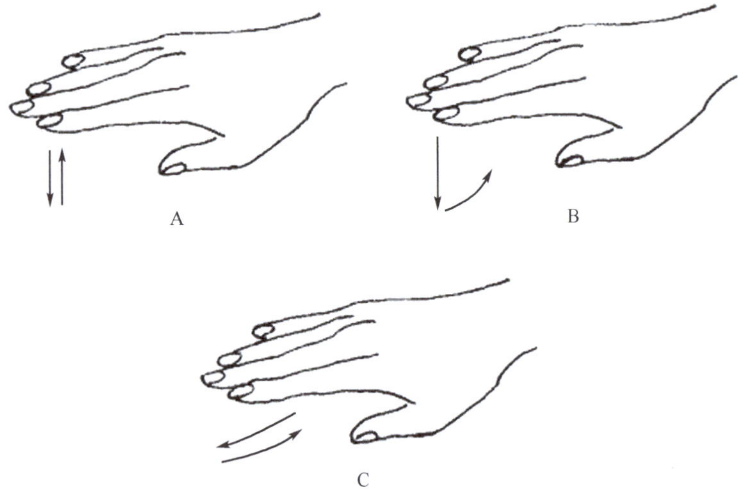

图 4-2-1　粉底的涂抹手法

在涂抹粉底时，应根据实际需要采用相应的手法，以上三种手法可以相互结合使用，使妆面自然柔和。

（五）肤色修饰的步骤及方法

1. 将打底海绵用清水蘸湿，再用干毛巾按干，使其呈微湿状态。用打底海绵蘸粉底，在额头、眼周、鼻、面颊和下巴等部位一次性涂抹。涂抹是应用按压的手法由内向外，依次将底色涂抹均匀。

2. 涂好基础底色后，用点拍的手法用高光色对需要的部位进行提亮。如鼻梁、额头、下颌等需要鼓突的地方进行提亮。

3. 用平涂的方法对面部需要收缩的位置用阴影色进行修饰。

4. 定妆　定妆是指用散粉对以涂好的粉底进行固定，以防止面部油脂和汗液分泌导致的脱妆现象。同时又可以减弱过重的色彩，起到柔和妆面、固定底色的作用。方法：选择与粉底颜色相近的散粉，用粉扑蘸取适量的粉，将粉扑对折后轻轻揉搓，调匀后从皮脂分泌最多的位置扑起，在脸上几个部位轻轻按压。最后用干净的散粉刷轻轻刷下多余的粉末。也可以用散粉刷直接上散粉，全脸刷完后，用棉扑将全脸的散粉压实。

（六）打粉底的要求

1. 粉底色与肤色协调。

2. 粉底的质感与皮肤性质、季节、妆型特点协调。

3. 深浅粉底搭配要合理应用。

4. 涂敷均匀，薄厚适当，有整体效果，与面部相连接的裸露部位，如颈部、胸、肩、背、手臂都应涂敷。

（七）不同颜色粉底的使用原则

1. 浅咖啡色　适用于肤色较黑和男性化妆。

2. 深咖啡色及橄榄绿色　可做阴影色，用于调整面部的凹凸层次。

3. 米色　可使皮肤显得自然、洁白而且细腻，适用于皮肤较白的人。

4. 土色　涂抹后皮肤显得自然，减少修饰感，适用于较健康红润的皮肤适用。

5. 浅绿、浅蓝色　适用于红脸庞或有血丝的皮肤，可削弱赤红脸的感觉。

6. 浅粉色　涂抹后皮肤显得细腻、红润，适用于苍白缺血和枯黄的皮肤适用。

（八）特殊皮肤的粉底涂敷

1. 敏感性皮肤　要用指腹来涂抹，避免海绵对皮肤的刺激。

2. 毛孔粗大、皮肤粗糙者　先用浅色粉底涂敷一遍，再用与肤色接近的粉底涂抹。

3. 皮肤发红者　要用淡蓝色或淡绿色粉底涂在发红的部位，再涂敷接近肤色的粉底。

4. 色斑皮肤　选用遮瑕膏涂在有斑点的部位，再涂敷接近肤色的粉底。

5. 枯黄的皮肤　应用粉红色粉底，使皮肤显得红润。

6. 较黑的皮肤　要选用深浅咖啡色或土色粉底，切勿选择浅色粉底，避免反差太大，显得不自然。

7. 雀斑皮肤　选择比肤色略暗的颜色遮盖，用小号的刷子蘸粉底色盖在雀斑上，再用指腹轻按，使其与颜色衔接好，再用与肤色接近的粉底涂抹。

8. 黑眼圈部位　一般呈黑青色或棕色，根据对比的法则可以选择用浅橙色或米黄色的粉底先进行局部修饰，再用与肤色接近的粉底涂抹。

（九）粉底对脸型的修饰

脸型是指平视脸部正面时脸部轮廓线构成的形态。脸型会随年龄和胖瘦的变化而改变。脸型与容貌关系密切，在人的整体形象中占有重要位置，是五官表现的基础。脸型的修饰主要是对面部外轮廓的修饰，可改变人的气质。粉底对脸型的修饰主要运用绘画化妆的表现技法来塑造外轮廓。以椭圆型脸为标准，合理运用加减法，通过不同深浅、冷暖底色的运用，做视觉上的加减处理，改变、调整脸型。还可以用发型的修饰改变脸型，利用发型来弥补脸型的缺陷。

1. 椭圆型脸　中国当代审美以椭圆型为标准来衡量女性理想的脸型，认为椭圆型最具女性特色，也称为鹅蛋脸。椭圆型脸部宽度适中，长度与宽度比约为 4 ：3，从额部、面颊到下颌线条修长秀气，有古典的柔美和含蕴气质。化妆宜保持自然形状，不必通过化妆去改变脸型，但为了更好地塑造面部立体感，可以选择深浅不同的粉底对面部五官进行塑造。深色的粉底可以收缩面部需要缩小或凹陷的位置，浅色的粉底则可以强化面部突出的结构，使脸型更完美或更立体（图 4-2-2）。

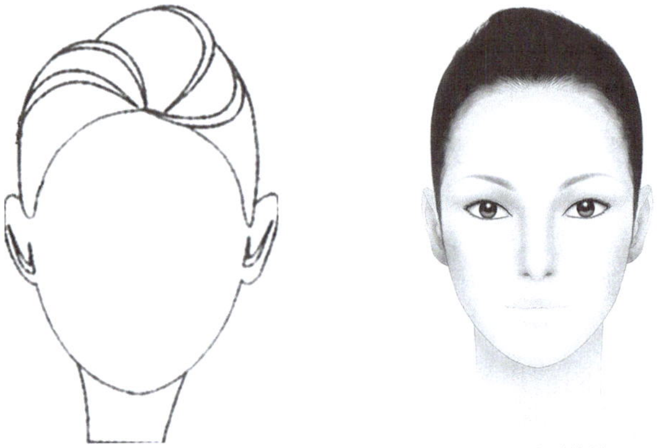

A.椭圆型脸　　B.脸型修饰

图 4-2-2　椭圆型脸的修饰

2. 圆脸型　圆脸型也称为田字脸。从正面看，外轮廓从整体上看似圆形，面部宽度和长度比例接近，脸型短，轮廓圆润，颧骨结构不明显，少有棱角，给人可爱、青春、和气的感觉。但容易显得稚气，缺乏成熟感。

矫正方法：从视觉上对面部进行拉长和变窄的修正，从眉稍 - 鬓边至下巴的三角区域涂阴影；眼外侧向下画胭脂粉至下巴，不越过颧骨；T 字区涂高光色（图 4-2-3）。

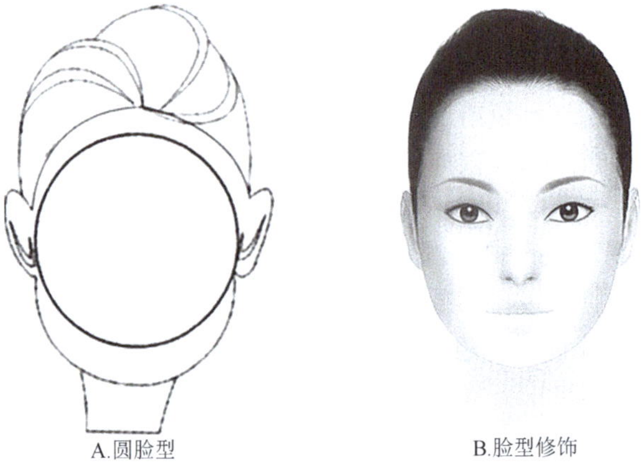

A.圆脸型　　B.脸型修饰

图 4-2-3　圆脸型的修饰

提亮部位：提亮发际线，以提升额头的高度；提亮下巴，增加下巴的长度。

阴影部位：在额头两侧的颞部、鬓角线部位，以收窄额头的宽度；收窄脸颊两侧，使面部有上扬、消瘦的感觉。

3. 长脸型　长脸型也称目字脸。从正面看，长脸型的外轮廓整体较长，额头与面颊的宽度基本较接近。给人严肃、成熟感。长脸型的人五官间距较长。

修正方法：在视觉上对面部进行缩短和拉宽的修正，发际顶端与下颌处涂阴影；以颧骨为中心向侧面画胭脂；眼外侧新月形高光色（图 4-2-4）。

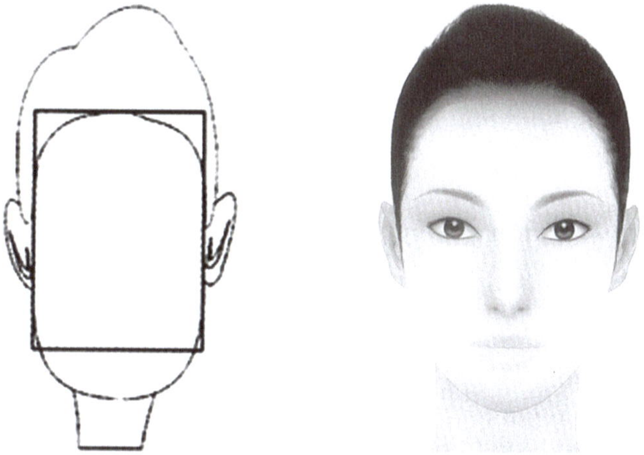

A.长脸型　　B.脸型修饰

图 4-2-4　长脸型的修饰

提亮部位：提亮颧骨两侧、面颊两侧。处理方法与圆脸型相反，用颜色使长脸横向延伸。

阴影部位：阴影涂在额头上方、发际线、下颌下方，使脸型缩短。

4. 方脸型　方脸型也称国字型脸。面部有宽且偏方的前额和下颌角，棱角分明，脸的长度和宽度相近。给人稳重、坚强的印象，但缺少柔美、轻盈之感。

修正方法：减少脸型四个角的坚硬感，以增加柔度，从颧骨 - 鬓边至下巴涂阴影色；从颧骨至下巴涂胭脂粉；眼外侧新月型高光色，T 字区加亮（图 4-2-5）。

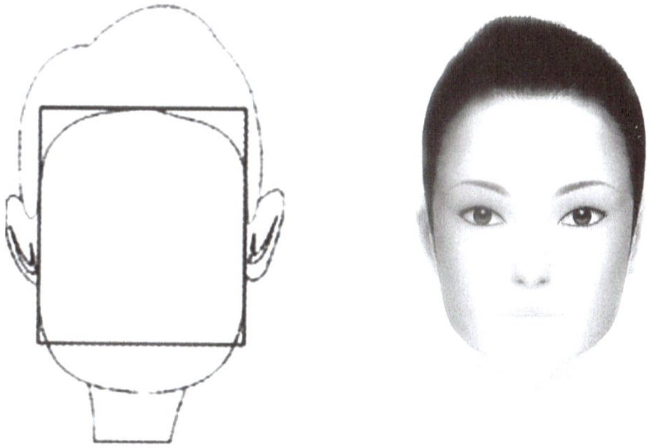

A.方脸型　　B.脸型修饰

图 4-2-5　方脸型的修饰

提亮部位：提亮发际线部位，以提升额角的高度；提亮下巴，以增加下巴的长度。

阴影部位：阴影涂在额角两侧。下颌角两侧，面部的轮廓均匀晕染不同的阴影，使脸型柔和。

5. 正三角脸型　正三角脸型也称由字型脸。从正面看，面部轮廓上窄下宽，有的人骨骼明显，有的人丰满圆顺。整体脸型接近正三角型。这种脸型给人安定感，但易显迟钝，感觉面部下垂。

修正方法：缩短下部，拓宽上部效果，从颧骨 - 鬓边至下巴三角型区域内涂阴影色；颧骨不涂胭脂，且不要涂到鬓边，否则会使上边显小；眼外侧新月形高光色（图 4-2-6）。

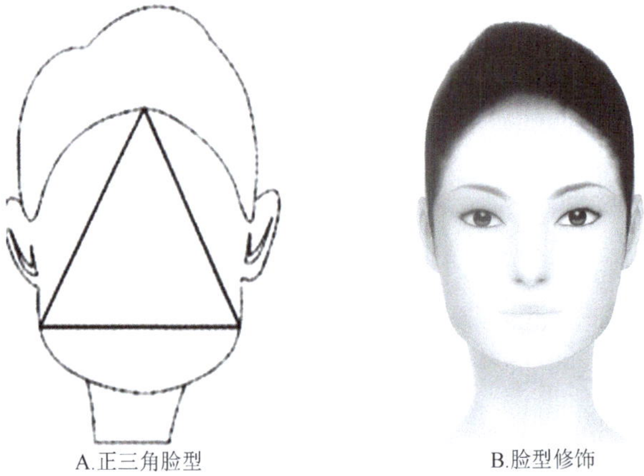

图 4-2-6　正三角脸型的修饰

提亮部位：提亮额头两侧的颞部、鬓角线部位，以增加额头的宽度。

阴影部位：阴影涂在面颊宽大的位置，在下巴的底部与脖子的连接处晕染。

6. 倒三角脸型　倒三角脸型也称甲字型脸。从正面看，倒三角脸型与正三角脸型正相反，面部轮廓上大下小，上宽下窄，下颌较窄，轮廓清秀。给人以俏丽、聪明、秀气的印象，但也会显得单薄、柔弱。

修正方法：造成缩短上部、拓宽下部的效果，从眉梢 - 鬓边至耳垂下方的三角区域内涂阴影，颧骨至鬓边涂胭脂，T 字区域涂高光（图 4-2-7）。

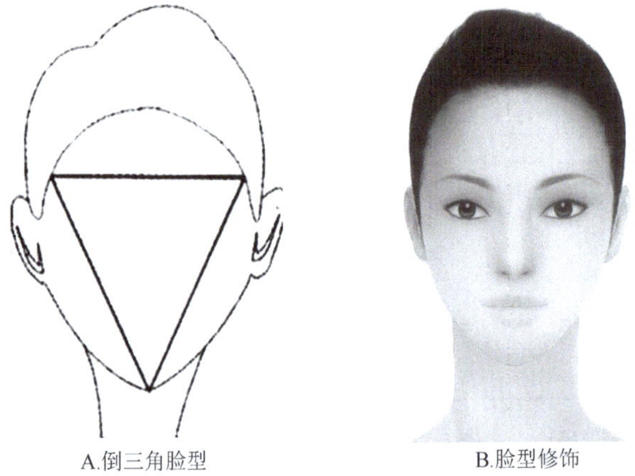

图 4-2-7　倒三角脸型的修饰

提亮部位：提亮面颊两侧、下巴两侧，以缓解尖瘦的感觉。

阴影部位：阴影涂在额头两侧的颞部、鬓角部位，以收窄额头的宽度。

7. 菱形脸型　菱形脸型也称申字型脸，西方人也称钻石脸。从正面看，菱形脸型的人面部一般较为清瘦，额头较窄，颧骨突出，尖下颏，面部较有立体感，脸上无赘肉。容易给人留下不柔和、冷淡、清高、不易接近的印象。

修正方法：拉宽面部，两旁使之饱满；削弱颧骨，使之变窄，柔和棱角。从颧骨至鬓边涂阴影；颧骨部位涂胭脂；眼外侧新月形高光色（图 4-2-8）。

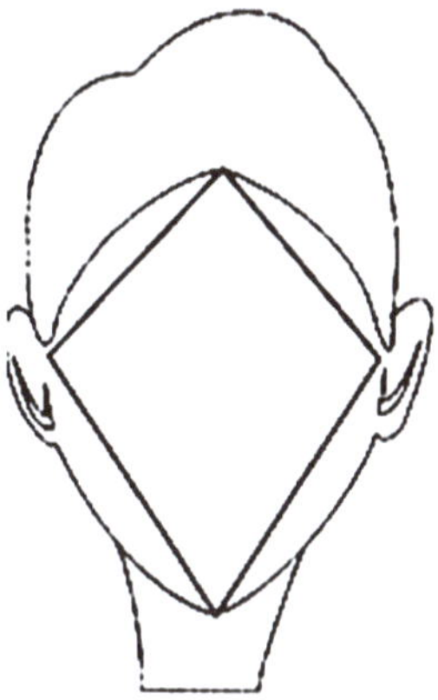

A.菱形脸型

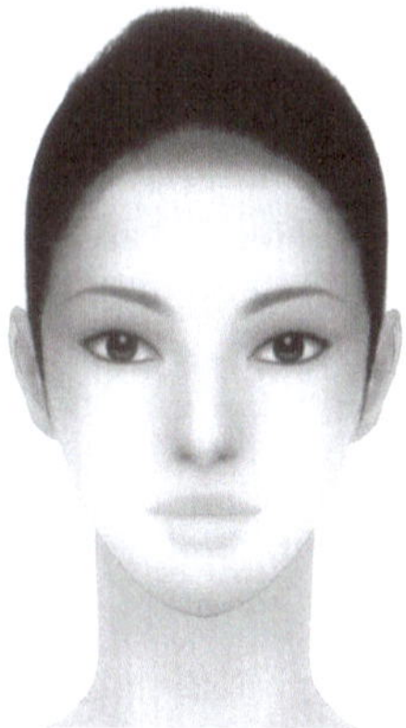

B.脸型修饰

图 4-2-8　菱形脸型的修饰

提亮部位：提亮额头两侧的颞部、鬓角线部位，以增加额头的宽度。提亮脸颊两侧、下巴两侧，以缓解尖瘦的感觉。用浅色的粉底使轮廓变得饱满圆润。

阴影部位：在颧骨两侧使用阴影色来消弱颧骨的高度，并修饰过尖的下巴。

（十）彩色蜜粉的使用

1. 蓝色、绿色蜜粉　适用于晦暗、泛红的皮肤。

2. 粉色蜜粉　适用于苍白的皮肤。

3. 珠光白色蜜粉　表现透明、时尚、前卫的效果。

4. 紫色蜜粉　适用于晦暗发黄的皮肤。

5. 自然色蜜粉　自然肤色，即透明蜜粉。

二、眉的修饰与矫正

眉能改变脸型，改变人的气质特征。眉在五官中不具备器官功能性，但却是面部修饰非常重要的环节，难度也是比较大的。我们首先要了解一下标准的眉型。

1. 标准眉形的确立

(1) 将眉平均分成三等分，即眉头至眉腰、眉腰至眉峰、眉峰至眉梢三部分相等（图 4-2-9）。

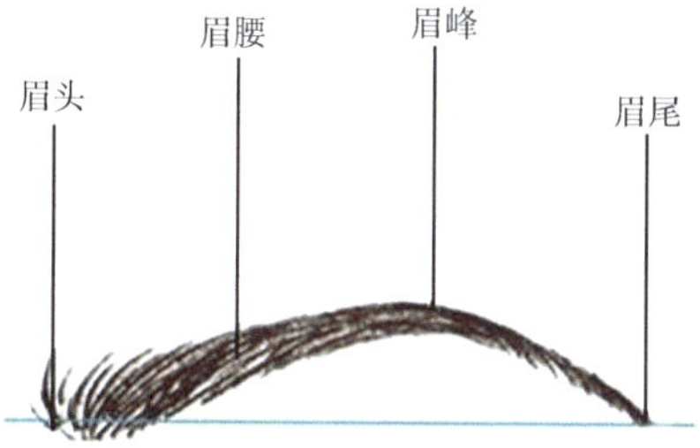

A.标准眉形

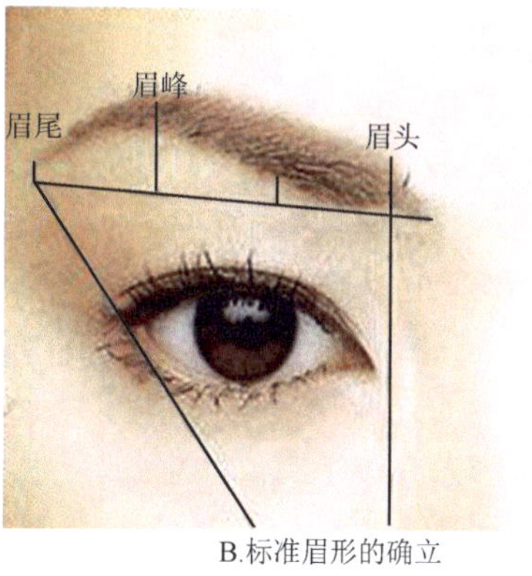

B.标准眉形的确立

图 4-2-9　眉的结构

⑵ 眉头的位置在鼻翼与内眼角连线的延长线上。

⑶ 眉梢的位置在嘴角与外眼角连线的延长线与眉毛的相交处。

⑷ 眉峰的位置在眉头至眉梢的外 2/3 处。

⑸ 眉梢的高度为眉头下缘至眉梢的水平连线上，且略高于眉头。

⑹ 眉头粗浅，眉梢细浅，眉峰颜色最深。

2. 眉修饰的方法与步骤　修眉就是去除一些干扰性的杂眉，通过对眉形的修整使之趋向标准眉形。修眉是为了更好地画眉，但不可因为画眉省事而将模特本身眉毛做大面积的去除。

⑴ 剪眉法

⑵ 拔眉法

⑶ 剃眉法

3. 画眉方法与步骤　画眉讲究自然，精心修饰但又看不出明显的化妆痕迹，要画出立体感。立体眉修饰的要领：两头淡、中间深，上线虚、下线实。

画眉的步骤：

⑴ 用眉刷蘸取浅色眉粉，描画出眉形。

⑵ 用深色眉粉或者眉笔在眉下边缘加深层次。

⑶ 如果眉上有空缺地方，要用眉笔顺应眉生长方向一根根填补上去。

⑷ 用修改笔蘸取基础粉底将眉下边缘线修干净。

⑸ 在眉弓骨处用白色亚光或微珠光眼影提亮。

4. 眉毛的矫正化妆　生活中并不是每个人的眉都按标准眉型一样生长，就要靠修饰与矫正化妆使之趋于完美，并要根据脸型与妆型进行调整。

⑴ 标准脸型：可根据妆型需要进行眉形修饰。

⑵ 圆型脸：脸型的宽度和长度差距不大，显得比较可爱，但是五官会受脸型限制。修饰的方法是眉适当画高，两眉高挑，眉峰转折要有力度，拉长眉至下颌距离。宜画粗眉，眉头稍低，眉梢上扬，禁忌直线眉或细长眉。

⑶ 长型脸：长脸的外轮廓是宽度不足，将眉画得平直，可以使面部结构的长度有收缩效果。另外，画眉时要加宽眉形，增加眉眼间的距离。宜画水平直线眉，眉不可翘起或有弯曲，以控制脸型长度。

⑷ 三角型脸：这种脸型额头窄小，下颌较宽，可利用眉形变化加宽脸的上部比例。适合微挑的眉，眉峰后移，拉长眉尾。宜将眉峰设计在外眦角上方。

⑸ 方脸：也是长宽比例差距小，面部有棱角，显得比较硬朗。适合高挑的眉毛，眉峰转折要柔和。宜画圆弧形眉以缓和面部棱角。

⑹ 菱型脸：脸的颧骨处较宽，额头下巴窄，这种脸型通常较长较瘦。适合稍平的眉毛，眉峰后移，拉长眉尾。宜画水平眉，眉峰靠外拉长以缓和颧骨过大。

⑺ 倒三角型脸：这种脸型额头宽大，下颌窄小，可利用眉形变化减小面的上部比例。眉峰前移，内收眉尾。眉峰宜靠内设计。

5. 眉型的化妆技巧　模特本身眉比较淡，眉形不清晰，两边眉头位置不太对称。化妆前要先修去周边杂眉，注意要尽量少去除，以不影响画眉为标准。

调整眉头、眉峰、眉尾位置来进行描画。根据模特脸型，选择标准眉形，但是模特的额头部位略窄，描画时眉峰稍微后移，拉长眉尾，视觉上增加了额部的宽度。眉尾适当上挑，和眼形协调，人显得更有精神。模特的眉眼距离较宽，适当加宽眉毛，使眉形与眼部妆容搭配更完美。

眉确实是面部比较难画的一个部位，每个人的脸型、眉形差异比较大。画眉要多加练习，在实践中不断提高自己的技能水平和审美能力。

6. 画眉注意事项

(1) 画眉时，握笔要做到“紧拿轻画”。

(2) 眉是一根根生长的，因此眉要一根根进行描画，从而体现眉的空隙感。

(3) 描画眉时，注意眉深浅变化规律，体现眉的质感，眉色略浅于发色。

(4) 眉笔要削成鸭嘴状。

三、眼的修饰与矫正

对于面部五官的化妆来说，眼部的化妆是非常重要的，将直接影响到整体化妆的成败。眼的修饰离不开眼影、眼线、睫毛膏、假睫毛等。眼的修饰在面部起到决定性的作用，完美的修饰可以为整体妆容增加活力，注入丰富的感情色彩。

1. 眼部的形态　眼是心灵的窗户，是面部最吸引人的五官之一。眼的外圈是眼睑（俗称眼皮），眼睑分上眼睑与下眼睑。上眼睑以眉毛为界，下眼睑的下沿在颧骨与眼裂的中部，一般可以看到一个凹下的褶皱，称为睑颊沟。上下眼睑之间的裂缝称为眼裂，也可以称为眼缝。眼裂两端分别为眼内眦和眼外眦。眼内眦（也称内眼角）形成一个淡粉红色的凹陷——泪阜；眼外眦（也称外眼角）形状较尖锐。上、下眼睑的边缘各有一排睫毛，向外翘起，上睫毛长而密集，下睫毛短而稀少。睫毛不与眼球相触，可以阻挡灰尘入眼。上眼睑有一道褶皱线，称为双眼皮褶皱线，这道线一般越靠近内眼角越窄，甚至与内眼角重合，越靠近内眼角越宽。见图 4-2-10。

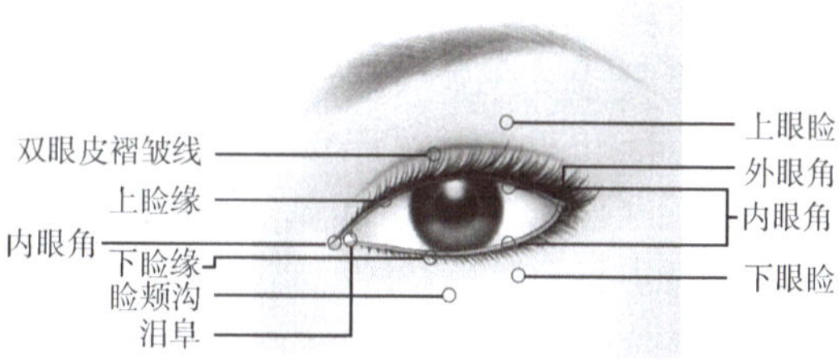

图 4-2-10　眼的结构

2. 眼影的修饰　眼影的修饰是运用不同颜色的眼影粉在眼睑部位进行涂抹，通过晕染的手法和眼影色的协调变化，达到强调眼部结构、增强眼部神采和丰富面部色彩的目的，同时还可以矫正不理想的眼型和脸型。

(1) 眼影的色彩：眼影色彩的选择通常与身份、情景、肤色、服装色彩等分不开。眼影色有阴影色、亮色、强调色、装饰色等。

阴影色：在希望显得凹陷的部位涂用的眼影色属于阴影色。阴影色的颜色有暗灰、深褐、深蓝、深蓝灰、紫灰、深棕等。

亮色: 希望眼部某个局部显高、突出、丰润而涂用的眼影色属于亮色。如白色、淡粉色、灰白色、米色、浅黄色及加荧光的颜色。

强调色：阴影色、亮色及任何颜色都可以成为强调色。涂强调色的目的就是为了突出某个部位，使之成为引人注目的焦点。强调色的运用，关键在于色彩的比例搭配。如果几种颜色同时使用，明暗度、面积基本相等，就很难分辨什么是强调色。若在紫色眼影的铺垫下，在双眼睑中涂上一点金色眼影，这就是加强眼美丽的强调色。

装饰色：现代化妆重视色彩的运用，并不仅仅为矫形而造型，那些为了装饰而运用的色彩属于装饰色。体现个性，追求时尚。

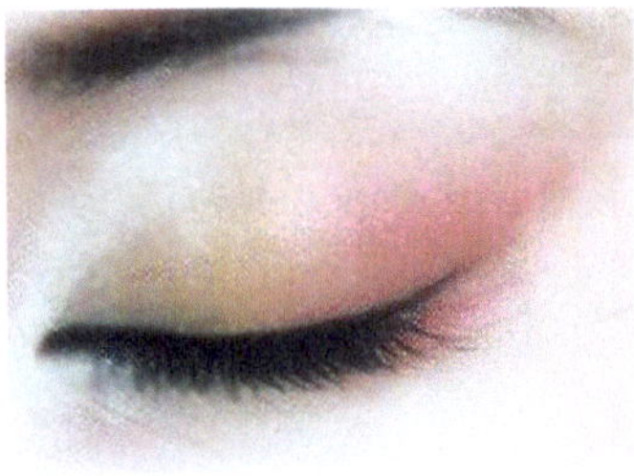

图 4-2-11　横向排列法

(2) 眼影的涂抹方法：眼影的涂抹主要是通过晕染的手法来完成的。眼影的位置多在眼睑处，根据需要可局部或全部覆盖上眼睑。颜色不能成块状堆积在眼睑上，而是要有深浅的变化，显得自然柔和。

1) 横向排列法：在上眼睑处，用两种或两种以上的眼影色彩由内眦向外眦横向排列搭配晕染（图 4-2-11）。包括 1/2 排列法、三色晕染法、1/3 排列晕染法等。

1/2 排列法：也称左右晕染法，即将上眼睑分为左、右两部分进行横向晕染。

三色晕染法：是将上眼睑横向分为三个区域进行晕染，色彩过渡柔和自然。

1/3 排列晕染法：是由上眼睑横向分为两个区域进行晕染，前 2/3 为 1 区，后 1/3 为 2 区，采用对比色或邻近色进行晕染。适用于除肿眼泡外的各种妆型和眼形。

2) 纵向排列法：是较为传统的晕染方法，用单色或多色眼影色进行由浅入深或由深入浅的晕染方式（图 4-2-12）。

上浅下深晕染法：是用眼影色沿睫毛根向上平行由深至浅的晕染方式。

上深下浅晕染法：也称假双眼睑晕染法，即对于单眼皮或眼形状不够理想的双眼睑，在上眼睑处画出一个双眼睑的效果。

3) 结构晕染法：是一种突出眼部立体结构的晕染方式。具体晕染方法是在上眼睑沟处根据眼结构画出一条弧线，强调眼睑沟的位置，从外眦处沿这条弧线向眼部中央晕染，颜色逐渐变浅，在弧线的下方和眶上缘提亮（图 4-2-13）。结构晕染法修饰性强，常用于舞台表演、化妆比赛及需要特别强调眼部风采的化妆。将深暗色涂于眼部的凹陷处，将浅亮色涂于眼部的突出部位。暗色与亮色的晕染要衔接自然，明暗过渡合理。结构晕染的最大特点是通过色彩的明暗变化来表现眼部的立体结构。

图 4-2-12　纵向排列法

图 4-2-13　结构晕染法

3. 眼线的描画　眼线也称为睫毛线，事实上并不存在生理的眼线。睫毛浓密的人，能够增强眼的魅力，但随着年龄的增长，眼的神采就会减弱。通过眼线的描画，使眼睑边缘清晰，并由于眼缘的加深而形成了与眼部虹膜明显的黑白对比，增加了眼眦的光彩和亮度。所以画眼线时一般多用深色的眼线，如黑色、褐色、深棕色等。同时，利用眼线的位置及角度，可以调整眼的形状。

(1) 理想眼线：一般靠近内眦的睫毛较稀疏，而靠近外眦的睫毛浓密，且上睫毛比下睫毛浓很多，所以眼线的画法也就是要遵循这一自然规律而形成的。眼线要画在睫毛根部、上下眼缘处、由睫毛排列自然形成弧线处，上、下眼线均从内眦至外眦由细到粗描画。通常，上眼线粗，下眼线细，眼线的粗细比例一般是“上七下三，外七内三”。

⑵ 眼线的描画：由于眼线离眼球很近，所以描画时要格外细致。眼周的皮肤比较敏感，描画时的不小心就会刺激眼流泪，破坏妆面。描画时要不断让化妆对象睁闭双眼，确认眼线的形状是否合适。

上眼线的描画：画上眼线时，用拇指和示指，分别撑住内眦和外眦的眼皮，画出柔美利落的眼线。在贴近上睫毛根部的地方画上眼线，内眦细，外眦粗，向外小幅度画出倾斜上扬的延长线，结束时画笔轻轻提起，自然收笔。线条的长度和宽度要由具体妆型来定。

下眼线的描画：画下眼线时，描画的力度要轻，手要稳，让化妆对象眼向上看，从外眦或从内眦进行描画。眼线要求整齐干净、宽窄适中。一般描画外 1/3，具体长度和宽度也要看妆型，但不要画的过粗过黑。描画结束后，用细棉棒在沿线外侧，左右小幅度轻轻滑动，将眼线笔画的眼线晕开，可以使眼线整齐自然，同时可使眼线保持更长时间。

4. 睫毛的修饰　睫毛具有保护和美化眼的作用。长且浓密的睫毛对增加眼的神采也能起到辅助作用，使眼充满魅力。修饰睫毛可以通过夹睫毛、涂睫毛膏、粘贴假睫毛来完成。

⑴ 夹睫毛：在涂抹睫毛膏前要先夹睫毛，使睫毛有卷翘的弧度后，眼的轮廓更清晰地展示出来，使眼看上去大而立体。

眼向下看，将睫毛夹夹到睫毛根部，使睫毛夹与眼睑的弧度相吻合，夹紧睫毛 5 秒，不移动夹子的位置连做 1 ～ 2 秒，使弧度固定。用睫毛夹在睫毛的中部，顺着睫毛上翘的趋势，夹 5 秒左右后松开。最后用睫毛夹在睫毛的前端再夹 1 次，时间 2 ～ 3 秒，形成自然的弧度。

⑵ 涂睫毛膏：涂上睫毛时，一般要从睫毛根部刷起。先蘸足睫毛膏，眼微向下看，仔细地由根部刷起，睫毛刷由睫毛根部向下向外转动。眼平视，睫毛刷由睫毛根部向上移动，同时配合以左右小幅度的刷动方式，可以增加睫毛浓密度，但切不可太用力，否则会沾染过量的睫毛膏。整个眼部睫毛的刷饰，依照眼中间、眼头、眼尾的顺序进行涂抹。

涂下睫毛时，因为下眼睑的面积较小，睫毛短而少，刷时要特别小心避免碰脏周围的皮肤，因此刷子要少蘸睫毛膏且去掉刷子前端多余的睫毛膏。涂刷时眼向上看，先用睫毛刷的刷头横向左右小幅度轻轻摆动，依照眼中间、眼头、眼尾三步骤涂抹睫毛的稍部，再由睫毛根部由内向外转动睫毛刷，一根根涂刷，睫毛刷与睫毛垂直比较好刷，只使用刷子的前端，即使是短睫毛也不怕弄脏下眼睑。

⑶ 粘贴假睫毛：化妆对象睫毛稀疏、睫毛较短或妆型需要时，可以利用粘贴假睫毛的方式来增加睫毛的长度。特别是在影楼拍照、晚宴、舞会等特定场合，则需要通过粘贴假睫毛，使眼更具有表现力，更加美丽动人。

步骤及方法：

1) 修剪：假睫毛选好后，先将假睫毛和眼对比一下长度，用剪刀对假睫毛的长度、宽度和密度进行修剪。内眦的睫毛稀疏较短，外眦的睫毛浓密且较长。

2) 涂胶水：用专业胶水涂在假睫毛的根部，胶水涂抹要薄而均匀。如果胶水涂抹过多，会令眼部产生不适感，或由于胶水太多不易干透而造成假睫毛的脱落。

3) 将涂过胶水的假睫毛从两端向中部弯曲，使其弧度与眼球的表面弧度相符，便于粘贴。

4) 用镊子夹住假睫毛，眼微张，将其紧贴在自身睫毛根部的皮肤上，然后再由中间至两边按压贴实。由于眼部活动频繁，内眦处的睫毛容易翘起，因此应特别注意假睫毛在内眦处的粘贴。

5）睫毛粘牢后，用睫毛夹将真假睫毛一并夹弯，使他们弯度一致，再涂睫毛膏。使真假睫毛相融。

6）睫毛胶干后，若有明显的泛白或发亮的情况，可用眼线液进行修饰。

（4）常见眼型的矫正：眼型的矫正主要是通过眼线和眼型来实现的。通过描画的粗细不同，离睫毛远近不同的眼线来改变眼的形状，利用眼影的深浅和位置的变化来弥补眼型的缺陷。也可以通过粘贴假睫毛和粘贴美目贴来矫正眼型。

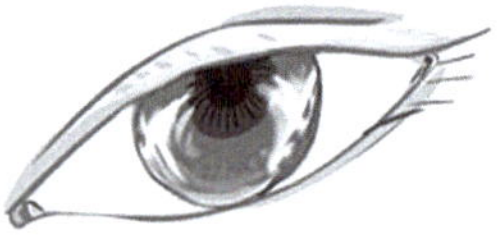

图 4-2-14　上斜眼

1）上斜眼：上斜眼也称为吊眼，外眦明显高于内眦，眼型呈上升状。外眦向上能使人精神、有特点，而且很东方。但有时也容易给人机敏、锐利、严厉、冷漠的感觉（图 4-2-14）。

眼线：加宽内眦的眼线，至外眦逐渐变细，到外眦时向下拉；下眼线的内眦处细浅，外眦处粗重。

眼影：加重内眦上方及外眦下侧的眼影可使上扬的眼得到改善。

睫毛：涂睫毛膏时应多次刷染内眦及眼中间的睫毛。粘假睫毛靠外眦处要比真睫毛的边线向下一点，使眼型显得柔和。

眉毛：可选择略弯曲的眉型。

2）下垂眼：外眦明显低于内眦，眼型呈下垂状。略有下眦垂可以使人显得和善、平静，下垂明显会使人觉得衰老、无神、愁苦（图 4-2-15）。

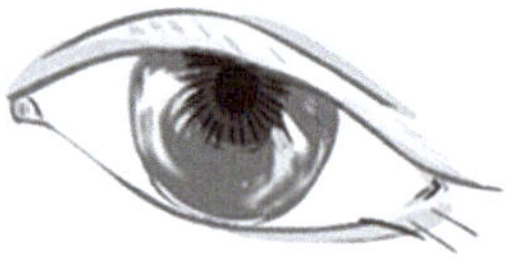

图 4-2-15　下垂眼

眼线：内眦眼线要细浅些，外眦处要宽，眼尾部的眼线要在睫毛根的上侧画。下眼线从中间部位开始描画略粗，沿着下睫毛根部向外眦延伸渐细，并与上眼睑的眼线自然汇合，形成新的外眦。

眼影：外眦眼线上方涂深色眼影，并尽量向上晕染。

睫毛：用睫毛夹将外眦部位的睫毛夹卷成形，然后涂睫毛膏。向上翘立的浓黑睫毛，除了能使往下挂的眼角有所改观外，还能在一定程度上遮盖眼睑的化妆痕迹。粘贴假睫毛靠外眦处要比真睫毛的边线向上一些，可有效改善眼部的下垂感。

眉：可选择上扬或平直的眉形修饰。

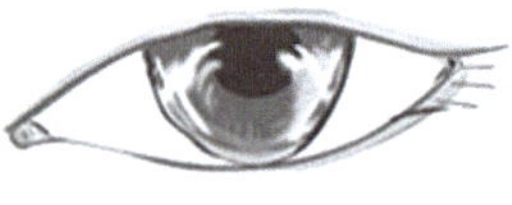

图 4-2-16　单眼睑

3）单眼睑：单眼睑本身并没有好看难看之分，关键是看面部五官的整体比例。单眼睑从总体特征区分为两种：一种是上眼睑处有肿胀的现象；一种是上眼睑脂肪较少，有明显的眼窝（图 4-2-16）。

眼线：加宽眼睑边缘的厚度，在上下眼睑边缘画略粗的眼线，外眦处顺势做延长，逐渐消失，增加眼裂的长度。

眼影：眼线的边缘涂上深色的眼影，可以使眼的轮廓大而丰富。下眼睑靠眼尾约 1/3 的范围也涂上暗色，并强调眶上缘的亮色，自然地与上眼睑眼影相连接。

睫毛：修饰要精细，长度适中，卷翘度明显。

眉：眉不宜修的过细，弧度自然。

4）长眼：长眼眼裂较小，宽度过长。有典型的东方特征，独特的美感，但有时也会缺乏神采（图 4-2-17）。

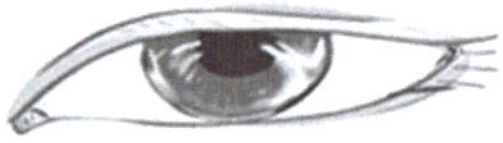

图 4-2-17　长眼睛

眼线：上眼线中央部位加粗，眼尾处的眼线不可延伸，可在不到外眦处稍稍翘起。下眼线外眦处加粗，用浅色画内眼线，下眼线不必与内眼线相连，避免眼框得死板。

眼影：上眼睑边缘涂深色眼影，逐渐向眉过渡。下眼睑眼影从睫毛根下侧向下晕染略宽些。

睫毛：适合自然、精致的睫毛，加强眼中部睫毛的卷翘度和长度。

眉：适当缩短眉尾的长度。

5）圆眼：内眦与外眦的间距小。圆眼给人清纯、机灵的感觉，但有时也会显得不够成熟。若能拉长一些，会更加吸引人（图 4-2-18）。

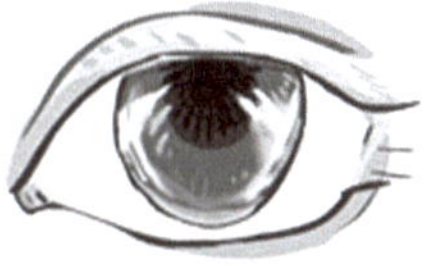

图 4-2-18　圆眼睛

眼线：用眼线适当修饰延长内、外眦的长度，瞳孔上方的眼线保持原有的宽度。瞳孔外侧至外眦眼线逐渐加宽延长，眼线的尾部略微向上。要把握好分寸，拉得太长会显得太假。

眼影：内眦和外眦处的眼影最深，并向外晕染，上眼睑中部不宜使用亮色。下眼睑的外眦处的眼影用色要突出并向外晕染。

睫毛：适合外眦处较长的睫毛，有拉长眼的效果，强调外眦的睫毛长度可适当减弱眼中部睫毛的卷翘度和长度。

眉：适合较平直而长些的眉型。

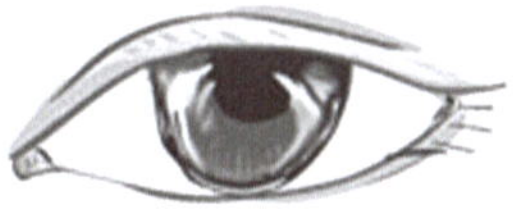

图 4-2-19　小眼睛

6）小眼：眼裂较小，显得较温和，但也会显得眼缺乏神采（4-2-19）。

眼线：适当加深，加宽眼睑的边缘线，可以起到增加眼裂的视觉效果。描画上眼线时，外眦可以稍微向外延长，下眼线描画得要稍浅，外眦最好描画成水平状，并逐渐消失。注意一定不要让下眼线与上眼线重合在眼角处，形成一个框，否则会导致呆板。

眼影：眼睑边缘上眼皮开始涂眼影，可以用深色眼影，慢慢向上逐渐虚淡。注意：用颜色改变眼型有较高的技术要求，颜色深浅必须适度。

睫毛：加强睫毛中间的卷翘程度，假睫毛可以选择中间较长的睫毛，可增加眼裂的宽度。

眉：将眉修饰得协调、自然，也可以起到增加眼魅力的效果。

7）眼睑肥厚：上眼睑的皮下脂肪过于丰满或眼皮内含水分较多。由于上眼睑的鼓突，使得眉弓、鼻梁、眼窝之间的立体感减弱，影响眼的美感，使人显得松懈没精神，缺乏活力，看起来不美观（图 4-2-20）。

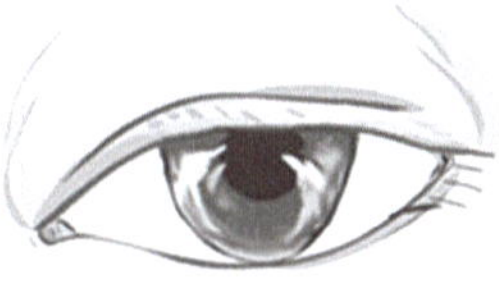

图 4-2-20　眼睑肥厚

眼线：内、外眦略宽，眼尾高于眼轮廓，眼中部的眼线要细直，尽量减少弧度。下眼线眼尾略粗，内眦略细。

眼影：采用水平晕染的方法，用深色的眼影从睫毛根部向上晕染，逐渐淡化，眉骨部位涂亮色，尽量不适用红色等暖色做眼影。用提亮色眼影涂于外眦和眉梢的连线位置，使眼周的骨骼突出，而消弱上眼皮的厚度感。

睫毛：可增加睫毛的修饰，避免太过加强睫毛的立体感，自然柔和。

眉：避免弧度较大的眉型，适合略带棱角的眉。

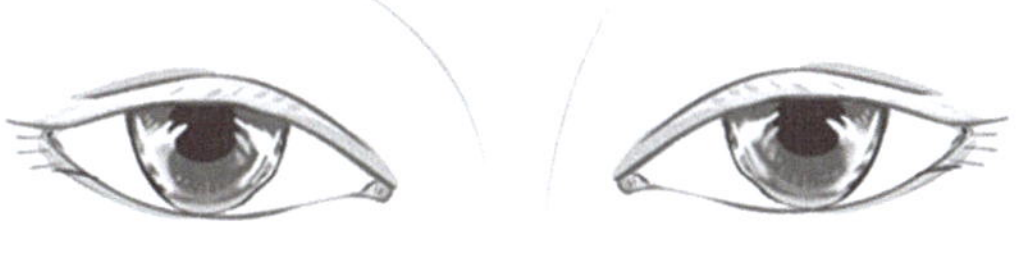

图 4-2-21　两眼间距过窄

8）两眼间距过窄：两眼间距小于一只眼的长度，面部五官看似较为集中，有机灵敏锐之感，但也会在某种程度上给人以拘谨严厉的印象（图 4-2-21）。

眼线：上眼线眼尾处加粗加长，近内眦

处眼线较细浅，下眼线靠近外眦部分加粗拉长。

眼影：靠近内眦的眼影要浅淡，加强外眦处的阴影色，突出外眦处的描画，将眼影向外拉长。

睫毛：将外眦部分睫毛用睫毛夹夹卷后涂睫毛膏，可剪小段睫毛粘贴在外眦处，使睫毛重点后移，从视觉上拉开双眼距离。

眉：修除一些眉头的眉，使眼距拉开，弱化鼻侧影。

图 4-2-22　两眼间距过宽

9）两眼间距过宽：两眼间距大于一只眼的距离，使五官显得分散，缺乏立体感，面容显得无精打采，松懈迟钝（图 4-2-22）。

眼线：上眼线描画前重后轻，前浓后淡，上、下眼线内眦略粗，外眦的眼线不拉长。

眼影：重点描画内眦的眼影，加深内眼角的颜色晕染，强调内眦处的鼻侧影，外眦的颜色浅淡，不能向外延伸。

睫毛：涂睫毛膏时，将重点放在内眦至中间部分。选择假睫毛时，注意选择睫毛方向朝前的睫毛，不要选择偏向斜后方的睫毛。

眉：眉梢与外眼角的色彩与线条要简单、柔和，眉头略向前移，使两眉之间保持一只眼的距离。

10）眉眼间距窄：眉眼间距太近会给人压抑和紧张感（图 4-2-23）。

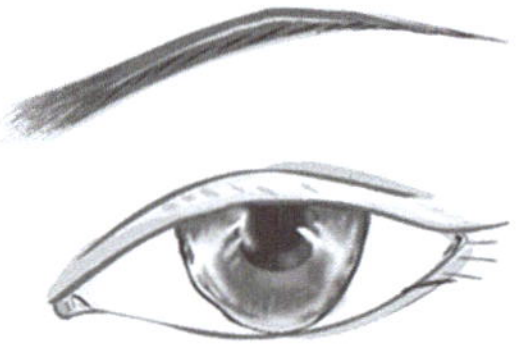

图 4-2-23　眉眼间距窄

眼线：根据眼型决定眼线，眼线较细，上眼线略深于下眼线。

眼影：不适合颜色太深或层次太多的眼影描画，这样会显得眉眼间距更小。以亮色和较温和的颜色为主，在睫毛根部添加一些深色眼影向上晕染，下眼睑同样使用浅色眼影向下晕染。

睫毛：浅淡自然的睫毛。过浓密卷翘的睫毛会遮住眼睑，不利于眉眼间距的调整。

眉：调整眉的高度，去掉一些下半部的眉毛，但不要全部去掉。用眉笔略微添加上半部的眉，使眉略有提升，直接拉开眉眼间距。

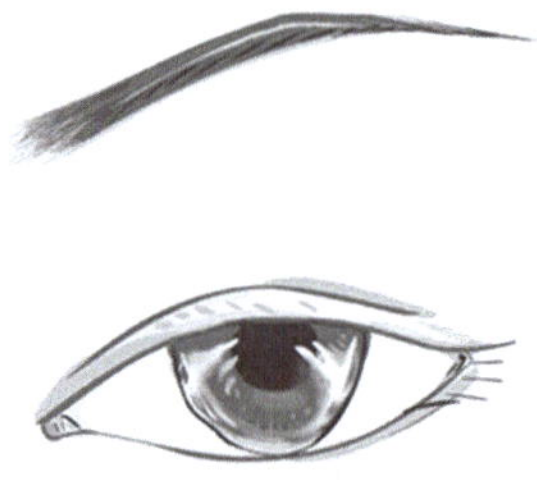

图 4-2-24　眉眼间距宽

11）眉眼间距宽：眉毛与眼睛之间的距离过宽，距离太远容易给人清高的感觉（图 4-2-24）。

眼线：可适当增加眼线的宽度，尾部略有上扬，淡化下睫毛。

眼影：加深眼影，增加眼影的层次或加重眼影的结构，但不与眉相连接。框上缘不使用亮色。下眼睑的晕染重点在眼线边缘不扩散。

睫毛：可以选择较浓重的假睫毛，强调睫毛的表现力。

眉：去掉上半部分的眉，加画下半部分，使整条眉的位置降低，直接拉近眉眼间距。可选择略平直的眉。

四、唇的修饰与矫正

1. 唇的生理结构　见图 4-2-25。

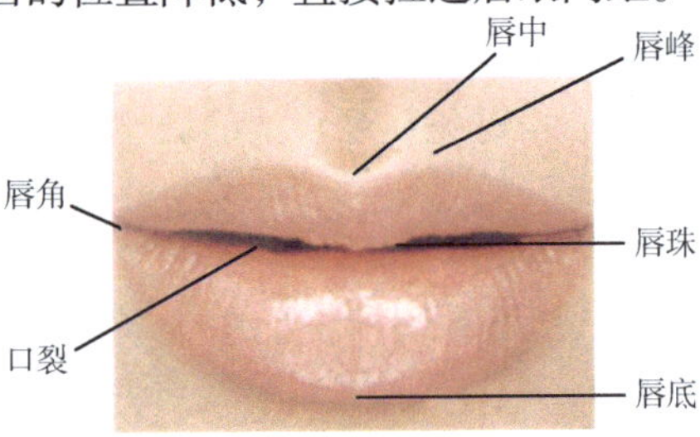

图 4-2-25　唇的生理结构

2. 标准唇型的确立　唇角在眼平视时眼球内侧的垂直延长线上，唇峰在鼻孔外缘放入垂直延长线上，一般位于唇中至唇角的内 1/3 处，下唇略厚于上唇，下唇中心厚度是上唇中心厚度的 2 倍，唇轮廓清晰，唇角微翘，整个唇形富有立体感（图 4-2-26）。

3. 画唇的步骤与方法

(1) 设计唇型。

(2) 确定上唇唇峰和下唇对应点。

(3) 勾画唇线。

(4) 涂口红。

(5) 涂高光色。

图 4-2-26　标准唇型的确立

4. 常见唇型的风格及修饰　唇型造型丰富、表现活跃，无论在面部化妆中，还是在整体形象中，唇型及色彩的展示效果均具有举足轻重的作用。唇型是表达个人形象风格、人物表情的重要部位，富有个性的唇形将为面部及形象增加魅力及生气。没有特色的、不理想的唇形，需要进行调整、修饰，使其形象效果更加富有魅力。见图 4-2-27。

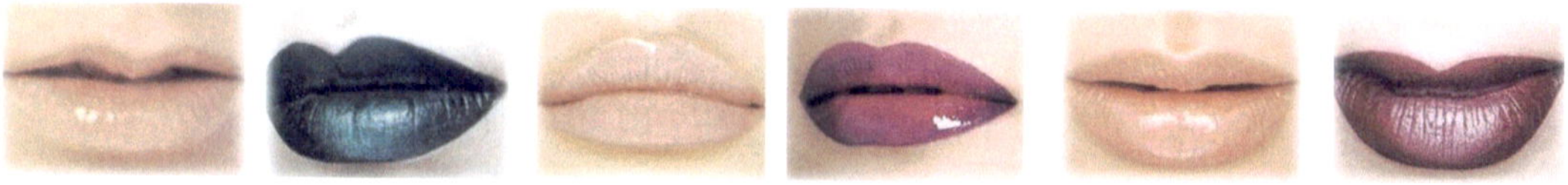

图 4-2-27　不同唇型的风格

(1) 薄唇型：唇部过薄则缺少饱满、滋润之感，无论男性还是女性，均给人以单薄、刻板的印象。特别是对于女性，没有曲线的唇形，也就不具备柔和、妩媚的因素。修饰时，唇线笔描绘唇形的轮廓，在原有基础上尽量使其扩展为圆顺、丰满的造型，上、下唇均以弧线、曲线组成，特别是下唇造型可适当增厚，呈船底形的弧线，涂满暖色唇膏，色调艳丽，唇面高光处提亮，增加其立体感。

(2) 厚唇型：唇形过厚，有的还呈略向外撅起的形态。这种唇形给人的感觉是缺少秀气、灵敏，具有憨拙之态。修饰时，用粉底或遮盖霜涂于唇形边缘或整体涂满，之后用唇线笔勾勒出较理想的唇形，当然不能与原型差别太大。一般来说唇形的长度应与原型一致。涂满唇膏，可以采用不太强烈的色彩，或是冷色调，不要涂上光油。如果是又大又厚的唇形，描绘唇线时可以适当将唇角向内描绘，唇角外侧再用粉底遮盖一下，效果更佳。

(3) 垂唇型：唇角向下垂，唇形呈现向下的弧线，给人忧郁的感觉，缺少活力。修饰时，用粉底或遮盖霜涂于唇形边缘，特别是唇角部位要有意覆盖。之后，用唇线笔描绘唇形轮廓，上唇线呈平缓状，下唇线圆润并向上弧起，唇角适当提高。涂满色彩鲜艳的唇膏，靠近唇角部位色调略加深，并用亮色提高上、下唇中部，给人以唇角内收的感觉，达到舒缓的效果。

(4) 平唇型：唇形缺少曲线，特别是上唇，唇峰不明显，给人以呆板、生硬的印象。修饰时，先用唇线笔描绘出唇峰曲线，唇峰要圆润，不要勾出生硬的尖形转折，下唇线为船底形或圆弧形，唇笔色调比唇膏色调要略深一些。之后，涂满唇膏，形成色泽饱满、娇艳的效果，上、下唇亮部均用浅色提亮。

5. 注意事项

(1) 唇线的颜色要与口红色的色调一致，并略深于口红色。

(2) 唇线的线条要流畅，左右对称。

(3) 口红色的色彩变化规律为上唇深于下唇，唇角深于唇中。

(4) 口红色要饱满，充分体现唇部的立体感。

局部的化妆修饰可以涉及到许多部位，掌握基本的要领，运用明暗关系、色彩变化来改变原有不理想的造型、色彩。这种修饰一定要立足于原有造型的基础之上，并且结合形象设计的整体要求。修饰的目的是为了美化形象，使整体和谐，因此，修饰局部不能一味地只盯着局部观察，应养成不断进行整体观察调整的良好习惯。

五、面颊、鼻部修饰与矫正

（一）面颊的修饰

自古以来红润的面颊就是人们衡量容貌美的重要标准之一。面颊红也常常成为化妆师展示女士神采风韵以及矫正脸形的一种手段。腮红，又称为胭脂，使用后会使面颊呈现健康红润的颜色，可以起到修饰脸型、美化肤色的作用。

1. 面颊的生理特征　面颊位于面部左右两侧。面颊的结构：上颌骨与下颌骨的交会处，上至颧突、眼眶下水平线，下到颌角，中间介于犬齿槽以外和外颌角以内之间。这里是骨骼起伏交错的部位，由于“颊窝”部肥厚的肌肉填充，在外形上只能看到颧丘、颧弓、下颌角几个突起的部位。面颊的外形，以人种、性别、年龄的不同而有很大的差异。颧弓与颧面的弧度大于90°，形成扁平面颊，但由于地域、遗传等原因，颧骨的大小、宽度因人而异。

2. 标准脸形腮红的位置　用化妆笔连接眉峰、眼梢垂直向下，与颧骨的焦点就是腮红的中心点，可以此点为色彩最浓郁的位置。此外，还有一种简单的方法：当你微笑时，面颊隆起最高的部位为腮红的中心。一般情况下，颊红范围向上不可超过外眦的水平线；向下不可低于唇角的水平线；向内不可超过黑眼球内缘垂线（图 4-2-28）。在化妆时，要因人而异。

3. 腮红晕染的方法、步骤及注意事项

(1) 方法：

1) 斜线型：在颧骨下方到太阳穴的位置打出斜线状的腮红（图 4-2-29），是表现成熟味道的关键。斜向的腮红能修整脸型，从而达到瘦脸的效果，比较适合脸型圆润、想在纵向上拉伸脸型的人，这也是在一些比较时尚的妆容中比较常见的画法。

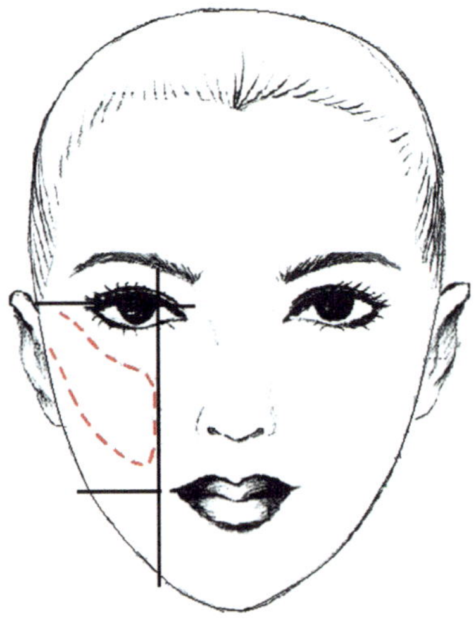

图 4-2-28　标准腮红位置

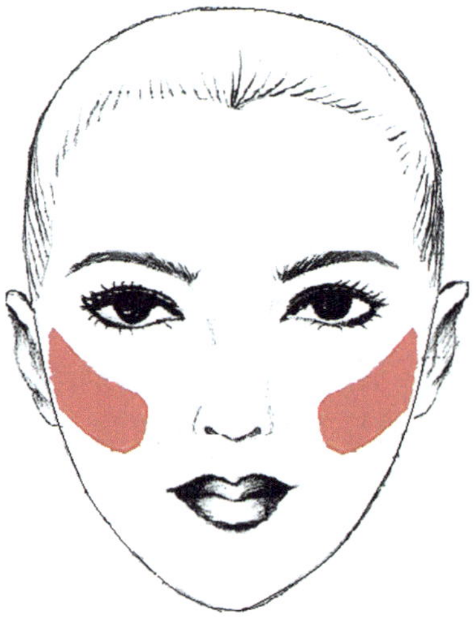

图 4-2-29　斜线型腮红

2）横向腮红：横向握腮红刷，平行扫在面颊两侧，在面颊两侧横向涂抹椭圆形腮红（图 4-2-30）。横向的腮红和斜向腮红相反，适合脸型较长的人，可以让脸型在横向上饱满，纵向上变短。

3）圆形腮红：这是最常见、也最简单的腮红画法。对着镜子微笑，在两颊凸起的笑肌位置，以画圆的方式刷上腮红即（图 4-2-31）。这种腮红主要是制造可爱的感觉，通常适合年龄感比较小的人。

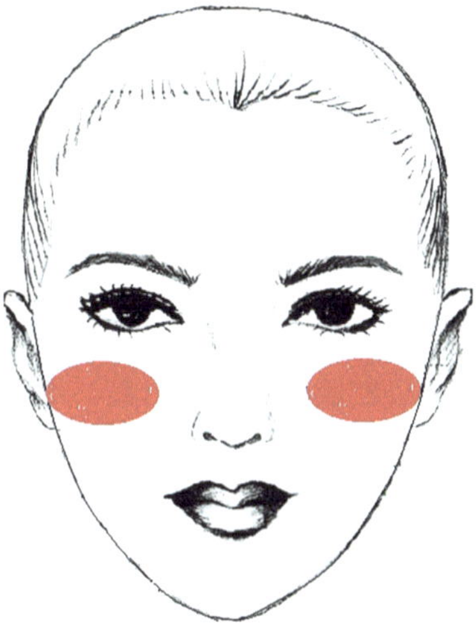
图 4-2-30　横向腮红

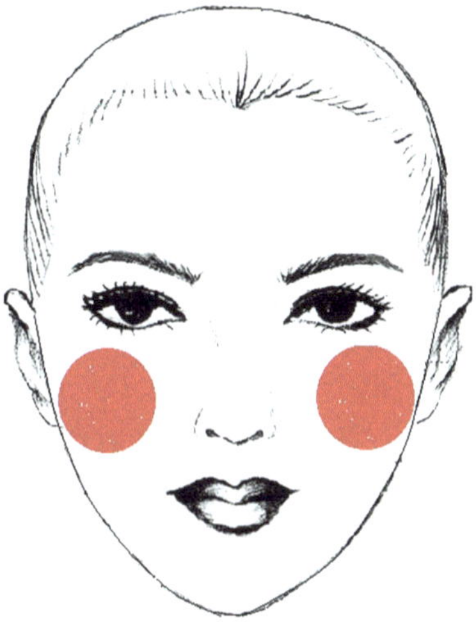
图 4-2-31　圆形腮红

4）颊侧腮红：选择较深色的腮红，如砖红、深褐色，刷在脸颊的外围，也就是耳际到颧骨的位置，范围可略微向内延伸到颧骨的下方，会让脸型看起来更立体（图 4-2-32）。

5）扇形腮红：腮红的位置是太阳穴、笑肌和耳下方三者构成的扇形区域。注意刷腮红时的方向，要从颊侧往中央上色才能使最深色的腮红落在颊侧的位置，达到修饰脸型的目的（图 4-2-33）。

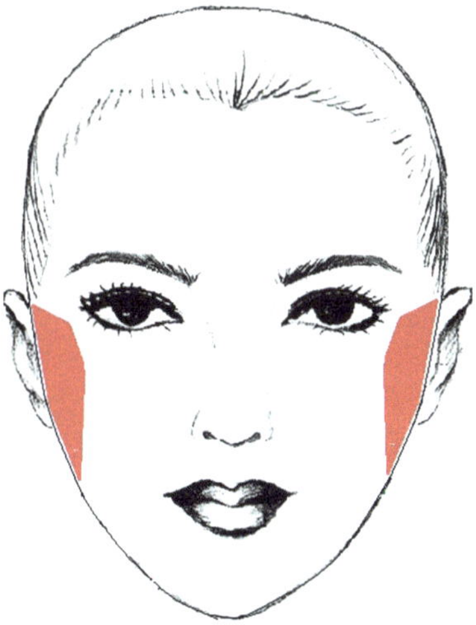
图 4-2-32　颊侧腮红

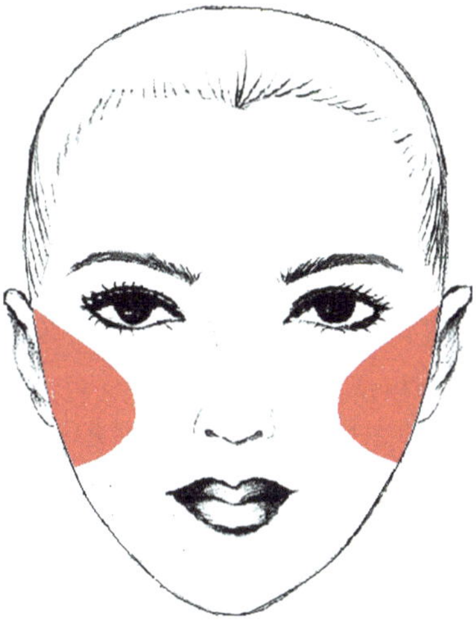
图 4-2-33　扇形腮红

（2）步骤

1）用腮红刷蘸取适量腮红后，先在手部进行刷扫来调节用量和色彩饱和度。

2）微笑，确认起始点。腮红下手处就是腮红颜色最重的地方，也就是起始点。刷腮红方向也会因此改变，由前往后刷主要是要带出气色，而由后往前刷的腮红主要用来修容。

3）根据脸型，选择不同的晕染手法。

4）用粉扑轻轻按压腮红，使色彩完全帖服于肌肤，红润的好气色自然透出来。

（3）注意事项

1）颊红的晕染要体现面部的结构及立体效果。

2）打腮红时，手法要轻，色彩要均匀柔和，腮红与肤色之间一定要过度自然。

3）腮红一般分粉状、膏状、水状。一般使用粉状，易掌握。

4）腮红颜色选取：粉色系适合皮肤白皙者；橘色系适合肤色偏黄者，是最适合亚洲肤色的腮红颜色，能够让妆效变得更为自然；棕色系适合肌肤暗沉者。

5）画好腮红的必备品是一支腮红刷。有斜角的腮红刷，适合营造颊部有立体感的线条；最大的腮红刷（即蜜粉刷），可以轻松画出大片渲染的腮红，效果自然；毛尖略呈椭圆形的腮红刷，适用于所有腮红，尤其适合画圆。

6）沾少许腮红后，先将腮红刷上的粉轻轻在面纸上抖动几下，最好都在手背上事先涂擦再刷上面颊。这个动作可避免一开始下笔太重，破坏面庞的妆容。如果觉得腮红不够明显，再重复上一个动作。

7）若腮红涂得太重，可以用蜜粉刷沾些蜜粉或用粉扑按压最浓的地方，再慢慢晕开。

4. 不同脸型腮红的画法　腮红能起到修饰脸型的作用，不同脸型，腮红的画法也不相同。脸型较短的人适合以向上倾斜的角度来刷扫腮红，可以让脸型显得纤瘦；而脸型较长的人则建议横向平行涂抹腮红，让脸型变得更为饱满圆润。同时，从腮红的形状上来说，细长的腮红形状能够增添成熟及干练的感觉，而圆形的腮红形状则能够令妆容显得更甜美可爱。

（1）标准脸型：适合标准腮红刷法或是刷成椭圆型。标准腮红刷法，即由颧骨向太阳穴处向外向上刷。刷成椭圆型即选择一只大号的腮红刷，在苹果肌的最高点处由内而外的画圈刷扫，不仅能很好地展现气质，而且十分具有时尚感。

（2）长脸型：从苹果肌最高处横着跨过颧骨到外眼眶下，来回涂抹 3 ～ 4 下，刷在面颊较外侧，可向耳边刷，不要低于鼻尖，以横刷为宜。

（3）方脸型：由颧骨顶端向下斜刷，面颊的颜色应刷深些、高些，或刷长。

（4）倒三角脸型：由太阳穴向颧骨方向涂抹，面积不能大。颧骨部位用深色颜色腮红拉刷，颧骨下方用浅色腮红横刷，使脸型显得丰满。

（5）正三角脸型：适合用斜刷法。从颧骨向太阳穴方向涂抹，下面深，上面浅，但不要刷到太阳穴的位置。

（6）圆形脸：用腮红刷在苹果肌最高处的下方绕过最高点到眼角外缘的下端，腮红颜色逐渐减淡，自然过渡同时又打造了立体感。色彩应选择褐色系列以强化修饰效果。

（7）申字脸：颧骨突出，中庭较宽。在整个突出的颧骨部位，将腮红从耳际稍上处向颧骨方向斜刷，微呈射线状，可达到收敛颧骨的效果。颜色不宜太红。

5. 不同妆效腮红的画法

（1）自然妆效：突出本色魅力。选择浅淡的色系，如浅粉色或肉粉色腮红，轻轻刷在整个脸颊即可，不宜过于浓艳突出。

(2) 健康妆效：体现面部红润的色泽。利用粉红色、浅咖啡色、肉色腮红，横向刷在颧骨较高的位置上，营造出健康阳光的形象。

(3) 成熟妆效：能够体现成熟女性的优雅与知性。选择玫瑰粉、粉紫色腮红，自颧骨下方鬓角处斜刷，使用带层次感的刷法，营造出成熟妩媚感。

(4) 可爱妆效：娇小、活泼，突出少女的纯洁。选择具有透明光泽感的橙红色、粉红色腮红，以打圈的方式在笑肌位置由外往内刷上腮红。

（二）鼻部的修饰

鼻是面部的制高点，既突出又位于脸部的正中央，是面部最能体现立体感的部位，具有重要的审美意义，自古以来便是评价面部美学特征的重要对象，所以鼻部修饰不可轻视。鼻部化妆常常在肤色修饰及眼部修饰中进行，主要包括晕染鼻梁高光和鼻侧影。

1. 鼻部生理特征　鼻位于面部中央，向前隆起呈长三角形锥体状，对构成容貌起重要作用。鼻的形态主要由外鼻决定，外鼻呈椎体形，分为鼻根、鼻梁和鼻尖三部分。鼻的形态因种族不同而有显著的差异。欧美人以高鼻梁为美，看起来挺拔健美；而中国人颜面较纤巧，额骨鼻突处一般低平，鼻梁以小巧细窄为美，额骨鼻突至鼻尖，男性近似直线，女性微具凹弧，鼻尖微翘，曲线较柔和。

2. 标准鼻形　鼻位于面部的中央，高而突起。标准鼻形的长度为面部的 1/3，鼻的宽度为面宽的 1/5，两鼻翼约在内眦的垂线上。鼻根位于两眉之间；鼻梁由鼻根向鼻尖逐渐隆起，挺拔；鼻尖圆润，微翘；鼻孔左右对称（图 4-2-34）。

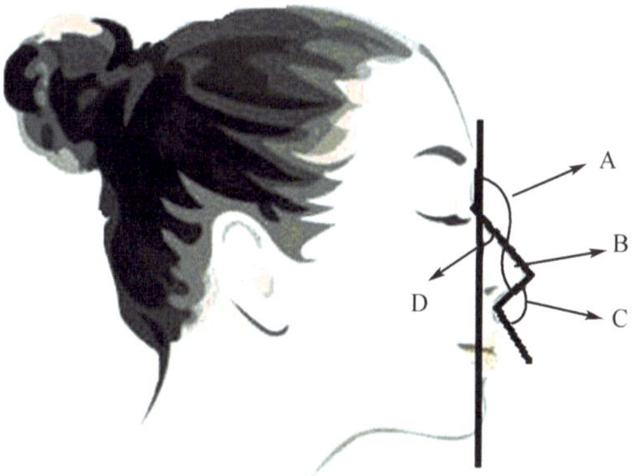

图 4-2-34　标准鼻型

A. 鼻额角　B. 鼻尖角　C. 鼻唇角　D. 鼻面角

(1) 鼻的长度：为面部长度的 1/3，正常人鼻长一般为 6 ～ 7．5 厘米；鞍鼻的鼻长偏短，常低于 5．8 厘米。大于 1/3 为长鼻，小于 1/3 为短鼻。

(2) 鼻的宽度：指两鼻翼外侧缘间距离，一般相当于鼻长度的 70%。

(3) 鼻根高度：鼻根部鼻梁的高度一般认为不能低于 9 毫米，男性约 12 毫米，女性约 11 毫米。鞍鼻病平均多为 4 毫米左右。

(4) 鼻尖高度：通常以鼻尖到鼻翼基底距离作为鼻尖高度。男性 26 毫米左右，女性 23 毫米左右。低于 22 毫米者为低鼻型。

(5) 鼻额角：即鼻背与眉间形成的角（鼻骨与额骨鼻突的交角）。角的顶点，多数情况为鼻根部最凹陷点，此角正常为 130° ～ 140°。该角相当于上睫毛缘与内眦水平。此角关系到鼻形的曲线美，若小于 130°，外鼻前突；若此角位置较高，便呈长鼻畸形；偏低则呈短鼻畸形。

(6) 鼻尖角：鼻梁线与鼻柱中线之间的夹角为鼻尖角，多为 85° ～ 90°，85° 为最理想的角度。

(7) 鼻唇角：即鼻小柱前端至鼻底，与鼻底至上唇红唇间的交角，一般为

90° ～ 95°。鞍鼻时，此角明显增大，出现鼻孔朝天的畸形特征。角度过大者，则鼻的长度明显缩短，过小会出现鹰钩鼻畸形。

(8) 鼻面角：即前额至切牙线，与前额至鼻背线间夹角（鼻梁与面部平面的交角），理想值为 30° ～ 33°。

3. 鼻部修饰的步骤及方法

(1) 步骤及方法

1) 涂鼻侧影：用鼻侧影画在鼻梁两侧，加深鼻梁的颜色，可以起到挺拔的效果，能够使整张脸看起来更有层次感。用手指或化妆海绵蘸少量阴影色，或用眼影刷蘸少量眼影粉，从鼻根外侧开始向眉尖、上眼睑、鼻尖方向晕染，颜色逐渐变浅，直至鼻尖处消失。鼻子侧面要晕染充分，不可留下明显的界限。

2) 涂高光色：在鼻梁正面由鼻尖至鼻根部进行提亮。

(2) 注意事项

1) 鼻侧影晕染时要注意色彩变化规律，最深色部位应该是鼻根部，并与眼影衔接，越向鼻尖处越浅，直至消失，并且要左右对称。

2) 选择合适颜色的鼻侧影。颜色要与面部化妆的底色相协调，而不要显出两条明显的痕迹。一般来说，棕灰色、浅棕色、土红色、褐色，较为自然。鼻侧影的颜色也要注意搭配眼影的颜色，要注意与眼影的衔接，不能突然出现“断裂”。

3) 鼻梁上的高光色要符合鼻部的生理结构，宽窄适中。最亮部位在鼻尖，因为此处是鼻部的最高点。

4) 鼻梁较窄者及两眼距离较近者，不宜涂鼻侧影，否则会使鼻梁看起来更窄或两眼间距离更近。

5) 日间化妆，追求真实自然和不露痕迹的效果，可以不画鼻侧影。

4. 不标准鼻形的矫正　鼻部位于面部的正中央，是面部的最高部位。由于它突出、醒目，因而同样决定着人容貌的美观。鼻侧影面积的大小、位置的高低都会使鼻形、脸形发生相应的变化。

(1) 塌鼻梁的矫正

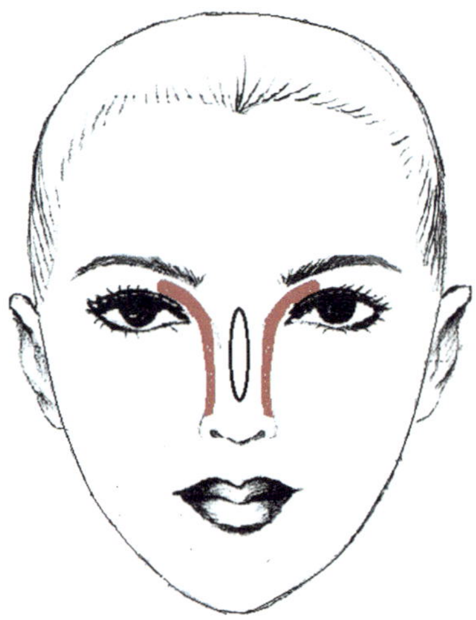

图 4-2-35　塌鼻梁矫正

外观特征：鼻根低，鼻梁与眼平甚至低于眼平面，面部中央凹陷，面部缺乏立体感。

矫正方法：先用暗影色从眉头开始，在鼻梁两侧打阴影，并于眼窝与两边眼影融合衔接；再用浅色眼影在鼻梁中间重点提亮，使整个鼻子挺立起来，增加面部的立体感。晕染时要掌握好色调的明暗过渡，亮色、阴影色衔接要自然（图 4-2-35）。

(2) 鼻过长

外观特征：鼻过长属于面部中庭偏长，使鼻显细，面部显长，面部呆板。

矫正方法：鼻侧影不需与眉头连接，在鼻根处平行向内眦至上眼睑延伸，用横向线条消除纵向鼻的长度感。提亮时重点放在鼻根至鼻梁中段，鼻尖略可使用阴影色，在视觉上缩短鼻的长度（图 4-2-36）。

(3) 鼻过短

外观特征：鼻过短属于中庭偏短，显得脸下部过长，整体比例不协调，五官显得紧凑，给人以紧张、不开朗的感觉。

矫正方法：矫正重点在于加强鼻侧影的长度。先用刷子沾上暗影色，从眉头开始沿着鼻梁两侧向下直至鼻翼均匀打上暗影。再用明亮有光泽的浅色眼影在鼻梁由上到下进行提亮，直至鼻根部，拉长鼻梁的提亮长度，使鼻梁从视觉上拉长（图 4-2-37）。

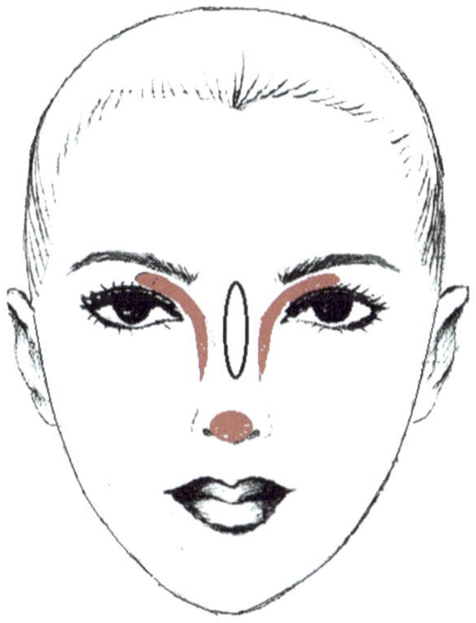

图 4-2-36　鼻过长矫正

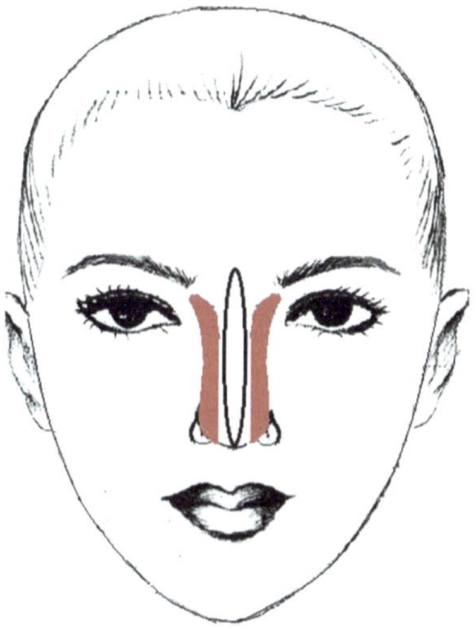

图 4-2-37　鼻过短矫正

(4) 鹰钩鼻

外观特征：鼻根高，鼻梁突起，鼻尖向下向内歪曲成勾状，面部缺乏温柔感，使人显得冷酷。

矫正方法：矫正重点在于利用阴影色和亮色对鼻尖进行处理。鼻侧影从内眼角旁的鼻梁两侧开始至鼻中部结束，鼻梁上端过窄的部位涂亮色使其显宽。鼻尖用深色粉底修饰，鼻中隔用亮色使其延展（图 4-2-38）。

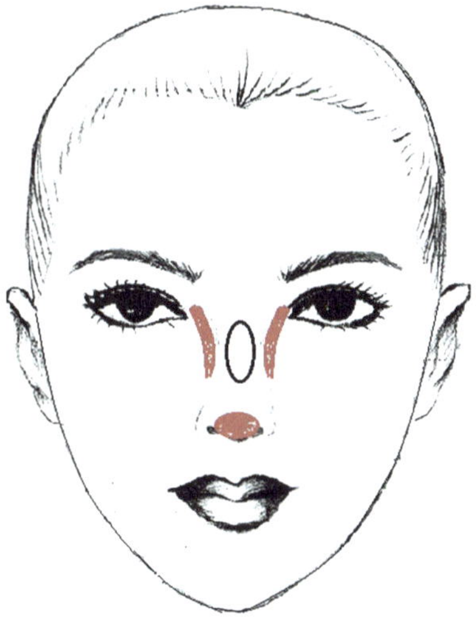

图 4-2-38　鹰钩鼻矫正

(5) 圆鼻头

外观特征：鼻头圆润，使人显得活泼可爱，比较稚气。

矫正方法：矫正的重点放在鼻头上，用刷子在鼻翼两侧均匀地呈 U 字形打上暗影色，向鼻头中间晕染，收缩鼻头，再沿着鼻子两侧稍向上晕染，保证整体的统一，并在鼻梁处拉宽，使视觉上更加协调。

(6) 尖形鼻

外观特征：鼻梁窄，鼻翼紧贴于鼻尖，鼻尖瘦小而单薄，鼻形显得瘦长，使人显得小气并缺乏圆润感。

矫正方法：矫正重点在于利用亮色使鼻部丰满圆润。鼻梁上的亮色要有一定的宽度，鼻尖的亮色向外晕染，鼻翼涂亮色。

(7) 鼻翼较宽

外观特征：鼻翼肥大，有头重脚轻的感觉，缺少立体美感和秀气柔美感。

矫正方法：矫正重点应该放在鼻翼上，先用刷子沾上暗影色勾画出鼻翼和鼻沟的线条，再用刷子均匀地晕染开，使线条更加自然柔和，在鼻头处用浅色眼影粉进行提亮，也可以在鼻翼的两侧最高点做稍许提亮以增加立体感，使整个鼻子立体丰满起来。鼻根、鼻梁用亮色晕染，使其显高、显宽。鼻梁不宜画得过细。

（张秀丽　苗　睿　林　琳　高培培　张　红）

第三节　矫正化妆

矫正化妆涉及到化妆的各个方面，是美化个体的过程。个体的差异性是非常大的，矫正化妆就是要针对特定模特儿进行修饰和美化，使之更符合美学标准，实现视觉的美感。

一、皮肤的矫正方法

1. 肤色调整　皮肤的矫正简单来说就是调整肤色，打基本底，掩盖皮肤的瑕疵。平时选择的粉底颜色应该是选择最接近模特肤色的，但是不太理想的肤色可以用彩色粉底来修正，如暗黄色肌肤可以选择紫色粉底，红血丝的肌肤应该选择绿色粉底。

2. 打粉底　皮肤主要分为干性皮肤、油性皮肤和混合性皮肤。不同肤质打粉底也是有技巧的。

(1) 干性皮肤：面部打粉底前涂些润肤露，并在润肤露半干的时候打底。干性皮肤用液体粉底效果更好，少用定妆粉。

(2) 油性皮肤：打粉底前再次清洁皮肤，可以用霜状膏状粉底，摁压手法打底。多用定妆粉定妆。

(3) 混合性皮肤：可以用粉底膏掺着液体粉底去打，带妆时间会更长。也可以干燥部位用粉底液，较油部位用粉底膏，但要注意两者衔接。

二、面部轮廓调整

人的脸型区别非常大，标准脸型可以适合各种化妆和发型。生活中大多数人的脸型都不够完美，可以借助高光和暗影来矫正修饰脸型。

粉底高光提亮的区域包括 T 字区、眼下面的倒三角区和下颌。作用是增加面部的立体感，并且可以矫正脸型。不同脸型提亮方法不同。

1. T 字区

(1) 额头饱满的少提亮，额头两侧窄小的可以适当提亮太阳穴位置。

(2) 脸部中庭比较长的人提亮到鼻梁中部，中庭短的人提亮到鼻尖，注意鼻尖不要过宽。鼻梁宽、鼻翼大的人提亮范围可略宽，整体会显得比较协调。

(3) 鼻梁高可略微提亮或省去此步；鼻梁塌，高光应略多一些，鼻梁两侧可以使用暗影，但注意要衔接得自然，暗影不能高于眉头。

2. 倒三角区

(1) 眼袋：化妆时模特儿可略微低下头，用高光色补眼袋下方阴影。

⑵ 黑眼圈：先使用偏黄或偏橘色的遮瑕膏盖一下，调节肤色。

⑶ 眼肿的：在肿的地方避开提亮。

⑷ 面部骨骼突出的：提亮范围要小，或者不提亮；面部骨骼平的，提亮范围可增加。

⑸ 脸型长的：倒三角区提亮偏横向。脸型短的：提亮偏纵向。

3. 下巴

⑴ 下巴尖翘的高光要少提亮。

⑵ 下巴短的高光多提，重点放在下巴底部。

⑶ 下巴长的尽量不要提到下巴底部，下巴底部可适当用暗影修饰。

三、眼形调整

标准的眼形，眼头略低于外眦，呈菱形。很多人的眼形并不标准，或者随着年龄增长眼部出现下挂等现象，都是可以通过化妆进行矫正的。

1. 下挂眼

⑴ 美目贴：眼尾宽、眼头窄，贴在后 2/3 处。

⑵ 眼影：上眼影范围外眦宽，内眦窄，视觉感觉拉平，外眦应深于内眦；下眼影范围不宜过大，紧挨着睫毛，可略微带向眼头。

⑶ 眼线：眼尾宽，眼头细。下眼线紧贴睫毛根。

⑷ 睫毛：粘贴假睫毛，眼尾长，将眼头略微修短。粘贴时眼头紧贴睫毛根部粘，从睫毛中部开始贴于眼线上边缘，眼尾略向上提。

2. 三角眼

⑴ 美目贴：眼尾宽，眼头窄。

⑵ 眼影：上眼影范围，外眦宽，内眦窄，视觉感觉拉平，外眦应深于内眦；下眼影范围，外眦宽，内眦不画。

⑶ 眼线：眼尾宽，眼头细。下眼线眼尾处可略加宽。

⑷ 睫毛：同下挂眼形处理方法相同。

3. 上扬眼　眼略微上扬，显得精神。但是过于上扬形成“吊眼”，会给人严厉、不好接触的感觉，也要在眼部化妆时进行矫正。

⑴ 美目贴：眼头宽，眼尾窄。

⑵ 眼影：眼头略高，眼尾略窄。重点放在内眦上方。

⑶ 眼线：上眼线前宽后窄，平拉，外眦不要上扬。可勾眼头。下眼线从外眦向内画到 1/3 处。

⑷ 睫毛：粘贴假睫毛，上睫毛眼头略长，眼尾适当修剪短；下睫毛眼尾略长，眼头略短。粘贴时紧挨睫毛根部。

4. 大小眼　利用眼线来调整，眼大的一只眼线略细，眼小的眼线略宽，如需要晕染开眼线。

5. 肿眼　贴美目贴不要超过三层，选用质地硬的。眼部适合烟熏画法，选择深色眼影，少用珠光色，眉骨处稍微提亮。适合浓密的假睫毛。粘贴时尽量贴上翘。

6. 鼓凸眼　眼头适当提亮，眼影层次要少，颜色要淡，适合浅色眼影。眼线紧贴睫毛根部描画，眼尾适当拉长，睫毛尽量不要贴上翘。

7. 凹陷眼　凹陷的地方用亮色，眼影范围要小，宜选用暖色、浅色和珠光色，眼线要适当拉长。

8. 单眼皮　单眼皮要矫正成双眼皮，主要是美目贴的贴法不同。美目贴第一层要修剪得细一些，紧贴睫毛根一层层往上贴，每一层要压住前一层的 1/2，选用质地较硬的美目贴，修剪长度与眼同长。

9. 大眼形　眼影适合平涂手法，不适合烟熏。眼线要细，紧挨睫毛根。假睫适宜仿真睫毛。

10. 小眼形　眼线要粗，不但要勾眼头，还要拉长眼尾。眼影宜选用深色，涂抹范围要大。假睫毛适合浓密型。

11. 假双眼形　这种眼形不能贴美目贴，可以选择浓密型的睫毛来修饰。

四、眉形调整

1. 向心眉　两眉头之间距离过近，小于一只眼的长度。眉头过近使人显得紧张，五官过于集中，有的两条眉连在一起，成为连心眉。

修饰方法：两眉间过近的眉毛拔掉，将眉头描画到内眼角正上方稍外一点，眉峰位置略向后移，眉尾适当延长。

2. 离心眉　两眉之间的距离过远，大于一只眼的长度，眉的位置偏向脸的外侧，使人显得和气，但迟钝，五官分散。

修饰方法：在内眦正上方稍内侧用眉笔按眉生长方向一根根描画出“人工”眉头，注意与原有眉头衔接要自然，眉峰略向前移，眉尾不宜拉长。

3. 下垂眉　眉头高，眉尾低，使人显得亲切、慈祥，但也有抑郁愁苦感，看上去年龄较大。

修饰方法：除去眉头上面和眉尾下面的眉，将眉头压低，眉尾上扬。使眉头与眉尾接近同一水平线，眉峰位置不能动。

4. 高低眉　两只眉不一样高，先要确定眉较好的一边，另一边与眉形较好的眉对比来画。先定好眉头位置，再定眉峰，最后确定眉尾。

5. 浓密的眉毛　拔掉过多的眉，完善眉形，再使用咖啡色的睫毛膏去改变眉色。

6. 细而淡的眉　细浅的眉使人显得清秀，但过细使人显得小气，缺乏生动。

修饰方法：根据脸型调整眉弧度，强调眉峰且颜色加深，眉尾略微浅淡，眉型加宽。

7. 纹过的眉毛　用遮瑕膏或粉底进行遮盖，然后描画。

五、腮　红

1. 肤色好、较白者　适合各种腮红。

2. 肤色黄　适合暗色亚光腮红。

3. 颧骨高　最好淡化腮红，修饰时选用偏暗色，忌珠光。

4. 肤质亮　适合于浅色珠光腮红。

六、唇

1. 唇形饱满的　淡化唇部，适当把唇形缩小，不能太夸张。唇油或唇彩要少涂，尽量避免油光感。

2. 唇形不清晰的　根据妆型需要适当画唇线，强调唇形。

3. 唇形不好的　也可以适当勾画唇线，尽量少涂唇油、唇彩。

4. 唇小、唇薄　可适当多涂唇油。

5. 唇色不好的　使用粉底遮盖，然后进行描画。

（林　琳）

第四节　生活艺术化妆造型艺术设计

一、日妆造型艺术设计

1. 概念　日妆也称淡妆，用于日常生活和工作中，表现在自然光线和日光灯下，要求对面部进行轻微修饰，以达到与服装、环境等因素的和谐统一。根据化妆的不同目的和表现环境，可以进行面部的整体化妆或是局部修饰。日妆要按照完整、正确的化妆程序进行操作。虽然是比较全面的化妆，但是不能显示出明显的化妆痕迹。日妆的展示范围较大，随意性强，适合于多种年龄层次的人。

2. 日妆的特点

(1) 自然：应用于自然光线条件下，以清新、自然、少人工雕琢的化妆痕迹为佳。

(2) 清淡典雅、用色简洁：在与原有肤色近似的基础上，用淡雅自然的色彩，适当的修饰、调整缺陷，美化面部。日妆的手法简洁，用色简洁，妆容颜色较淡，线条柔和，对面部五官轮廓及凹凸结构的修饰不能过于夸张。

(3) 适用于日常生活和工作。

3. 分类　日妆可分为职业妆、郊游妆、休闲妆等等。职业妆以简洁明快为主；郊游妆是以踏青、远足为活动主题而进行的化妆，因此化妆应有朝气活力、健康动感，可利用眼影的色泽与之相呼应；休闲妆要体现个性和时尚，因此重点在眼部、唇部的描画，并体现时代感。无论什么妆型，妆色要求清淡、典雅、协调自然，化妆手法要求精致、不留痕迹，妆型效果自然生动。

4. 日妆操作步骤及要点

(1) 修整基本眉形：①将眉毛平均分成三等份，即眉头至眉腰、眉腰至眉峰、眉峰至眉梢三部分均等；②眉头的位置在鼻翼与内眦连线的延长线上；③眉梢的位置在鼻翼与外眦连线的延长线与眉毛相交处；④眉峰的位置在眉头至眉梢的 2/3 处；⑤眉梢的高度为眉头下缘至眉梢的水平连线上，且略高于眉头。以上为标准眉形的特点。

日妆眉毛的修剪要根据自身眉的状况适当进行处理，不要太恪守标准眉型的特点进行修饰而使得自身眉修剪过多。

(2) 洁面、涂拍化妆水、营养霜或乳液：妆前先清洁面部，喷洒化妆水，涂抹面霜，轻微按摩皮肤直至面霜充分吸收。

(3) 涂粉底：粉底可以调整肤色、掩盖瑕疵、改善皮肤质地、保护肌肤。肤色以自然、透明为出发点进行修饰。

1) 粉底的选择：干性皮肤选择粉底霜，油性皮肤选择粉底液或粉饼，红脸庞的皮肤选用淡绿色粉底，偏黄、偏灰的皮肤选择粉红色粉底，偏黑的皮肤选用颜色略深的粉底。肤色以自然、透明为出发点进行修饰，使皮肤显得自然真实。

2）粉底的涂敷：要薄而均匀，展示皮肤的自然光泽，尤其是有皱纹的地方，厚的粉底会使其显得更严重，涂抹时注意面部与脖颈部委部位的底色相衔接。粉底霜或粉饼采用化妆绵进行涂敷，粉底液的涂敷多采用指腹点拍法和平涂法结合，可使粉底涂敷均匀、与皮肤结合牢固。皮肤有瑕疵者可在使用底色之前用遮瑕膏先进行遮盖，但是注意遮瑕膏与粉底要自然衔接，使面部的肤色洁净自然。

(4) 修正面形，调整凹凸层次。

(5) 定妆：使用无色透明的蜜粉进行定妆，可减少皮肤过多的油光并可防止脱妆，避免皮肤出现斑驳。是用粉扑蘸少许蜜粉轻轻按压固定妆面，防止皮肤因油脂和汗液分泌而引起脱妆的现象，是保持妆面洁净及底色效果持久的关键步骤。

(6) 涂眼影：色彩运用要柔和，色彩搭配要简洁。肿眼泡为避免问题加重，眼影色禁用暖色，如红色。多采用单色晕染法。晕染面积要小，不宜使用较夸张的晕染方法。

(7) 眼线：要用眼线笔根据眼形描画，线条流畅自然，注意虚实结合，睫毛浓密、眼形条件好的可不画眼线。上眼线要细，紧贴睫毛根部描画，不能为改变眼形而将眼线拉得过长或跳得过高。下眼线的描画要浅淡，一般描画到外眦的 1/3 或 1/2 部位。

(8) 涂染睫毛：夹卷睫毛后涂睫毛膏，会使眼显得富有魅力，但不应涂得过厚，更不宜粘贴假睫毛。睫毛膏的颜色多采用棕黑色和黑色。

1）夹卷睫毛：眼向下看，分别用睫毛夹夹卷睫毛根部和中部 1～2 次，持续 5 秒钟松开，最后在前端夹卷 2～3 秒 1 次，形成自然弧度。

2）涂上睫毛：眼向下看，睫毛刷由睫毛根向下向内转动；眼平视，睫毛刷由睫毛根向下向外转动。

3）涂下睫毛：眼向上看，先用睫毛刷横向涂抹，然后由睫毛根部由内向外转动睫毛刷。

(9) 眉的描画：眉要浅淡自然，可用眉刷蘸棕色、灰色眼影粉涂在眉的部位，也可用咖啡色或灰黑色眉笔轻轻描画，再用眉刷匀开，显得自然柔美。

(10) 涂刷腮红：腮红要清淡柔和，如果肤色健康可免去。

1）腮红的位置：标准腮红的位置在颧骨附近，微笑时面颊能隆起的部位。一般情况下从颧骨下陷处开始，由鬓部发际线向内轮廓进行晕染，腮红向上不可超过外眦水平线，向内不能超过眼的 1/2 垂直线，向下不超过唇角水平线。

2）腮红的颜色：与眼影色、肤色相协调。一般的生活妆腮红应浅淡柔和，通常使用纯度较低、明度较高的颜色，如浅粉红、浅橘红、浅棕红等。过渡自然、和谐。

(11) 唇的修饰：一般先用唇笔勾勒出唇的基本轮廓，再填充整个唇部。唇色应与整体妆色协调统一，最好选用接近天然唇色的口红颜色，描画时尽量保持唇的自然轮廓。有时可直接用唇彩，也可先有唇膏涂抹，然后用面巾纸吸掉，再涂抹亮油。由于日妆的遮盖力较差，对唇形的纠正有限，所以在颜色选择上应注意。唇形偏大的人不宜过多涂抹唇油或颜色较浅的唇彩，可直接涂抹唇膏，然后用面巾纸吸掉浮色即可。口红色应与服装色、肤色、眼影色、腮红色协调。

(12) 涂刷轮廓红：颜色与腮红同属于一个系列。

(13) 整体修饰：主要是针对妆型、妆色及底色等不足进行修整，同时合理设计发型、服装、饰物等。在自然光下对妆容整体进行检查、调整。整理发型。日妆是最基础的化妆技法，但也需要强调人物的性格特点与职业、环境、气质修养等方面的整体效果。

5. 六款职业妆的造型设计

(1) 服务业：清爽彩妆，平易不失神秘，妆要干净不需前卫。暖黄眼影 + 粉紫唇膏 + 无光唇彩。

(2) 传媒业：粉嫩彩妆，流行不失风格。粉绿眼影 + 桃红腮红 + 桃红唇膏。

(3) 金融业：精明彩妆，自信不失沉稳，眉毛画得稍高一些，眼线也应向上提位，眼影则以沉稳的咖啡色为主。咖啡眼影 + 珊瑚腮红 + 咖啡唇膏。

(4) 资讯业：效率彩妆，明快不失天真。透明睫毛膏 + 天蓝眼影 + 粉红腮红 + 橘色珠光唇膏。

(5) 美容化妆业：叛逆彩妆，大胆不失前卫。黑色亮粉眼影 + 棕色眉毛 + 棕红腮红 + 浅肤色唇膏。

(6) 教育业：自然彩妆，亲切不失威严。若有似无的粉底，中规中矩的紫色眼影，搭配与肤色相去不远的腮红，加上有点变化的珠光肤色唇膏，让彩妆端庄却不失活力，亲切却不失威严。紫色眼影 + 肤色腮红 + 肤色珠光唇膏。

二、晚宴造型艺术设计

1. 晚宴妆的概念　晚宴妆简称晚妆，也称浓妆，用于夜晚和较强的灯光下、气氛热烈的场合，显得华丽而鲜明，妆色要浓而艳丽。色彩搭配可丰富协调，明暗对比略强，五官描画可适当夸张，面部凹凸结构可进行适当调整。晚妆可以藏缺扬优、矫正和掩饰面部的不足。

晚宴是展示风采的绝好机会，理想的晚宴妆侧重的是精致的妆点与较持久的妆型，还必须配合华丽的服饰来展现高贵典雅的气质，在举杯谈笑中显示独特的光彩。在妆型上可依据服装的不同颜色和款式进行设计，显示女性的高雅、妩媚与个性魅力。色彩对比强烈，搭配丰富，由于环境灯光，妆面色彩比一般日妆、生活妆要浓一些。

2. 特点

(1) 华丽：色彩应与整体形象相协调。

(2) 浓而艳丽，色彩丰富：用色要“艳”而不俗，丰富而不复杂，主色调明确，与服饰相互呼应。用明暗、修饰技术和线条勾勒的化妆方法，丰富轮廓感，凹凸结构明显，在原有容貌的基础上，适当进行修饰。

(3) 适用于夜晚和较强的灯光下。

3. 表现方法

(1) 皮肤的修饰：修饰皮肤时，选择遮盖性强的粉条、粉底膏，使皮肤细腻而富有光泽。可先薄涂一层，使粉底和皮肤相贴合后，再涂一层，用手轻按，增强粉底与皮肤的亲和力，使粉底自然又不易脱妆。用阴影色、提亮色粉底适当修饰脸型和立体结构，用透明散粉固定，使妆容保持持久。

(2) 眼的修饰：根据服饰色彩选择适当的眼影，保持其整体性。可选用带珠光效果的眼影，以强调眼部的华丽端庄、含蓄，颜色过渡柔和，用带珠光色的米白色提亮眉骨、颧骨等处，表现眼部的立体结构。眼线可略微夸张，上眼线可适当加粗，眼尾略上扬，下眼线眼尾略粗。为了增加高雅华贵的女性魅力，可以粘贴假睫毛。假睫毛要提前修整好，使其长度适中。过长的假睫毛会使妆面效果失真。在粘贴时要贴紧睫毛根部，再反复涂抹睫毛膏，使真、假睫毛融为一体。

(3) 鼻的修饰：可根据脸型和鼻型的需要进行矫正。选择浅棕色修饰鼻两侧阴影，用米色或白色提亮鼻梁。强调立体感，影色与亮色的对比运用可强些，但过渡一定要柔和。

(4) 眉的修饰：打粉底前应该去除散乱多余的眉，修出基本眉形。晚宴妆的眉色较艳丽，可用眉刷蘸棕色眉粉涂刷在眉形上，在用眉笔描画，描画后用眉刷将眉色晕开，眉形要整齐。注意深浅眉色的过渡，可适当夸张，但要符合脸型要求。

(5) 面颊的修饰：要选择与服饰和眼影色相协调的腮红色，根据脸型的要求，刷出合适的形状。色彩纯度偏高，常用色调有玫红色、珊瑚红、桃红色、棕红色、紫红色、橘红色等。

(6) 唇的修饰：选择适合脸型的唇形。修饰时，可使用唇线笔勾画唇的轮廓，选择与服饰、眼影色、腮红色相协调的颜色，并在唇的高光部位涂唇彩或唇油，增加唇部的光彩，也使唇具有立体感。常用色有玫红色，粉红色、橘红色、紫红色等。

(7) 整体效果：修饰完成后，检查妆型，妆色是否对称，整理发型、佩戴的饰物和服装，喷香水。

4. 不同晚宴妆的特点

(1) 社交晚宴妆：指应用于生活中正式社交场合的晚宴妆。正式的社交场合在许多方面沿袭了传统的礼仪，要求出席这种场合的女性形象端庄、高雅，言行举止符合礼仪习惯。一般在室内，灯光华丽朦胧，因此妆面色彩可适当浓艳一点，充分表现女性高雅、华贵、妩媚的特点。

(2) 演示性晚宴妆：演示性晚宴妆用于参赛、考试或技术交流，具有很强的创造性。由于创作范围广，造型手法丰富多样，是化妆比赛和考试的重点考核项目。要充分体现化妆师的综合素质，要求化妆师在规定时间内完成整体造型。比赛用的晚宴化妆整体造型可以夸张，要突出妆面的高雅与华丽，使其具有较好的舞台效果，并适合赛场上较强烈的灯光环境。

5. 晚妆造型技能考核评分标准　见表 4-4-1。

表 4-4-1　晚妆造型技能考核评分标准

考核项目	操作程序	操作要点	评分标准	得分
晚妆造型	1. 修整基本眉形	修眉工具选择正确，工具运用方法正确，得心应手	2 分	
		基本眉形把握正确	3 分	
	2. 涂拍化妆水、乳液	根据皮肤性质、妆型需要正确选择化妆用品	5 分	
	3. 涂粉底	涂粉底的方法正确，涂敷均匀薄厚适当	5 分	
		粉底色与肤色协调，深浅粉底过渡均匀、衔接自然	5 分	
		粉底质感敷贴，修饰脸型的方法正确	5 分	
	4. 施粉	施粉的方法正确，施粉均匀、薄厚适当	3 分	
		蜜粉颜色与肤色协调	2 分	
	5. 涂鼻影	鼻影描画符合鼻形要求、妆形特征，色彩晕染柔和自然	5 分	
	6. 涂眼影	眼影色与妆型、服饰色协调	5 分	
		眼影晕染符合眼形要求	5 分	
		色彩过渡柔和、搭配合理	5 分	
	7. 画眼线与睫毛修饰	眼线形的描画符合眼形要求	2 分	
		眼线的宽窄、色调与妆型协调	2 分	
		睫毛上翘、保持自然状态。假睫毛长短适宜，睫毛造型符合妆形，与自身睫毛融为一体	3 分	

续表

考核项目	操作程序	操作要点	评分标准	得分
晚妆造型	8. 画眉	眉型与脸型、个性协调	5 分	
		眉色与肤色、妆型协调	3 分	
		眉毛的描画效果自然、虚实相映、左右对称	5 分	
	9. 涂腮红	腮红色与口红、眼影色协调	3 分	
		腮红的位置、面积的大小形状符合脸型的特征	2 分	
		色彩过渡柔和自然符合妆型特点	3 分	
	10. 涂口红	唇型符合脸型和个性需要、轮廓清晰	5 分	
		唇膏色与眼影色、腮红色、服饰色彩统一，符合妆型特点	5 分	
	11. 涂轮廓红	轮廓红的晕染符合脸型特征，轮廓红的颜色与妆色协调	5 分	
	12. 整体效果	妆型符合脸型，妆色符合妆型特点	2 分	
		妆面洁净、对称，整体协调，浓艳、色彩丰富、可夸张，能够掩饰面部不足，具有藏缺扬优的特点	3 分	
	13. 化妆程序	化妆技巧娴熟、化妆操作程序正确、合理	2 分	
	总成绩 考评教师签字 考核日期		年　月　日	

三、新娘妆造型艺术设计

新娘妆造型是一门综合性艺术。新娘妆的设计要考虑不同的光线、不同的环境、不同的文化、不同的信仰、不同的民族、不同的喜好等。因为以上不同，造型师要因人而异，依时间、场合等因素恰如其分地来装扮。新娘妆是结合新娘的脸型、身材、肤色、发质、服装款型、配饰、布场、气候等因素巧妙结合，创造出风格迥异、精美绝伦的新娘造型。新娘妆的类别包括生活新娘、摄影新娘、表演新娘及大赛新娘等。

结婚是人生中的一件大喜事，精致婚纱礼服下的新娘是整个婚礼中最受瞩目的焦点。因此，新娘妆就有别一般普通化妆，显得格外慎重。新娘妆既要美观迷人，又不要过于浓艳和炫目。不仅注重脸型、肤色的修饰，化妆的整体表现尤其要体现自然、高雅、喜气的感觉。

（一）婚礼妆的主要特点

1. 新娘妆　新娘妆的主要特点是突出喜庆甜美的气氛。妆面线条以曲线最佳，体现轻柔、委婉、优雅的视觉效果；妆面色彩以暖色、偏暖色为主，也可依据服装色或季节使用柔和的冷色；妆色浓度界于浓淡妆之间；妆型要求圆润柔和，充分展示女性的娇柔婀娜的秀美。

2. 新郎妆　新郎妆主要强调男性阳刚之气，表现男子之壮美。妆面线条多用粗直、棱角为佳，直而有角的线条具有沉稳、威武、果敢的视觉效果；妆面色彩以红棕色调为主，眉色略浓，表现健康。

（二）婚礼妆的要求

1. 新娘妆：

(1) 妆型圆润柔和。

(2) 化妆色彩与服饰色彩协调。

(3) 妆色浓淡与服装质地协调。

(4) 妆面洁净，牢固性强，有整体感。

2. 新郎妆

(1) 妆型略带棱角，粗犷有力。

(2) 妆色自然健康不露痕迹。

（三）新娘妆的化妆程序

塑造晶莹剔透的新娘妆，需要考虑的问题很多，无论是从整个妆面的持久性还是局部的修饰，都需要用心把握和仔细审慎的设计。具体涉及到以下步骤：

1. 清洁皮肤　为了增强化妆品与皮肤的亲和力，在化妆之前最好做一次深层洁肤的面膜，彻底的清洁皮肤，以使皮肤更白净，妆面更牢固。面膜一般会在婚礼前一天的晚上做。做什么种类的面膜也要根据皮肤决定，比如油性皮肤就应该使用深层清洁面膜，干性皮肤和暴皮的皮肤就应该用滋润型的面膜，敏感皮肤就用舒敏镇静的面膜。

婚礼当日化妆前根据不同的皮肤，选择使用化妆水和妆前乳，给后期的化妆起到辅助作用，最大的用处就是后期脱妆的情况会减轻一些。

2. 修眉　新娘应在日前用眉镊子将眉型修好。如果没修，婚礼当日化妆师将应用修眉刀修眉，而不使用眉镊子，避免皮肤局部产生刺激现象，如红、肿等，影响整个妆面效果。

3. 涂拍化妆水、乳液　根据皮肤性质、妆型需要正确选择化妆用品。依实际肤色是否应用修颜液，用以调整和改善肤色。

4. 粉底　涂上适合新娘本身皮肤深浅特点的粉底。粉底不宜太厚，以免失真。粉底的颜色可选择比本身肤色略白的、偏粉红色，使新娘的皮肤白嫩、细腻、面色红润。皮肤光洁无瑕疵的皮肤，选用透气性强、有透明质感的粉底液。如果脸上有斑点，不宜涂液体和透明粉底，应选择遮盖力较强的粉底，在身上裸露的地方一起涂上，颜色要衔接好。如脸形丰满的，可用阴影修饰，但阴影要自然，特别在脖子连接处，要自然过渡。

为了增加妆面的立体感，打底时提高光，但要求高光打得薄而亮，不宜打暗影，以免使妆面有明显的修饰感。脸型不好的，可以在打底之后，用修容饼来修饰，黑痣和较深的色块用遮瑕膏遮盖。因妆面保持时间长，所以面霜、粉底不宜含油脂过多。

5. 定妆　选用与肤色相近的透明粉定妆，也可以用粉红色散粉或带珠光散粉。粉色散粉可使新娘显得皮肤细嫩、面色粉白。因粉底较薄，散粉不宜过多，以免有粉质感。

6. 涂鼻影　鼻影描画符合鼻形要求、妆形特征，色彩晕染柔和自然。

7. 眼影　眼影色彩搭配宜简洁，色调柔和，明暗对比不宜过强，颜色与服饰搭配协调。一般来说，传统服饰以暖色为主，如桃红色、大红色、粉红色、玫瑰红色、橘红色、棕红色等，显得喜庆华丽；西式白纱裙和晚礼服可选用冷色，如粉蓝色、粉绿色、银白色、蓝灰色、紫色等显得轻快迷人。

8. 眼线　新娘妆的眼线要画得秀气、干净。尽量保持本眼形，不宜改变过大，线条不宜过宽，但要流畅。为了使眼更加清晰、明亮，上眼线靠近睫毛根处画得黑一些，下眼线不要画得太粗。颜色应根据眼影色搭配，如黑色、深咖啡色、深蓝色、深紫色等。

9. 睫毛　自身睫毛浓密而长的，可只涂睫毛膏，增加睫毛的浓密感。自身睫毛稀少而短的，可粘贴假睫毛，但应是仿真形。粘贴假睫毛应与自身睫毛融为一体。睫毛的颜色以黑色、深咖啡色、深蓝色、深紫色等颜色为宜。

10. 眉　线条清晰、流畅，不宜突出眉峰。眉形根据自身脸型描画。眉色宜清淡、自然，颜色过渡柔和，有立体感。

11. 腮红　根据脸型，腮红颜色与妆色协调。新娘妆应化出脸色红润、神采飞扬的神情。标准的腮红是从侧发际线开始的，眼部、颧骨到下颌角以上淡淡地涂一层浅红，显示面部的丰满与健康。在外眦也要淡淡地涂上一层，与周围颜色相接。当然也要根据不同的脸型做相应调整，例如脸型偏短的人，腮红要从太阳穴开始，具有拉长脸型的效果。

12. 唇　轮廓清晰，唇形饱满圆润，唇色柔和自然。唇型不理想的，可先画出完美的唇型，然后再画口红。口红颜色要与整个面部色调和谐，要掌握好分寸，避免化妆痕迹，嘴角微微上翘，画出喜悦的心情，尽量使嘴型漂亮、可爱。

13. 涂轮廓红　轮廓红的晕染符合脸型特征，轮廓红的颜色要与妆色协调。

（四）新娘妆常用色彩搭配

见表 4-4-2。

表 4-4-2　妆面色彩搭配

眼影	腮红	口红
桃红 + 宝蓝	砖红	枣红、玫瑰红、粉红
粉红 + 蓝	桃红 + 紫红	玫瑰红、桃红
紫红 + 紫	紫红	紫红、桃红
蓝 + 砖红	砖红	大红、暗红
粉红 + 紫红	桃红 + 紫红	桃红、粉红
梅红 + 灰黑	梅红	暗红

（五）新娘妆发型要求

新娘妆设计的整体效果，造型从头到尾，都不可忽视。新娘的发型要考虑气质、脸型、妆面效果和婚纱风格，也可根据客户要求也可以使用假发。

新娘发型要体现出新娘秀雅、纯洁、可爱、甜美的气质，通过发型和发饰的搭配营造出新婚的喜庆气氛。发饰一般以白色为主，也可选用清雅的绿、蓝、粉等淡颜色的饰品，如皇冠、鲜花、珠花等。当然，为了突出新娘的与众不同，也可以选择一些别人没有尝试过的饰品，如灯笼、有特色的纱巾、珍珠首饰等。在饰物的质地上没有特殊要求，但为了体现出女人一生中最重要的日子，一般还是选择质地比较好的、具有特殊意义的饰品。

（六）新娘妆造型技能考核评分表

见表 4-4-3。

表 4-4-3 新娘妆造型技能考核评分表

考核项目	操作程序	操作要点	评分标准	得分
新娘妆造型	1. 修整基本眉形	修眉工具选择正确，工具运用方法正确，得心应手	2 分	
		基本眉形把握正确	3 分	
	2. 涂拍化妆水、乳液	根据皮肤性质、妆型需要正确选择化妆用品	5 分	
	3. 涂粉底	涂粉底的方法正确，涂敷均匀薄厚适当	5 分	
		粉底色与肤色协调，深浅粉底过渡均匀、衔接自然	5 分	
		粉底质感敷贴，修饰脸型的方法正确	5 分	
	4. 施粉	施粉的方法正确，施粉均匀、薄厚适当	3 分	
		蜜粉颜色与肤色协调	2 分	
	5. 涂鼻影	鼻影描画符合鼻形要求、妆形特征，色彩晕染柔和自然	5 分	
	6. 涂眼影	眼影色与妆型、服饰色协调	5 分	
		眼影晕染符合眼形要求	5 分	
		色彩过渡柔和、搭配合理	5 分	
	7. 画眼线与睫毛修饰	眼线形的描画符合眼形要求	2 分	
		眼线的宽窄、色调与妆型协调	2 分	
		睫毛上翘、保持自然状态，睫毛膏干净、整洁	3 分	
	8. 画眉	眉型与脸型、个性协调	5 分	
		眉色与肤色、妆型协调	3 分	
		眉的描画效果自然、虚实相映、左右对称	5 分	
	9. 涂腮红	腮红色与口红、眼影色协调	3 分	
		腮红的位置、面积的大小形状符合脸型的特征	2 分	
		色彩过渡柔和自然，符合妆型特点	3 分	
	10. 涂口红	唇型符合脸型和个性需要，轮廓清晰	5 分	
		唇膏色与眼影色、腮红色、服饰色彩统一，符合妆型特点	5 分	
	11. 涂轮廓红	轮廓红的晕染符合脸型特征，轮廓红的颜色与妆色协调	5 分	
	12. 整体效果	妆型符合脸型，妆色符合妆型特点	2 分	
		妆面洁净、对称，整体协调，自然、简洁、清淡典雅	3 分	
	13. 化妆程序	化妆技巧娴熟，化妆操作程序正确、合理，不超过 55 分钟	2 分	
总成绩				

四、其他化妆造型艺术设计

（一）梦幻妆造型

运用绘画造型技巧，对人的面部或全身进行构图和绘制，并借助相应的道具进行整体塑造，在人的视觉效果中产生如梦似幻之感。梦幻妆的塑造来源于丰富的知识积累和独特的艺术构想，是集艺术构思、绘画造型技巧、道具的制作、科技运用及模特的表演为一体的综合观赏型化妆，更是反映创作者造型意境的化妆。

梦幻妆的用品、用具有油彩、水溶性色彩、爽身粉、配饰、特制的内衣和鞋、道具、油彩化妆笔、化妆刷等。

（二）男士上镜造型

竞争的环境让男人有更多的机会展示自己。因此，媒体上、影视剧中、舞台、大型活动演讲中，都是男人们常常亮相的场所。这些特殊的场合、灯光等环境与生活中有很大不同，所以需要进行必要的化妆与造型。

上底妆前注意把男性过多出油的面部清理干净，用比皮肤略深一点的底色，尽可能薄、匀，这样看上去像是皮肤色的效果；用一些棕橙盖色对明显的须根部进行色矫正，以达到所需色调；用女士的基础色进行必要的提亮；用深棕色将下颌赘肉处修容，但不能在有轮廓线上涂画阴影。一般情况下，在底妆后不必上定妆粉，但如果有特写镜头时就要用一些。除非特殊需要，一般情况下也不要涂腮红。如果上眼睑突出，可用深棕色涂画阴影，不要勾画眼线，眉太浅可用与头发一色的眉粉刷上去。如果睫毛太短或太少可用少量的睫毛膏加一点色彩。整体上，男妆的化妆时间要比女妆短很多，重点是不要露出痕迹。

五、儿童摄影化妆

儿童化妆最大的要点就是使眼大而明亮、眼神生动，而用比肤色略深的眼影便可使童稚荡然无存。儿童的眉颜色较浅，应将眉刷浓一点，但不要刻意修正眉色。也不要刻意描画唇形，色彩采用自然红的唇彩即可。把粉嫩色的腮红轻轻地刷在面颊上即可。儿童摄影化妆重点是越自然越好。

（张秀丽　苗　睿　王艳茹　高培培）

第5章 发型美容造型艺术设计

第一节 发型设计基础

一、发型的特征及分类

（一）发型的特征

发型是指头发的形状，配合头发的长度、颜色，成为肉眼区分人种分类的传统根据。

一般来说，黄色人种自然发型是直而不卷的，长而粗，颜色为黑褐色或黑色，如中国人、美洲印第安人。一般认为因纽特人（爱斯基摩人）的发质最硬。皮质中黑色素的量以及其细胞内存在的气泡，皮质中黑色素越多，细胞之间气泡越少，头发颜色就越黑。在亚洲，不管是何人种的头发，其色素的分布并不均匀，即在发丝中心色素含量稍低，外围较高，头发角质层中则没有。而黑色人种的自然发型是黑褐色或黑色的羊毛卷发及小螺旋形发，头发是短粗而卷缩的，如非洲的尼格罗人，小螺旋形发则是布须曼人和霍屯督人所特有的。白色人种的自然发型常见波状发和卷发，颜色从灰白色（斯堪的纳维亚人）通过不同程度的褐色一直到黑色（希腊人、南意大利人），偶然还有红色的；在长度上，波状发和卷发处于中等长度。

显微研究的结果表明，不同发型所观察到的差异是与肉眼所看到的特征上的差异有关的。直发的横切面是圆的或近乎是圆的，髓质通常是存在的；羊毛状及小螺旋形状发的横切面是椭圆形的或肾状的，有髓质，髓质被浓密的黑色素颗粒盖住；波状和卷发的横切面是椭圆形的，髓质也经常存在。也有特例，澳大利亚土著居民的头发虽然是波状的，横切面是椭圆形的，像白色人种一样，但是其头发始终是深褐色或黑色，而且粗，更接近于黑色人种和黄色人种的发质。

（二）发型的分类

发型的分类方法很多，如按照性别分类可分为男士发型和女士发型；按照长度划分可分为短发类、中长发类和长发类；按照造型特征又可分为直发类、卷发类和束发类。在此，我们依据头发的自然状态，将其分为五类，即直发、波发、卷发、羊毛状卷发及小螺旋形发。

直发是绝大多数东方人最本真的发型，因此给人一种自然、洒脱、随性的感觉，伴随长度、立体的修剪、打理，呈现给人不同的状态。波发和卷发是欧美等白种人发质的自然特征，较波发，卷发的立体性更强。近年来，随着欧美舶来文化的发展，动感时尚的波发、卷发受到越来越多年轻人的喜爱。拂去自然平庸的直发，取而代之轻松随意的“波浪”，似乎心情也更加自信而轻快。小螺旋形发型是非洲布须曼人和霍屯督人所特有的发型，随着“地球村”文化的蔓延，近年来国人中不乏前卫人士也开始塑造、模仿此发型，彰显其时尚及个性特征。

二、发型设计的意义

（一）发型设计的基本初衷

都是为了凸显发型的形式美。发型美的本质特征决定了发型设计的形象思维和艺术创新的构思形式。这种形象构思活动必须依据以下原则：体现发型美的本质、特征和规律；具有发型美的形态和独特的艺术风格；构图布局、块面形状、花纹线条、发态流势、色调处理及饰物衬托等，符合形式美的法则，与脸形、头形、体态、举止、风度、气质和服饰等条件搭配自然、和谐统一等等。

发型设计要讲究形式美，形式美是发型的外观形式的美。美发师应运用形式美的法则，按照美的规律进行发型设计和制作，塑造美的发型外形，使发型符合美的本质和规律，以体现发型美的内涵。形式美的法则包括以下几点：

1. 和谐　两个以上的物体同时在一起运用，相互协调，称之为和谐。在发型设计、制作中，主要表现为线条和块面的和谐、脸形和发型的和谐、发型和身材的和谐等。发式造型的整体视觉美，就是最适当、最匀称的和谐。

2. 比例　良好的比例关系是求得造型形式美的基础。人的形体比例，表现为整体与局部、局部与局部的比例关系。比例是有规律的，例如，发型高与低的比例；长与短的比例；发型横向幅度与脸形的比例；发型纵向长度与身材的比例；发型轮廓的大小与头形、脸形、肩线的比例等。这些比例关系，都是制作发型的重要环节。人和物体的自身都存在着一定的比例关系，只要比例适当，就会给人以美的感觉。比例的处理是形体处理的基本技术，是任何艺术作品结构的基础。发型设计的形体结构也在其中。但是，发式的造型是艺术与科学的结合，是为了加强艺术表现力，绝不是简单的数字的计算和运用，否则将会步入将人概念化、公式化的歧途。

3. 对称　平衡有两种基本形式：即对称的平衡——对称；不对称的平衡——均衡。对称是指在假设中心线或中心点的左右、上下、周围配置同形、同量、同色纹样组成的图案（或发式造型），又称绝对对称。对称是以对称轴线表现出来的，如在对称轴的两边形成量同形不同（或色不同）的图案，称相对对称；如果是量同、形同，而方向颠倒的图案，称逆对称。

图形或物体对某个点、直线或平面而言，在大小形状和排列上具有平稳、对应的关系叫对称。例如人的两只胳膊、两条腿、两只眼，从外观上都是对称的。长期以来，人们都把对称看做是美的。在设计发型的过程中，对称起着不可低估的作用。在发式造型中的对称轴是以鼻梁为中心线，如中分头路的发型，两侧长度相同、左右高低起伏一致，这就是对称很好的运用。然而，对称发式有一定的局限性。

4. 均衡　均衡是以支点表现出来的，以等量不同形或同形不等量的形式表现一种内在美的有秩序的平衡，有活泼多变、富于趣味、灵巧生动、轻快的特点。

均衡是物体重要的平衡关系，能使人有平衡、稳重的感觉，是造型美的表现形式之一。视觉的均衡取决于线条、形状、分量、方向等要素，将其做各种组合，就能产生各式各样、富于变化的均衡。平均整齐的均衡属正式均衡，不平均整齐的均衡属非正式均衡。不平均整齐的均衡是指由不等的量及形状的变化所产生的均衡。在处理时，主要是依靠经验，而不是用数理方法来计算。在制作发型时，要注意聚与散、疏与密的变化关系。

5. 节奏　节奏是一种条理性、重复性、连续性的律动形式。它能产生一种条理、秩序的美感。在发型设计上，流畅的线条、错落有序的高低和起伏就是节奏美的表现。例如波浪发型、螺旋发型、外翘发型等，都体现了整体一致的连续性和反复的重叠性。这种反复、重叠给人以节奏明快的美感，深受人们的喜爱。

（二）发型设计的情感表现

一款时尚、精致的发型带给人的不仅仅是形式美的外在，还有更深层次的情感的表达。我们常说，观察人要从头到脚。也就是说，发型在某种程度上，会透露出一个人的一些内在信息。

1. 体现人物的精神风貌和文化素养　拥有一头亮丽乌黑的秀发，修理得整洁大方、长短适度，呈现在众人面前时，给人一种清爽自然、美的享受；相反，如果弄得蓬松邋遢、肮脏不堪，就会给人一种不愉快的感觉。提起古代文人，不免想到长发束髻，头巾包裹，藏于帽内，配合羽扇纶巾，长袍大袖，驻足于山水之间、亭台楼阁之上，好一派潇洒飘逸的景象。可见，发型是体现一个人文化素养的主要特征。

2. 展现人物性格　比如，当面对一个女人的时候，从对方的发型就能判断出这个女人的基本性格。如果她有着飘逸的过肩长发，那么这个女人应该属于清纯可人型的，内心趋向淳朴，个性温柔且善良。一般而言，她们会有着比较好的人缘。如果把过肩长发做成波浪形，通常象征这个女人有向往自由的心理，而且波浪形的头发也代表她希望把自己打造得充满魅力，通常会很享受男性的追求。这类女性对事业也可能是雄心勃勃的。在她们看来，事业的成功是提升魅力的筹码。对于留着长发却不常修饰的女人来说，素面朝天是她的自然生存状态。不化妆，不穿过于鲜亮的衣服，不追赶潮流，所以也不会花太多的时间去摆弄头发。都说爱美是女人的天性，而如果以自然状态为追求的话，这个女人通常会比较有内涵，让人觉得质朴而大方，缺点是比较守旧，缺乏创新精神。如果将长发扎起来，就会给人一种干练豁达的感觉。这样的女人，生活往往是极有规律的，为人处世也非常严谨，顽固且不喜变通也是她们的一个特点，她们认为正确答案只会有一个，而且不管是谁，都很难让她们改变自己的决定。

除了长发外，也有很多女人喜欢短发，这样看起来精神爽朗，充满朝气。她们生活很有条理，做事情知道轻重缓急，主次分明，而且从短发的干净利落上就可以看出，这样的女人做事也很干练、爽快。

对于女人来说，不同的发型体现着不同的性格。对于男人也一样，不同的发型也代表着不同的性格特征。有些男人有着飘逸流畅的发型，长发或者直发为多。这种男人前卫新潮，但是又老练世故，能对情势做出良好的判断。他们的行事风格也很大胆，而且自信心和事业心极强，对成功的渴求非常强烈。当男人有着一头简洁又精致的短发时，这个男人通常具有强大的野心，他的生活常常会很忙碌，但是工作却很细致。然而一旦事与愿违地遇到了挫折，他们很容易临阵脱逃，此时的逃避昭示了缺乏责任心的性格。与这些人相反，有些男人常常是以平头或者光头的形象出现。平头让人显得很硬气，看起来缺乏温柔，但是男人味十足，他们的思想比较保守和传统，很在意自己在别人面前是否有着良好的表现。与平头有点类似，光头也让人显得较为男性化，但是不得不说，光头是一个很让人费解的发型，如果不是为了吸引人的注意力，或者想要保持一种神秘感的话，一般人很难接受光头。

3. 凸显个人的需求　纵观古今，任何时代的开启都是更改了此时代的着装、外形风格，从而开创了彼时代时尚的先河。而在这一更一改的过程中，发型的改变始终是一个主要内容。清末民国时期，男人们纷纷剪掉了标志着清朝封建统治的累赘的长辫，留蓄短发；五四时期，女生为了表达冲破封建枷锁、征求自由的决心，纷纷剪掉及腰长发，梳短发及肩并束于耳后……历史长河里，发型的标志性改变，都具有时代的鲜明特征。如今更是如此，在这样一个快速发展的时代，发型更成为时下彰显个性的重要手段。

三、发型设计的过程

（一）考量发型设计的因素

一个设计成功的发型，必将设计对象的头部、面部优点显露出来，缺点遮盖起来。设计优秀的发型，除使人自我感觉良好外，也让他人耳目一新，既有实用价值，又有审美情趣。发型设计的水平，尤其是具有时代性的流行发型，不仅能反映个人以及发型师的好恶，还可以体现一个民族的文化观、审美意识的水准，甚至是一个国家的文明程度。

发型设计要受时代、心理、职业、面部特征等影响，具体如下：

1. 时代　发型设计应当跟随时代的步伐。时代在变，发型也应该随之改变。21 世纪国际思潮中充斥着热情、奔放、时尚的元素，发型设计也一定要配合创造出轻松休闲又不失典雅的发型，才能与之相呼应。

2. 心理　在设计发型时要考虑设计对象的主观心理需求，发型要符合设计对象审美情趣，了解设计对象的心理与认同感，尊重他（她）们的选择，尽量按照设计对象的需求设计出新颖、实用的发型。

3. 职业　职业和身份是一个人的社会角色。设计发型时要注意了解设计对象所从事的职业。如给教师设计发型，要求自然、端庄；给科研人员设计发型应该方便梳理，清爽；给白领职员设计发型则要讲究庄重、洒脱；给电视播音员设计发型时，要看她（他）所主持的节目需要什么样的发型，是时尚的还是古典的，或者是很奇特的；给军人、学生设计发型，留发不宜过长，应以短发为主；给上班时需戴帽子的人们设计发型时既要考虑到戴帽子方便，又要考虑到脱了帽子时发型不会变化太大；给经常在露天作业的人们设计发型时应以实用、梳理方便为主；给跳水运动员设计发型要求简洁，动感；给高空杂技演员设计发型时应以束发为主；给商人设计发型时发型应显得华贵、流行；给美容美发师设计的发型要新潮、文静、典雅、浪漫、富于变化；给文艺工作者设计发型就要时尚、新潮、典雅或者是奇特的。不管怎样，发型要符合工作的需要。

4. 个性　进入 21 世纪，人们对发型美的要求已不再是盲目地追求流行，而是从自身的特点出发，表现个性。这对于发型设计者来说无疑是提出了更高的挑战。要根据设计对象的个性来设计发型。在设计发型时对于内向型性格的人，发型要设计得自然、文静、典雅；对于外向型性格的人发型要设计得热情、奔放、时尚、新潮、动感十足。

5. 头部特征　在设计发型时首先要观察设计对象的头部有无缺陷。如瘢痕、凹凸不平、斑秃等。有缺陷的地方，头发不能剪得太短，留发要稍长一些，将缺陷遮盖起来，再将设计对象的头部优点充分暴露出来。看发质、发量、发长是否适合所需的发型，发际线的高低和发丝流向对所需的发型有无等等。

（二）发型设计的具体方法

1. 仿生造型法　仿生造型法将生物的某些突出的外形特征（如羽毛、兽毛、花冠等）与人类发质结合在一起的一类独特的发型设计方法。如莫西干发型就是典型的仿生造型法的作品。

2. 仿物造型法　仿物造型法是将大自然包括人工改造过的物体、形体中美的形象，借于发型形象中的一种设计方法，在古装影视剧的化妆造型中较为常见。

3. 仿意造型法　仿意造型法是将意识形态的理念或文化形态意境中美的形态和标志溶入到发型设计中的一种设计方法。如时下流行的在男孩寸发间勾勒出时尚图案或者文字等的发型设计，尤其受年轻家长们的追捧。

4. 几何造型法　几何造型法是将几何理念中点、线、面的概念融合到发型设计中的一种现代、时尚的设计方法。如经典的“沙宣头”即是几何造型法的作品。

5. 合成造型法　也称组合交换法。将以上两种或多种以上设计理念综合在一起的设计方法，即称为合成造型法。

6. 类比造型法　也称差别造型法。在一般造型设计过程中，重点突出发型的某一突出特征的设计方法。多用在舞台秀、红毯秀等场合，意图突出个性，给人留下过目不忘的印象。

（三）发型设计的步骤

1. 判断脸型是基础　脸型的分类方法很多。在我国古代的绘画理论和面相书中就有各种各样的分类法，甚至对脸型赋予了人格的内容。根据亚洲人脸型的特点，一般可以分为八种类型：三角形脸型；卵圆形脸型；圆形脸型；方形脸型；长圆形脸型；杏仁形脸型；菱形脸型及长方形脸型。判断脸型是发型设计的基础，对于发型设计的成败至关重要。

2. 沟通，了解对方诉求　与客观的判断对方的脸型相比，沟通更多的是为了了解对方主观的想法及他的个人喜好、职业要求、个性需要等等。

3. 构思，提出设计方案　作为发型的设计者，综合以上两点，同时结合时代流行元素，借助以上的发型设计方法，依据美学设计原理，即可提出一款设计。这款设计既应该符合对方脸型的基本特征，又应该满足对方的主观对于长度、颜色、卷曲程度乃至减龄、凸显个性等多元需求。

4. 交流，修改设计方案　将设计方案介绍给对方，表明设计者的初衷、缘由，经双方交换意见，确定最终设计方案。

5. 操作　将最终的设计方案，借助工具在对方身上进行操作、实施，最终完成发型设计作品。

（苗　睿）

第二节　发型的造型设计与应用

一、脸型与发型的搭配

脸型是决定发型的最重要的因素之一，而发型由于其可变性又可以修饰脸型。前者是发型与脸型的协调配合，后者是利用发型来弥补脸型的缺陷。

1. 搭配原则

1）衬托法：利用两侧鬓发和顶部的一部分块面，改变面部轮廓，分散原来瘦长或宽胖头型和脸型的视觉。

2）遮盖法：利用头发来组成合适的线条或块面，以掩盖头面部某些部位的不协调及缺陷。

3）填充法：利用宽长波很发来填充细长头颈，还可借助发辫、发鬓来填补头面部的不完美之处，或缀以头饰来装饰。

2. 搭配方法

（1）椭圆型脸：中国当代审美以椭圆型为标准来衡量女性理想的脸型，认为椭圆型最具女性特色。也称为鹅蛋脸，椭圆型脸部宽度适中，长度与宽度比约为 4 ∶ 3，从额部、面颊到下颌，线条修长秀气，有古典的柔美和含蕴气质。化妆宜保持自然形状，不必通过化妆去改变脸型（图 5-2-1）。

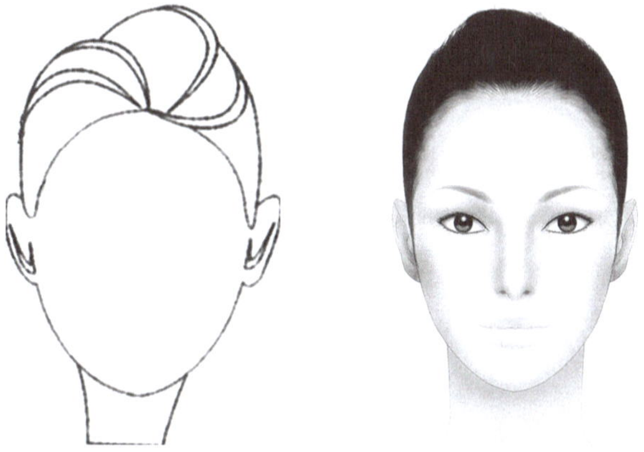

A.椭圆型脸　　B.发型设计

图 5-2-1　椭圆型脸的发型设计

（2）菱形脸型的发型搭配：申字脸（枣核型或菱型）：特征为前额与下巴较尖窄，颧骨较宽（图 5-2-2）。发型设计应当着重于缩小颧骨宽度。女性最好烫发。在做发型时，将靠近颧骨的头发做前倾波浪，以掩盖宽颧骨。将下巴部分的头发吹得蓬松些。应该避免露脑门，也不要把两边头发紧紧地梳在脑后（如扎马尾辨或高盘）。菱型脸有窄额和窄下颌，中间颊骨处最宽，两眼突出。整个上半部为正三角型，下半部为倒三角型。因此，最适合的发型是靠近面颊骨处的头发尽量贴近，面颊骨以上和以下的头发则尽量宽松，刘海要饱满，可以使你的额头看起来较宽。短发要做出心型的轮廓，长发要做出椭圆型的轮廓。

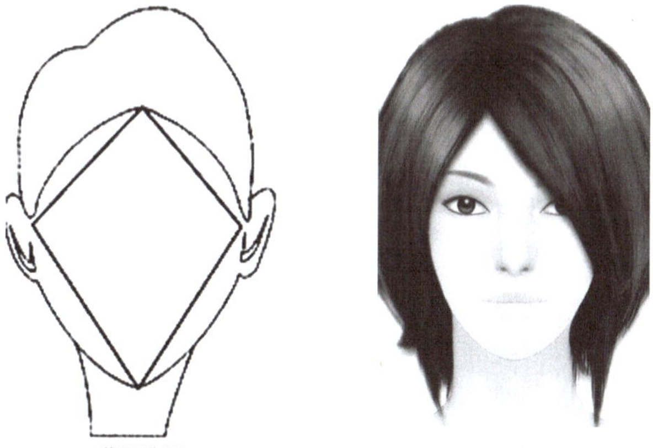

A.菱形脸型　　B.发型设计

图 5-2-2　菱形脸型的发型设计

(3) 方脸型的发型搭配：由于棱角突出而不具备女性柔美，应采用波形来弥补有棱角的感觉，突出脸部的竖线条，促使脸型变圆或椭圆型。如果选择长发型，最好是将全发烫成柔软的大波浪，在脸周围形成松松的感觉。这种脸型的人最忌讳留短发尤其是超短型的运动头。在鬓边留下自然上卷的发梢，两边对称。发式以长发为佳。如果个子矮小不宜留长发的，选择齐肩短发最好（图 5-2-3）。

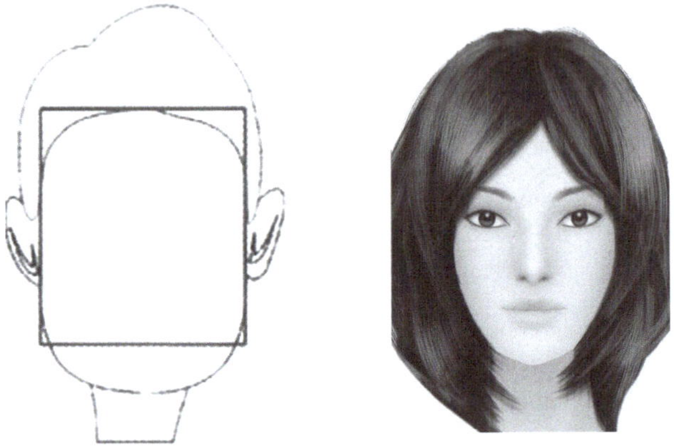

图 5-2-3　方脸型的发型设计

(4) 圆脸型的发型搭配：圆脸型特征为圆弧型发际，圆下颌，脸较宽。圆脸型的人最好选择头顶较高的发型，留一侧刘海，宜佩戴长坠型耳环。圆脸型男士的发型最好是两边很短，顶部和发冠稍长一点，侧分头。吹风时将头顶发吹得膨松一点，显得脸长一些。女短发则可以是不对称或是对称式，侧刘海，或者留一些头发在前侧吹成半遮半掩脸腮，头顶头发吹得高一些。年纪小时这种脸型很讨人喜欢，但长大后尤其是工作以后，这种脸型经常让人误以为年龄较小，对工作能力产生怀疑，因此拥有这种脸型的职业女性为此很是苦恼。圆脸的宽度和长度似乎一样，因此额前发际都比较低，耳部两侧较宽，面部肌肉比较丰满，总给人一种胖乎乎、很孩子气的感觉。圆型脸的人最好采用五五分头，发缝一定要笔直清晰。发式避免烫、吹，而采用简单自然的剪。由于头发的覆盖，很多圆型脸显得像扁圆型，因此发式上要避免面颊两边留头发，更不用说烫出一大绺的卷发，这样会增加脸部宽度，弥补的诀窍在于使头顶部的头发短而扬起，有一定的高度，收紧两侧的头发。不论长发还是短发，都不能留过长的刘海，头发避免偏分，否则使人感觉脸更大。如留额前刘海，也要注意少留一点，刘海从发梢稍削薄，体现出尖锐感为好。留长发的话，宜用中分缝，使头发偏向两侧流下，使圆脸具有成熟的印象。为避免人显得头重脚轻，适合的发型是两边削薄，挽到后脑勺，适当增加头顶发层的厚度。这样就能让脸显得长一些，增加稳重感，又不失甜美（图 5-2-4）。

(5) 长脸型的发型搭配：一般长脸型的人容易显老，其原因是眼到唇角的距离长，额头露出较多。因此，为了展示这种脸型的魅力，关键要使它具有华丽而明朗的表现力。华丽的表现要从视觉上缩短脸的长度，同时还可以表现出沉稳的气质。额前垂下刘海是很关键的弥补措施。长脸型的人天生拥有难以言说的高贵气质，是古代贵妇所钟爱的脸型。

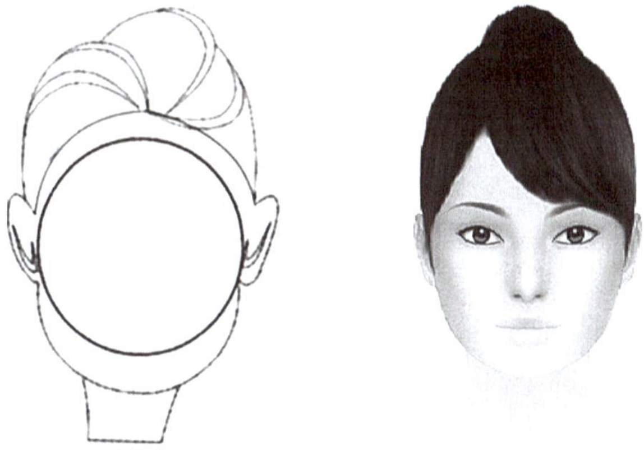

A.圆脸型　　B.发型设计

图 5-2-4　圆脸型的发型设计

但脸型太长的话，则变成“马脸”。而且因为脸型长的人下巴较尖，两颊单薄，因而更显柔弱，毫无生气。因而长脸型的人在选择发式时要适当加宽额头宽度，突出高贵气质，而掩盖病态的美感。脸型长的人最好采用二八分头或一九分头。在发式选择上避免采用垂直长发或短发，显得老成而且呆板，无形中进一步拉长了脸部长度。选用蓬松式发式最为恰当。尤其鬓边的厚度蓬松可以很好地掩盖脸颊的瘦长。如果是运动式发型，在设计上要将顶部放低，两边加宽，这样可以减轻脸的长度。鬓边留下几络头发以增强现代感，后部头发要剪出坡度，厚薄有序，增强整个头部的立体感（图 5-2-5）。

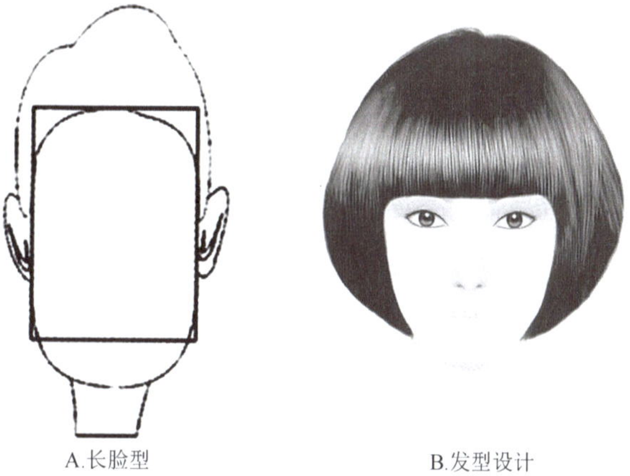

A.长脸型　　B.发型设计

图 5-2-5　长脸型的发型设计

(6) 正三角脸型的发型搭配：正三角脸型刚好与倒三角脸型相反。在发式选择上综合方脸型和长脸型的缺陷掩饰方法，做法与倒三角型脸相反。着重放在头顶及两鬓的加宽、下巴的掩盖上。由于正三角脸型有窄额头和宽下巴，对于这种脸型，在发型设计上应体现额部见宽，把太阳穴附近的头发弄得宽和高一点，以平衡下颚的宽度。尽量把刘海剪高些，使额头看起来高。并且避免下巴附近头发太多，使发型上半部有动感，下半部稳稳垂下，能在一定程度上纠正脸型的不均衡感（图 5-2-6）。

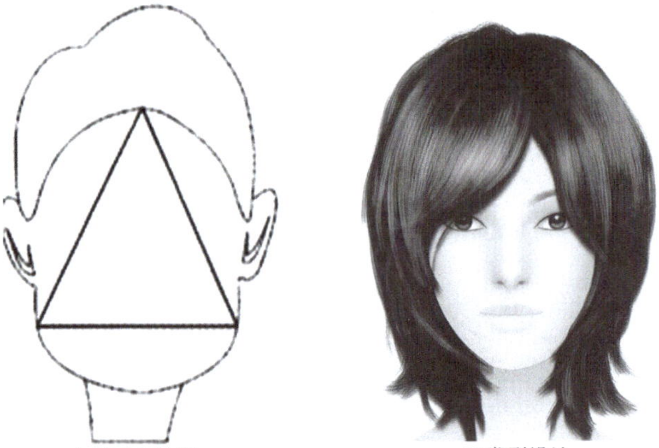

A.正三角脸型　　B.发型设计

图 5-2-6　正三角脸型的发型设计

(7) 倒三角脸型的发型搭配：倒三角脸型特征为宽额头、窄下巴。发型设计应当着重于缩小额宽，并增加脸下部的宽度。具体来说，头发长度以中长或垂肩长发为宜，发型适合中分刘海或稍侧分刘海。发梢蓬松的大波浪可以达到增宽下巴的视觉效果，并更添几分魅力。因为下巴纤细娇小，使人显得柔弱，令人怜爱。因此在发式选择上要保持柔顺恬淡的优点，同时不要让单薄的下巴成为脸部的重点，利用头发转移视线。为使脸看起来丰满，中长度的发型最合适。头发上面高而柔，两边膨松卷曲，最好不要用笔直短发和直长发等自然款式，因为过于朴素的样式会使脸部显得更加单调。适用的发型以四六分为佳，以便减轻上部宽度对下巴的鲜明对比。头发厚重感的卷发，可以让头部看起来显稳重，去掉轻飘飘的感觉，颈部后面浓密卷曲的秀发，活泼之中显优雅，最容易吸引别人的视线，从而减低尖下巴的薄弱感（图 5-2-7）。

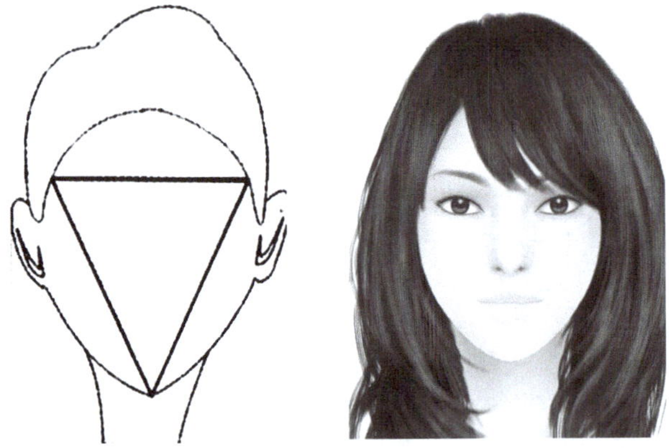

A.倒三角脸型　　B.发型设计

图 5-2-7　倒三角脸型的发型设计

二、发型与体型的搭配

发型与体型有着密切的关系，发型处理得好，对体型能起到扬长避短的作用，反之就会夸大形体缺点，破坏人的整体美。具体说各种体型发型原则为以下几种：

1. 高瘦型　该种体型的人容易给人细长、单薄、头小的感觉。要弥补这些不足，发型要求生动饱满，避免将头发梳得紧贴头皮，或将头发搞得过分蓬松，造成头重脚轻。一般来说，高瘦身材的人比较适宜于留长发、直发。应避免将头发削剪得太短薄，或高盘于头顶上。头发长至下巴与锁骨之间较理想，且要使头发显得厚实、有份量。

2. 矮小型　个子矮小的人给人一种小巧玲珑的感觉，在发型选择上要与此特点相适应。发型应以秀气、精致为主，避免粗犷、蓬松，否则会使头部与整个形体的比例失调，给人产生大头小身体的感觉。身材矮小者也不适宜留长发，因为长发会使头显得大，破坏人体比例的协调。烫发时应将花式、块面做得小巧、精致一些。若盘头也有身材增高的错觉。

3. 高大型　该体型给人一种力量美，但对女性来说，缺少苗条、纤细的美感。为适当减弱这种高大感，发式上应以大方、简洁为好。一般以直发为好，或者是大波浪卷发。头发不要太蓬松。总的原则是简洁、明快，线条流畅。

4. 短胖型　短胖者显得健康，要利用这一点造成一种有生气的健康美。譬如选择运动式发型。此外应考虑弥补缺陷。短胖者一般脖子显短，因此不要留披肩长发，尽可能让头发向高度发展，显露脖子以增加身体高度感。头发应避免过于蓬松或过宽。

三、常用发型设计方法

制作发型前要根据被设计者的脸型、气质、服装、妆容主题来区别对待。

1. 卷筒　较正规，有高贵、古典、典雅的感觉，符合东方的审美，突出女性的婉约大气。可利用前额刘海及头顶造型，因其高度不同，对脸型有不同程度的调整。任何脸型在使用这种手法时，一般不会产生不协调或生硬的感觉。

2. 波纹　有复古、华丽、时尚的感觉，具有流动感的线条。适用于正方形、有棱角的脸型，可增强柔美的气质。

3. 乱发　凌乱自然，有现代前卫、活泼的效果。适用于一些脸型偏圆或正三角型的脸，可降低年龄层次，不至于显得老气。掌握一定的发型基本手法后，需要根据不同的脸型确定不同的外轮廓线。

4. 编发　头发的编织是当下最流行的发型处理方法，明快，活泼，有时尚感。

四、假发的设计与应用

1. 假发的作用

(1) 快速简便地完成造型变化：短发做盘发时，可利用假发做整体结构，制造真实效果。短时间内改变发丝状态时，可利用假发变换不同的风格。

(2) 辅助真发增加发量：可在内部填充，达到预期的高度，真发包在假发的外层，使其变得饱满。

(3) 真、假发的结合

1) 真、假发各完成一部分造型。

2) 前部用真发做造型，后部用假发垫高。

3) 假发做基座，完全用真发完成造型。

4) 真发较不容易盘扎时，可用假发将真发全部覆盖作出造型。

2. 假发类型

1) 长直发：可塑造自然飘逸的效果，也可在直发的基础上进行盘发。

2）卷发：蓬松自然的大波浪卷发，性感、妩媚，风格和整体造型上显得自然，清新、适合现代浪漫的新娘造型。

3）短发：短发在一定程度上淡化了柔情似水的女人味，配合化妆技巧表现出一种个性之美。

4）假刘海：主要用于修饰额头的长短。使用时可采用不同的角度和倾斜方向，在整体中强调细节，配合不同风格的礼服，强调女性的娇柔与尊贵、细腻与性感。

5）假发片：用涂较广泛，可用于短发做盘发造型，用于包发髻，填充等用途，多用于中式礼服、和服、唐装等造型中。

6）假发辫：分大小和粗细的不同，可用于整体造型、基座、垂发、盘发、小装饰等，可做各种花样。

7）其他假发：如菠萝头、高发髻、乱发、假发棒等，配合礼服、饰品效果，可设计各种风格的造型。

3. 假发的色彩造型　假发的色彩、形状、轮廓、大小不同的组合及不同的方法运用，其表现效果也会不同，这需要在实践操作中用心体会。色彩是时尚美发的重要元素，在造型中常常利用色彩为造型增辉，使其具有时尚感。

(1) 黑色：庄重、保守。可与真发衔接，颜色较单调。

(2) 棕色：流行主色之一，使头发有轻盈之感。

(3) 金色：适合较深肤色，会显得轻亮、时尚。

(4) 亚麻色：时尚，新潮，一般适合肤色较白的女性。

(5) 紫红色、酒红色、棕红色：比黑色轻盈，显得端庄、典雅，更有女人味。

(6) 粉色、紫色、蓝色、黄色、白色、绿色：配合礼服的设计造型，可为化妆造型提供更多的创意空间。

五、饰品的运用

一个好的发型离不开饰品的辅助，两者相辅相成。在做造型的时候一定要明白哪个是重点，是想突出造型还是展现饰品。饰品在造型中主要起到三点作用：第一，起到点缀造型的作用，主要突出造型饰品作为辅助；第二，起到弥补造型缺陷的作用，用来弥补造型的空洞及不饱满的地方；第三，起到搭配整体风格的作用，利用饰品的款式及颜色来呼应妆面、服装、背景、道具等。当造型层次感强、线条分明的时候，可以选择较小、较精致的饰品，如小碎花、小发簪、珍珠等点缀在线条里，若隐若现，把东方女性的含蓄美更好地表现出来。如果造型是以盘发为主，头发的线条是向上，可以做得松散凌乱，也可以做得干净高贵，可以选择比较大气的皇冠、网帽、蕾丝花等来表现新娘的端庄高贵，小的蝴蝶结和蕾丝可以表现新娘的浪漫。具体要依造型的形状来选择不同的饰品。辫发主要以韩式为主，造型线条大多是向下走，也可向上。在饰品中可以选择蝴蝶结、珍珠、手工皇冠等。披发可分为直发和卷发，直发线条简单向下，飘逸感强，主要表现新娘的清纯和自然美，可以佩戴简单的发饰，也可不带任何饰品。卷发来表现新娘的浪漫，层次感强，线条繁琐，可以选择线条简洁的发饰，也可以选择花环、皇冠、帽子等。具体要看拍摄的风格。所有造型和饰品的选择都不是单一的、死板的、具体要看整体的风格。

（张秀丽　苗　睿）

第6章 服饰美容造型艺术设计

第一节　服饰造型艺术设计基础

一、日常择装的基本原则

适当的着装要根据时间、地点、场合进行选择搭配，这就是日常择装的基本原则T(time)、P(place)、O(occasion)。

（一）时间原则

时间原则中的“时间”包含几个方面，即时代、季节、早晚。

1. 日常择装与时代发展相适应　服饰形式的变更受到经济发展、时代文化的影响。以中国女性服饰为例，清朝时期女性穿着多以短袄、裙衫为主，体现当时阶级利益和文化束缚；民国时期，女性多穿着旗袍，修身的剪裁，不仅体现出亚洲女性形体之美，更能表达女性渴望自由的情怀；20世纪60年代，中国正处于特殊的政治时期，不论男女，人们多穿着绿军装或蓝袄便裤；改革开放后，女性服饰形式愈发多样，且颜色丰富；如今，国际文化的大量传播和交流，社会经济的发达，女性着装更多体现着表达自我、追求流行。所以，现今女性日常着装应符合时代潮流，并非必须追求时髦，但要与自己所处的具体时代相适应。

2. 日常择装与四季更替相适应　春夏秋冬是大自然一年里的季节变化，人们着装应根据各个季节的气候特点选择服饰。夏季气候炎热，着装应多以清爽、简洁的服饰为主，选择棉、麻、纱、丝、雪纺等服装面料为佳，颜色应浅淡、明快，切忌拖沓烦琐、色彩浓重；冬季气候寒冷，着装应达到保暖、防寒的作用，选择毛线、牛仔、呢绒、皮草等服装面料为佳，但也要轻便，不要过于臃肿；春秋两季为夏冬两季的过渡季节，气候特点不明显，着装自由度较大，故有“春捂秋冻”之说，即春季穿厚一些，秋季穿薄一些为适宜。

3. 日常择装与早晚变化适应　一天中具体时间的变化决定了人们生活的内容。

“早”即白天。白天多是工作、学习时间，着装应与自己的工作性质和特点相吻合，符合自己的社会地位和身份。如是学生，着装风格应符合校园环境，青春、自由、向上，避免怪异、荒诞、暴露的穿着；如是公务员，着装风格要符合国家形象，庄重大方；如是公司职员，着装风格应符合本公司文化，或正统或多样；而要求统一着装的职业，当职者应着工作服上班，如医护工作人员、美容工作人员、邮政工作人员、警察等。

“晚”即夜晚。晚上多是私人时间，人们会参加宴会、舞会等社交活动，此时的服饰选择自由度较大，应表现较强的视觉感。服饰形式多样，面料及材质以光泽度大、颜色鲜亮为佳，风格要有较强的流行感，突出个性。但参加隆重宴会、舞会等，着装还应符合严格的礼仪要求。

（二）地点原则

地点原则主要是指环境原则，指要根据不同国家、不同地区所处的地理位置来着装。地点原则体现出服饰代表的国家、地区、特定环境的文化。

不同国家领导人偕夫人出席政要活动中，领导人的夫人着装代表国家形象，应体现出该民族的服饰文化。城市里工作在中央商务区（CBD）的职业人多以西装革履、修身套装示人，给人严谨、效率的印象；乡间劳作的农民多以便服便裤示人，给人勤劳、朴素的印象，如两者着装颠倒，则不符合各自工作的区域性质，贻笑大方。医院病房里的患者们按照医院规定应着医院提供的病号服，符合医院文化，如穿着普通的家居服或自己喜好的服饰躺在病床上，则会显得另类怪异。

（三）场合原则

在日常生活里，人们所要面临的场合主要有公务场合、社交场合和休闲场合。参与不同场合的活动时，要注意不同场合对服饰的要求。

1. 公务场合　公务场合是指置身于工作或学习的地点，用以工作、学习或者处理公务。在公务场合里，着装应符合穿戴服饰的基本标准，庄重、大方、整洁，避免穿着过于新潮、前卫、另类、裸露、轻浮的服饰。

2. 社交场合　社交场合主要指人们进行社交活动的场合。社交活动主要指聚会、拜访、出席宴会、莅临舞会、观赏文艺演出等。在社交场合里，着装应符合穿戴服饰的基本标准，时尚、雅致、个性鲜明，避免过于正统、呆板、平庸、粗糙的服饰，忌讳千篇一律、毫无个性的风格，其中制服慎选。

3. 休闲场合　休闲场合是指正式场合之外，个人所进行自由活动的场合，属于非正式场合。休闲活动主要是指居家休息、健身运动、观光旅游、逛街购物、自娱自乐等。在休闲场合里，着装风格所受制约不多，只要舒适、方便、自然即可，但不要穿着触犯法律、有悖伦理道德、有碍生命安全、损害国格人格的服饰。

二、服饰性质

服饰是现代人精神状况的体现，是美化生活、美化社会的一个组成部分，也是衡量个人生存方式的主要尺度。服饰是满足人类生理、心理需求的工具之一。

（一）人类服装功能

人类服装功能包括实用功能和审美功能两种。

1. 实用功能（物质功能）　服饰产生之初就是为了保护人类不受环境气候的伤害，主要体现在防寒保暖，抵御外部侵害两方面。所以，服饰实用功能就是满足人们的生理需要。如在寒冬，人们穿着棉衣或羽绒服为了防寒保暖；在酷暑，人们穿着薄衣衫、戴遮阳帽为了隔热防暑；在风雨季节，人们穿着风衣雨衣为了防风防雨；在运动竞技中，人们穿戴运动衣物为了调节湿度，吸汗透气。

2. 审美功能（精神功能）　服饰满足基本生理需求后，人们开始通过服饰追求心理需求，以求美化自己，美化生活，这就体现了服饰的审美功能。但服饰美必须要在具有灵魂的人，而非物，才能完美地体现出来。同一件衣服穿在服装专卖店橱窗里的假体模特儿上，与穿在服装秀场上神采奕奕走秀的模特身上，带给人的视觉感受和心理体验是截然不同，而后者更能将服装设计师欲表达在服饰中的精神和美的语言的传达通过活生生的人体淋漓尽致地展现出来。

（二）服饰特性

服饰特性根据两种人类服装功能也分为实用性和审美性两种。

1. 实用性（适用性、功能性）　服饰的实用性从心理上的“需用”支配着人们选择服装的行为。通过服饰的实际应用功能，满足基本的生理需求——防寒、防暑、防风、防雨、防风沙、防紫外线、防湿气、防撞、防滑等而选择，服饰披覆于身而感到安全、放心、便捷。

2. 审美性（观赏性、精神性）　服饰审美性通过服饰外部表象来满足人们对自我美、社会美的追求。对于服饰的审美不能单独存在，必须依附在具体的人或物上。所以将服饰审美性和功能性辨证统一起来，才是衡量服饰优劣的准则。

三、中国历代服饰特征

（一）先秦时期

中国的衣冠服饰制度，大约在夏商时期已见端倪，到了周代渐趋完善，并被纳入“礼治”范围。服饰的区分也十分细致，吉礼有吉服，凶礼有凶服，军礼有军服。战国时期强调衣冠服饰只求“尚用”，不必拘泥于繁缛的等级制度。到了商州时期，服装形式主要采用上衣下裳制，最典型的是冕服。冕服包括冕冠、上衣下裳、腰间束带。春秋战国之际，频出新的服式，其中一种名谓“深衣”，属上下连属制，形似现代女性的连衣裙；另一种即为胡服，特征是短衣、长裤、衣袖偏窄，便于骑射。

（二）秦汉时期

秦汉服饰仍以上下连属的形制为主。秦汉时期的男子以袍为贵。庶人白袍，皆以绢为之。汉中以袍为礼服，样式以大袖为多，袖口部分收缩紧小，大襟斜领，衣襟低，领口露内衣，袍服下摆有边缘装饰。

秦汉女性服饰仍以深衣为尚，但底部由衣襟盘绕成两个尖角。除了“深衣”外还有一种服式为襦裙，襦是一种短衣，长至腰间，穿时下身配裙，属上衣下裳制。

（三）魏晋南北朝时期

魏晋时期的服制，大体上仍承袭秦汉旧制，后受汉族文化的影响，也穿汉族服装。此时期的服饰大致沿袭汉代的式样，在胡服的基础上将其加长，袖口和裤口加大，领为右衽。惟魏晋之际，男子施幅巾，穿大袖翩翩的袍衫而低敞衣襟，女子则穿褂襦，杂裾双裙。

北朝的服饰为合身裤褶装、短袍衫。妇女服装窄短，裙腰略高，常作裥褶装饰。

（四）隋唐五代时期

隋代时间较短，服饰基本以袍衫与胡服为尚。

唐代服饰将胡服进行部分改制，盘领、紧身窄袖、合身短衫短襦、瘦长裙，肩披披帛。此时的女性服饰以透明、多层次为尚。袒胸、高腰、帔巾等都是最具代表性的服装特色。其中，袒胸式服上身为短襦、紧身窄袖、肩披宽长的肩巾，内着抹胸，下服窄长裙；帔帛是唐代女性服饰的特色，帔帛有宽有窄，以轻柔的织品为主，一般披在肩上或两臂。

唐代男性服饰中袍衫式样为圆领、右衽、窄袖，领袖无缘边。此外，还有澜袍衫和缺胯袍衫等式样。

（五）宋朝时期

宋代女性服饰与汉代近似，上着瘦长、窄袖、交领、右衽的襦衣，下着各式长裙，通常在衣裳外边再穿对襟长袖褙子。褙子的领口及前襟缘配以绘绣而成的花边，时称“领抹”，左右胁下开衩，有的饰有花边，衣襟开敞不施系。

两宋时期的男子常服以襕衫为尚。所谓襕衫，即是无袖头的长衫，上为圆领或交领，下摆一横襕，以示上衣下裳之旧制。

（六）辽金元时期

辽金时期男性服饰多为圆领、缺胯袍，下着裤，腰间束带。

元代时期男性服饰为交领袍，其形制与深衣类似。衣袖窄瘦，下裳较短，衣长至膝下，在腰间有无数褶襕，形如现今的百褶裙，并加有横襕。领型有右衽交领、方领和盘领。下着小口裤，以长袍为主。男女皆然，上下同制。

（七）明朝时期

明代服饰多为上襦下裙的服装形式，上襦为交领、长袖短衣。在裙幅下边一两寸部位缀以一条花边，作为压脚。

明初时期服饰多为窄袖衫襦、长裙、褙子。明中期服饰盛行大袖长衫襦，短裙。明末时期则盛行窄袖长衫襦，腰带上挂一以丝带编成的“宫绦”，下垂至地。

明代妇女的服装主要有衫、袄、霞帔、褙子、比甲（长背心）和裙子等。衣服的基本样式大多仿自唐宋，一般都用右衽。

（八）清朝时期

清代满族女性服饰主要以旗装为主，合领右衽，领、襟、袖饰有宽大襕边，袖短而口宽，袍在身侧开高衩，下穿宽口大裤。主要服饰形态有旗袍、大衫、大褂、宽口裤、宽褶裙。

清代汉族妇女仍沿用明朝服装形制，以衫裙为主，大衫或大褂为外衣，合领右衽，袖短而宽，领缘、袖、襟皆饰有宽大襕边。嘉庆以后，镶有花边的衣衫趋于窄小，长度也明显缩短。

在汉、满文化普遍交流后，女性服饰出现大襟长褂，融合两族服装特点。这种服装合领右衽，高领、大襟缘边，袖口宽大，衣长至膝，有时会搭配长褙子在外，有时会套上坎肩。坎肩的形式为高领右衽、无袖的夹衣，领、襟、衣缘同样饰有宽大的缘边。

此时期还出现一种服式——斗篷，其为无袖、不开衩的长外衣，有长、短两式，领有抽口领、高领和低领三种。但有个规矩，即不能穿着斗篷行礼。

（寇晶堃）

第二节　服饰与人体形态美的关系

人们常常渴望拥有魔鬼般的身材，搭配任何服饰都能呈现美丽的外在形象。据美国的一项调查显示，有95%的人对自己的身材不满意，另5%对自己身材满意的人是真的拥有完美身材的人吗？答案可能有多种，拥有完美身材，拥有完美心态，拥有选对服饰的完美技能。无论哪个年龄段、哪种职业、哪种身材，男人或者女人，或多或少地会抱怨自己身材存在着某种遗憾。其实我们不必纠结于此，认识自己、接纳自己、塑造自己、美化自己才是正解。适合的才是时尚的，根据每个人的身材特点选择对的服饰才会永远站在时尚的最前沿。

一、人体形态

构成人体体形特征的要素主要有：身高、体重、围度、比例与轮廓。

（一）身高

身高的测量测者取直立位，双目平视向前，测量者从其头顶至足底的垂直高度。我国身高的标准常以“五分法”判定：女性身高低于 150 厘米，为矮身材；151 ～ 156 厘米，为中下等身材；157 ～ 167 厘米，为中等身材；168 ～ 178 厘米为中上等身材；高于 175 厘米，为高身材。男性身高的“五分法”标准，分别高于女性各等级数值 10 厘米。我国身高地域差异很大，普遍北方人偏高。一般来说，从美学评价看，女性以中等身材为美，男性以中上身材为美。

（二）体重

标准体重计算公式：标准体重（千克）＝身高（厘米）-100（男性）/105（女性）。见表 6-2-1 正常体重是实测体重为标准体重正负 10% 以内。

体重身高指数 (body mass index，BMI)= 体重（千克）÷ 身高（米）的平方，正常男性 BMI 值为 22 千克 / 米^2，女性为 20 千克 / 米^2。

超重：实测体重超过标准体重的 10% ～ 20%，或 BMI 值小于 25 千克 / 米^2。

轻度肥胖：实测体重超过标准体重的 20% ～ 30%，或 BMI 值 25 ～ 30 千克 / 米^2。

中度肥胖：实测体重超过标准体重的 30% ～ 50%，或 BMI 值 30 ～ 40 千克 / 米^2。

重度肥胖：实测体重超过标准体重的 50%，或 BMI 值大于 50 千克 / 米^2。

正常情况下，体重随着年龄的增长，也会发生变化。

表 6-2-1　标准体重参考表

身高	男子标准体重（千克）										女子标准体重（千克）									
年龄	152	156	160	164	168	172	176	180	184	188	152	156	160	162	164	166	168	170	172	176
19	50	52	52	54	56	58	61	64	67	70	46	47	49	50	51	52	54	56	57	60
21	51	53	54	55	57	60	62	65	69	72	46	47	49	50	51	52	54	56	57	60
23	52	53	55	56	58	60	63	66	70	73	46	47	49	50	51	52	54	56	57	60
25	52	54	55	57	59	61	63	67	71	74	46	48	49	50	51	53	55	56	57	61
27	52	54	55	57	59	61	64	67	71	74	47	48	50	51	52	53	55	56	58	61
29	53	55	56	57	59	61	64	67	71	74	47	49	51	52	53	54	56	58	59	62
31	53	55	56	58	60	62	65	68	72	75	48	49	51	52	53	54	56	58	59	62
33	54	56	57	58	60	63	65	68	72	75	48	50	51	52	53	55	57	58	59	63
35	54	56	57	59	61	63	66	69	73	76	49	50	52	52	53	55	57	59	60	63
37	55	56	58	59	61	63	66	69	73	76	49	51	53	53	54	56	59	60	61	64
39	55	57	58	60	61	64	66	70	74	77	50	52	53	53	55	57	59	60	61	65
41	55	57	58	60	62	64	67	70	74	77	51	52	54	54	55	57	59	61	62	65
43	56	57	58	60	62	64	67	70	74	77	51	53	55	55	56	58	60	62	63	66

续表

年龄＼身高	男子标准体重（千克）										女子标准体重（千克）									
	152	156	160	164	168	172	176	180	184	184	152	156	160	162	164	166	168	170	172	176
45	56	57	59	60	62	64	67	70	74	77	52	53	55	55	57	58	60	62	63	66
47	56	58	59	61	63	65	67	71	75	78	52	53	57	57	57	58	60	62	63	67
49	56	58	59	61	63	65	68	71	75	78	52	53	56	56	57	59	60	62	63	67
51	57	58	59	61	63	65	68	71	75	78	52	54	56	56	57	59	61	62	63	67
53	57	58	59	61	63	65	68	71	75	78	53	54	56	56	58	59	61	62	64	67
55	56	58	59	61	63	65	68	71	75	78	53	54	56	57	58	60	61	63	64	67
57	56	57	59	60	62	65	67	70	74	77	53	55	56	57	58	60	61	63	64	68
59	56	57	58	60	62	64	67	70	74	77	53	55	56	57	58	60	61	63	64	68
61	56	57	58	60	62	64	67	70	74	77	53	54	56	56	57	59	61	63	64	67
63	56	57	58	60	62	64	67	70	74	77	52	54	55	56	57	59	61	62	63	67
65	56	57	58	60	62	64	67	70	74	77	52	54	55	56	57	59	61	62	63	66
67	56	57	58	60	62	64	67	70	74	77	52	54	55	56	57	59	61	62	63	66
69	56	57	58	60	62	64	67	70	74	77	52	54	55	56	57	59	61	62	63	66

（三）围度

与体形密切相关的人体围度有 8 个，分别指的是胸围、腰围、髋围、大腿围、小腿围、足颈围、上臂围、颈围。

1. 胸围　经过双侧乳头点的水平围度。一般约为身高的一半。
2. 腰围　在正常情况下，腰部的最细部位的水平围度。腰围一般较胸围少 20 厘米。
3. 髋围　经体前耻骨联合处的水平围度。髋围较胸围大约 4 厘米。
4. 大腿围　经大腿的最粗部位的水平围度。大腿围较腰围小约 10 厘米。
5. 小腿围　经小腿最膨隆处的水平围度。小腿围较大腿围小约 20 厘米。
6. 足颈围　经足颈的最细部位的水平围度。足颈围较小腿围小约 10 厘米。
7. 上臂围　经上臂中部最粗部位的水平围度。上臂围约等于大腿围的一半。
8. 颈围　经颈部最细处的水平围度。颈围与小腿围相似。

（四）比例

体形美体现人的外在整体美，单纯一个部位或几个部位的形态美，无法达到人体整体形态美，对于审美而言毫无意义。只有各个部位具有形态美并按一定的比例有机结合，才会塑造出完美的人体外在整体美。见表 6-2-2。

表 6-2-2　人体比例标准值参照表

身高（厘米）	胸围（厘米）	腰围（厘米）	臀围（厘米）	大腿围（厘米）	小腿围（厘米）	标准体重（千克）	美体体重（千克）
155.0	82.2	57.4	83.7	48.1	28.9	50.5	45.5
156.0	82.7	57.7	84.2	48.4	29.0	51.0	45.9
157.0	83.2	58.1	84.8	48.6	29.2	51.5	46.4

续表

身高（厘米）	胸围（厘米）	腰围（厘米）	臀围（厘米）	大腿围（厘米）	小腿围（厘米）	标准体重（千克）	美体体重（千克）
158.0	83.7	58.5	85.3	48.9	29.3	52.0	46.8
159.0	84.3	58.8	85.9	49.1	29.5	52.5	47.3
160.0	84.8	59.2	86.4	49.4	29.6	53.0	47.7
161.0	85.3	59.6	86.9	49.7	29.8	53.5	48.2
162.0	85.9	59.9	87.5	49.9	30.0	54.0	48.6
163.0	86.4	60.3	88.0	50.2	30.1	54.5	49.1
164.0	86.9	60.7	88.6	50.4	30.3	55.0	49.5
165.0	87.5	61.1	89.1	50.7	30.4	55.5	50.0
166.0	88.0	61.4	89.6	51.0	30.6	56.0	50.4
167.0	88.5	61.8	90.2	51.2	30.7	56.5	50.9
168.0	89.0	62.2	90.7	51.5	30.9	57.0	51.3
169.0	89.6	62.5	91.3	51.7	31.0	57.5	51.8
170.0	90.1	62.9	91.8	52.0	31.2	58.0	52.2
171.0	90.6	63.3	92.3	52.3	31.4	58.5	52.7
172.0	91.2	63.6	92.9	52.5	31.5	59.0	53.1
173.0	91.7	64.0	93.4	52.8	31.7	59.5	53.6
174.0	92.2	64.4	94.0	53.0	31.8	60.0	54.0
175.0	92.8	64.8	94.5	53.3	32.0	60.5	54.5

1. 女性体形美　手臂线条优美，曲线柔和，纤细无赘肉，皮肤有光泽，肌肉紧实。上臂围比颈围少 4.5 厘米最理想。胸部丰满、柔韧、匀称、有弹性，呈半球型或小圆锥型。腰部纤细圆润、比例恰当、粗细适中、曲线柔和，柔韧灵活；腰围臀围比 WHR（Waist Hip Ratio），女性为 0.7 最具魅力；超过 0.8 时呈现局部肥胖。腹部平坦光滑，紧致有弹性。背部曲线优美，宽窄适中，无赘肉，皮肤光滑细腻，与臀部比例适当，腰部起伏、弯曲明显，脊柱沟比较明显，肩胛骨不太突出。臀部圆润、挺翘、有弹性。腰围臀围比为 0.67 ～ 1.18 最具魅力。美臀应形态圆润，富有弹性；臀部大小与腰围粗细比例恰当。腿部白皙丰满、细腻而富有弹性，小腿肚浑圆适度，足跟结实，踝部圆而细。双腿直立并拢，足跟靠紧足尖打开 60°，大腿根部、膝盖上方、膝盖下方与小腿肚间以及小腿肚到脚踝间分别形成四个菱形美学间隙。大腿长度约为身长的 1/4，大腿围比腰围少 10 厘米；小腿围比大腿围少 20 厘米。

2. 男性标准身材　男性宽肩具有吸引力，腰围与臀围比例在 0.8 ～ 1.0 的男性更具魅力。男性标准三围计算方法为：胸围（厘米）＝身高（厘米）× 0.48；腰围（厘米）＝身高（厘米）× 0.47；臀围（厘米）＝身高（厘米）× 0.51。大腿围比腰围少 20 ～ 25 厘米；踝围比小腿围少 15 ～ 18 厘米；上臂围约等于 2 倍手腕围。

（五）轮廓

目前对身体轮廓类型的划分有多种方法，如英文字母分类法、图形分类法、象形分类法等。

1. 英文字母分类法　将人体外部轮廓特征，按照英文字母的形状进行分类，常见的字母分类有 X、A、Y、H 和 O。见图 6-2-1。

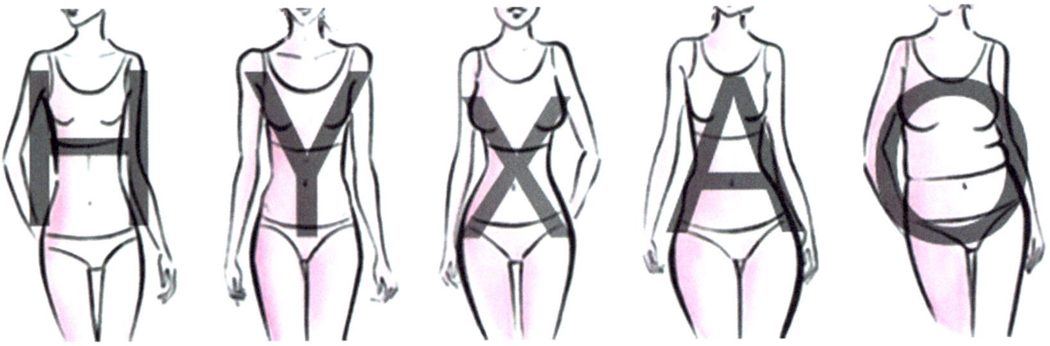

图 6-2-1　字母体型分类法

(1) H 形体型特点：胸部、腰部、臀部围度、宽度相似，胸部平坦，外轮廓缺乏曲线。几乎所有女性都是从 H 形体型成长发育起来的，俗称“纸片人”，展现清新少女风采，但是缺乏女性韵味。

(2) Y 形体型特点：肩部背部过宽，臀部较窄，胸部丰满，腰以上结实，下肢修长纤细，有腰身。

(3) X 形体型特点：胸部丰满、腰部纤细、臀部圆润，肩部与臀部宽度相似，腰部明显缩窄。这样的体型最具女性韵味，完美呈现出女性的 S 曲线，流畅的线条体现着女性的性感、温婉、含蓄等优秀气质。

(4) A 形体型特点：臀宽肩窄，腰部以下变宽或结实，上下半身不协调，整体重心下移。

(5) O 形体型特点：胸、腰、臀圆润丰满，脂肪集中分布在腰臀部位，腰腹赘肉，腰部轮廓不清，腹部突出。

2. 图形分类法　将人体外形轮廓按照几何图形的特点进行分类。常见图形为三角、倒三角形、长方形、圆形。见图 6-2-2。

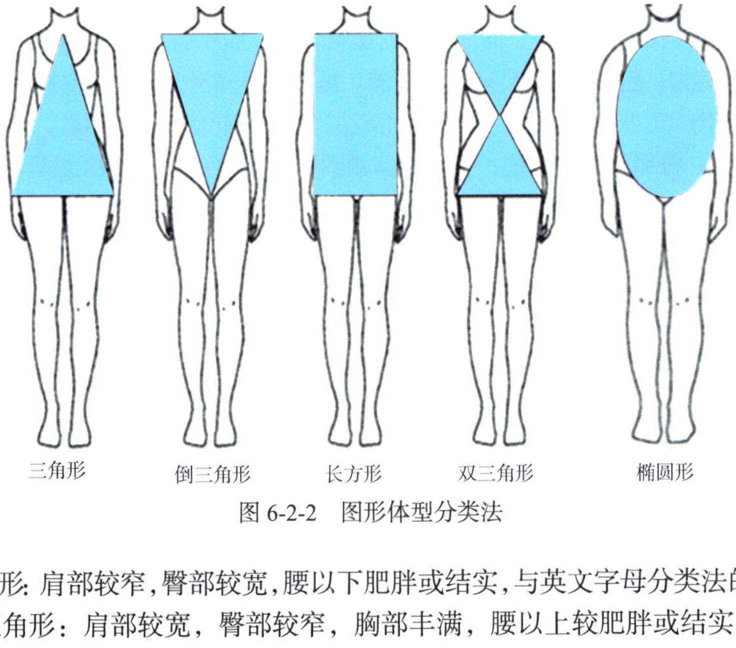

图 6-2-2　图形体型分类法

(1) 三角形：肩部较窄，臀部较宽，腰以下肥胖或结实，与英文字母分类法的“A”形相似。

(2) 倒三角形：肩部较宽，臀部较窄，胸部丰满，腰以上较肥胖或结实，与三角形特征相反，与英文字母分类法的“Y”形相似。

(3) 长方形：肩部、腰部、臀部宽度相似，胸围、腰围、臀围相差不大，身体呈直线条，缺乏曲线。与英文字母分类法的“H”形相似。

(4) 双三角形：肩部与臀部宽度相似，腰部细窄，胸部较丰满，身体圆润，线条呈曲线。与英文字母分类法的“X”形相似。

(5) 圆形（椭圆形）：身体轮廓较圆润，胸部、腰腹部、臀部脂肪堆积。与英文字母分类法的“O”形相似。

3. 象形分类法　将人体外部轮廓特征按生活中常见物体形状分类，常见物品如梨、苹果、黄瓜、沙漏等。见图 6-2-3。

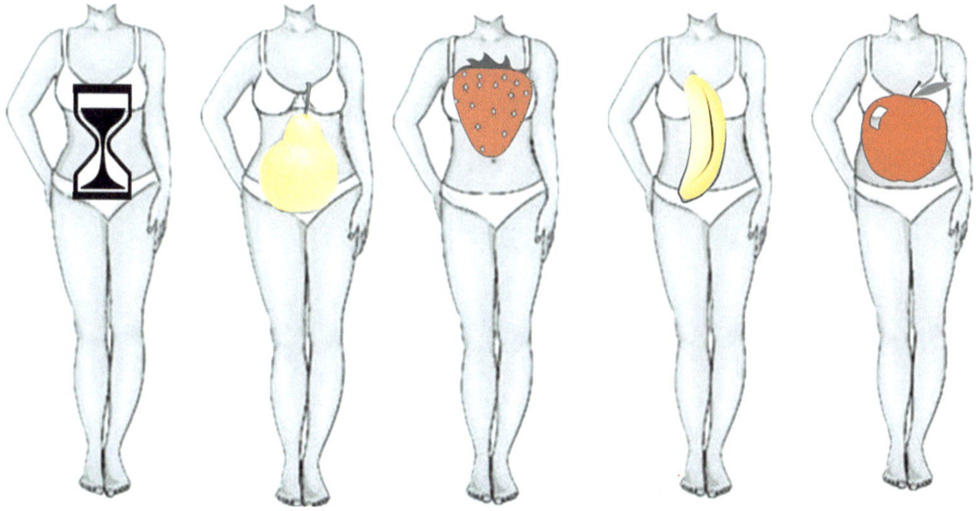

图 6-2-3　象形体型分类法

分类方法有很多种，但基本围绕着肩、腰腹、臀宽度及围度进行比较而归纳特征的。对人体轮廓把握除主要考虑上述特征外，还应关注颈部的粗细、长短，四肢的长度与粗细，乳房的大小、形态、位置等因素，对人体轮廓有一个综合、整体性的认识，才会选择正确的服饰，做出正确的造型设计。

二、服饰的形态

人体有不同的形态类型和特征，服饰同样有形态要素。服装主要有领型、袖型、腰型、裤型、裙型等。鞋子也有不同的型，如鞋尖有不同型，鞋跟有高低不同型，鞋有单鞋、靴等。帽子、项链、腰带、丝巾等饰品更有不胜枚举的型。认识、了解服饰的型有助于在把握人体形态的基础上，用正确形态的服饰对人体美进行修饰与塑造。

（一）领型

领子的形状千变万化，基本领型有圆领、立领、V 形领、衬衫领、平驳领、枪驳领、木耳领、青果领、香蕉领等（图 6-2-4）。在基本领型上又有大小、深度、曲线、量感等方面的变化，所以领型选择在整体造型中选择余地较大。不同领型也会呈现出一定的风格效果，如小圆领、花边立领会呈现出小巧、柔和的感觉；青果领、中量感的木耳领线条较曲，量感较大，给人一种热烈、亲和力的感觉；V 形领、枪驳领给人一种直线条，冷峻的感觉；香蕉领、拿破仑领则给人一种大气、强大、热烈的感觉。领型选择主要考虑脸型、颈型、肩型，同时也要考虑个人风格、性格、场合等因素。

图 6-2-4　领型

（二）袖型

根据袖子的长度，可以将袖子分为盖肩袖、短袖、五分袖、七分袖、九分袖、长袖（图 6-2-5）；根据袖子的款式可以将袖子分为和服袖、插肩袖、连肩袖、落肩袖、喇叭袖、灯笼袖、花瓣袖和打褶袖（图 6-2-6）。

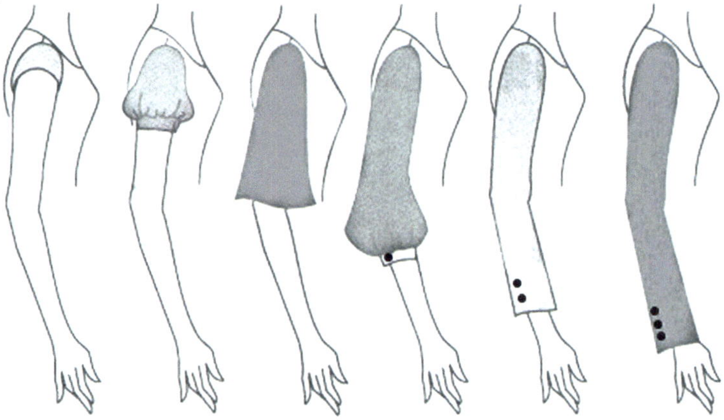

图 6-2-5　根据袖长分类

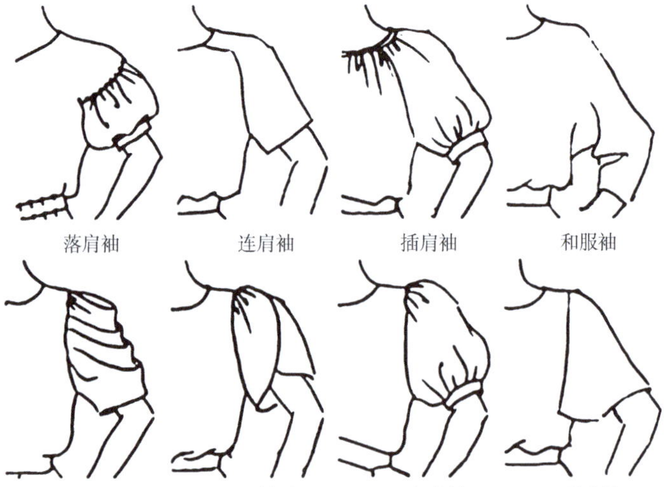

图 6-2-6　肩袖基本型

（三）裤型

裤子按照裆部高度，可以分为高腰裤，即裤腰位于脐部以上；中腰裤，即裤腰位于腰部最细处（肚脐部）；低腰裤，即裤腰位于脐部以下。根据裤腿的长度可以为分短裤、五分裤、七分裤、八分裤、九分裤、长裤。根据裤腿的款式可有直筒裤、窄脚裤、阔腿裤、喇叭裤、裙裤、小脚裤、靴裤、翻边裤等（图 6-2-7）。

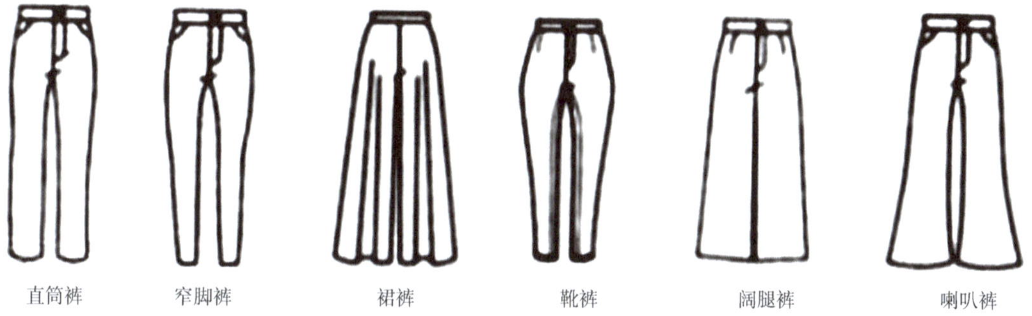

图 6-2-7　裤装的基本类型

（四）裙型

裙子的分类方法繁多，从形态、长度、用途等各个角度都可以进行分类。按裙腰在腰节线的位置可分为中腰裙、低腰裙、高腰裙（图 6-2-8）；按裙子长度可划分为长裙（裙摆及至胫中以下）、中裙（裙摆位于膝以下，胫中以上）、短裙（裙摆及至膝以上）和超短裙（裙摆仅至大腿中部）；按裙体外形轮廓划分，大致可分为统裙、斜裙、缠绕裙三类。统裙（筒裙、直裙、直统裙），即从裙腰开始自然垂落的筒状或管状裙。如旗袍裙、西装裙、夹克裙、围裹裙。按裙摆形状可分为钟形裙、喇叭裙、褶裙、塔裙、缠绕裙、背心裙、斜裙、鱼尾裙、泡泡裙等。按裙的外轮廓分 H 型裙（图 6-2-9）、A 型裙（图 6-2-10）等。

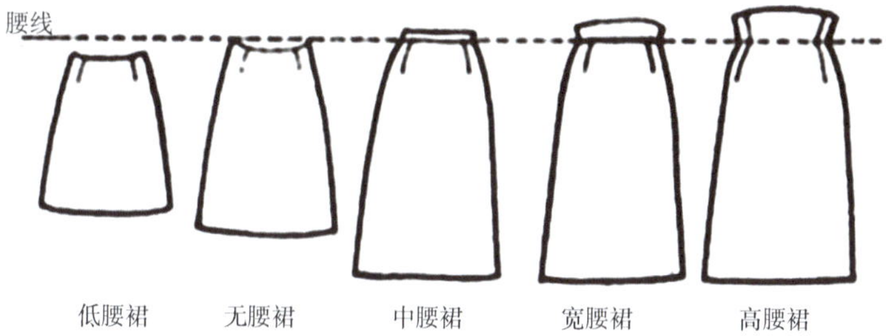

图 6-2-8　根据裙腰位置分类

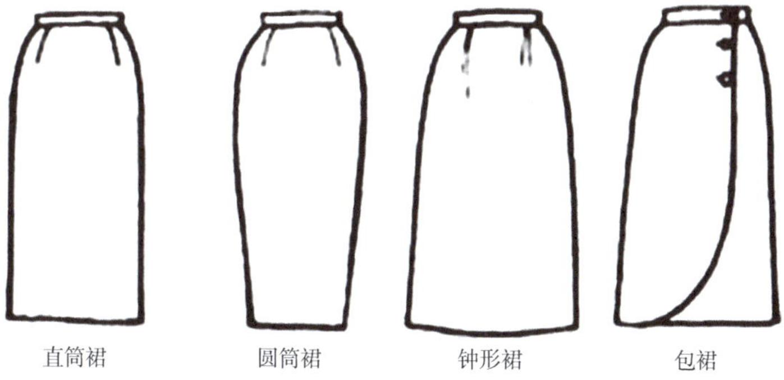

图 6-2-9　H 型裙的基本类型

图 6-2-10　A 型裙的基本类型

（五）鞋子及其他配饰

鞋子、项链、包是造型中的基本配饰。这些配饰也有型的区别，根据配饰的量感（大小、体积）、线条（直、曲）与比例进行合理的搭配。如一个人呈现出某种风格，而风格的确定与其面部及整体的量感、线条和各部位的比例关系密切相关，在选择配饰上也要考虑相应量感、线条和比例的配饰。一位小巧精致的优雅女士，其身着典雅的、面料丝滑柔软的、做工考究的中式旗袍，如果此时为其搭配长统马靴，无论在量感上、线条上还是比例上都是其不合时宜的。因此，配饰也有型的特征，必须与整体造型相适应，才会起相得益彰、锦上添花的效果。

三、服饰与人体形态美的关系

俗话说："眼见为实，耳听为虚。"其实现实生活中，眼见的未必为实，因为我们常常被自己的眼所欺骗，这种现象就是视错。视错是观察者在客观因素的干扰下或者自身的心理因素支配下，对某种图形产生了与客观事实不相符的错误感觉。我们日常生活中，所遇到的视错觉的例子有很多。如法国国旗红：白：蓝三色的比例为 35 ： 33 ： 37，而眼告诉我们三种颜色面积是相等的。这是因为白色给人以扩张感觉，而蓝色则有收缩的感觉，这就是视错觉。

人体美造型就是利用这种视错，利用各种服饰型的元素，来达到修饰体型、扬长避短的效果。拥有理想标准身材的人少之又少，我们造型的依据体型美标准，目标就是让人们看起来拥有标准身材。某个部位超过标准数值，服饰搭配后让那个部位变得小巧；某个部位低于标准数值，服饰搭配后让那个部位丰满发达。理想的外形轮廓是 X 型，服饰搭配后让 A、Y、H 和 O 型轮廓都趋于 X 型。见表 6-2-3。

表 6-2-3　体型与服饰搭配对照表

体型特征	适宜搭配	不适宜搭配
身材高大且肥胖	有纵向条纹图案、下垂感面料服饰；合身的剪裁	有横向条纹图案的面料，过短的上衣或裤子，有过多装饰物的服饰
身材矮小且肥胖	简洁、图案小到中等图案，合身剪裁的服饰；长度及至小腿的合体裙装	有繁杂装饰、宽松类的服装；大图案围巾、体积大背带长的皮包以及长款上衣
脖子短	佩戴长项链，选择 V 形领或低领服装，丝巾系在颈下部且下垂，选择短发或向上卷曲发型	佩戴短项链或贴颈款项链；穿高领服装；丝巾系在颈上部，留披肩长发
脖子长	佩戴短项链或贴颈款项链；穿高领服装；丝巾系在颈上部，留披肩长发	佩戴长项链，选择 V 形领或低领服装，丝巾系在脖子下部且下垂，选择短发或向上卷曲发型

续表

体型特征	适宜搭配	不适宜搭配
肩宽	插肩袖、圆领、深 V 形领服装，可在胸前佩戴醒目的胸针以转移视线	泡泡袖、宽大且有褶皱的花领或肩上配以肩章、肩饰等装饰物的服装
肩窄	选择有垫肩、宽领或船形领的服装	插肩袖或露肩式、斗蓬式上衣
胸部大	富有变化的领口；用围巾、首饰使视线上移；上宽下窄的外套或宽松款上衣；胸部无过多装饰的服装	紧身及贴身式样，宽皮带、宽束腰，胸部带皱褶或胸部口袋装饰以及胸部横向条纹装饰
胸部小	选择带有横褶、木耳边、软褶的服饰；胸部口袋装饰或横条纹装饰；浅淡而鲜艳的上衣	紧身及低胸式样的服装；深重色调的上衣
短腰	选择低腰或无腰式服饰；外套或衬衫遮住腰部，皮带与衬衫颜色一致	从腰部开始向外膨胀的宽下摆裙装；上装有水平线的装饰
长腰	选择水平线装饰上衣；腰线上移的裙子或裤子	低腰式样的裙子或裤子；束宽腰带
臀部较宽	合体剪裁的裤子或裙子；上衣呈“H”型并在长度上盖过臀部，上衣色调明亮，下身颜色收缩感强	百褶裙、紧身裙；锥形裤；臀部多口袋或过多饰物的下装
臀部较窄	腰部多皱褶的裤子或裙子；在臀部多装饰物	紧身裙或紧身裤
手臂纤细	带有皱褶装饰的服饰；长袖、灯笼袖或色彩对比袖子的服饰	带有插肩袖、紧身衣袖或无肩袖的服装
手臂较粗	带有合体袖子、喇叭袖的服饰	紧身衣袖、无袖、横条纹袖以及装饰物过多的袖子
腿短	长度刚过膝盖的裙子；明亮色调的上衣，醒目的首饰，使视线上移；面料垂感良好的 H 型长裙	带有印花图案的裤子；折边、流苏边的裤子；锥型裤
腿长	略长的上衣，腰带与上衣同色	衬衫扎入高腰裙子或裤子里；腰带与裙子或裤子颜色相同；长筒裙

（王诗晗）

第三节　服饰搭配与应用

一、服饰搭配实际运用的基本规则

（一）规则之一：以“我”为主，因人而异

“我”在这里指的是穿着者个体。由于服饰搭配总是围绕具体的人、个体的人进行的，它所修饰和呵护的对象就是人，所以考虑服饰搭配的问题总离不开穿着者个体。“以‘我’为主”就是要充分考虑穿着者个人的脸型、体型、肤色、年龄等客观条件，在服饰搭配上扬己之长，避己之短，选择适合自身条件的服装款式和服饰配件来打扮自己。

1. 脸型与服饰搭配的相应关系　常见的脸型有下颌较尖的瓜子脸、下颌呈圆形的鹅蛋脸以及下颌较宽的国字脸等。脸型决定了耳饰、颈饰以及服装领子式样的搭配使用。根据不同的脸型选择不同的搭配手段便能产生良好的修饰效果。

(1) 瓜子脸：此脸型的女性在佩戴耳饰时可选用悬垂较低或悬垂体积较大的饰品，颈饰以不低垂或少低垂的项链为好，服装领子样式可选用中式竖领、关门领式的小方领和

小圆领以及无领的一字形领口造型等，通过这样的服饰搭配形式就可以较好地弥补瓜子脸下颌较尖的不足。

(2) 鹅蛋脸：鹅蛋脸略呈长形，这种脸型对耳饰无特殊的要求，但需要通过梳前流海发式、戴不低垂颈饰、穿前领开口较浅的服装，减少或缓冲脸型偏长的不足。

(3) 国字脸：国字脸的下颌较宽，修饰这种脸型首先应将额部的头发向上或向后梳，这样可以尽量增加脸型的长度，其次是女性佩戴耳饰时要尽量选择那种贴近耳垂、不悬垂的饰品，选用颈饰要采用悬挂性强的项链，以增加下颌以下部位的空间感，选用服装领子式样时要尽量选用前领口开落比较深的西装翻驳领、朝鲜领或无领的 V 字形领口造型等，这样就能缓解国字脸型横向较宽的不足。

2. 体型与服饰搭配的相应关系　人们的体型千差万别，变化复杂。影响服饰美容造型的因素主要从以下方面进行考虑：上下身长的比例；胯与肩的比例；腿的直与弯；身材的粗细比例。这些因素的组合构成了体型的不同特征，对于服饰的影响起着主要作用，服饰造型艺术设计就是要协调这些因素。

男女成人体型特征有明显的区别。男性肩宽，胯窄；女性肩宽，胯宽。男性以肌肉型为主，女性皮下脂肪厚，光滑圆润。性别的不同重点反映在体型上，因此，体型分析对于服饰设计具有重要的作用。

标准的身材比例是：总体高为 7 ～ 7.5 头长。以耻骨为全身长度 1/2 划分点。肩宽约等于腰长。女体自颈点至腰点，再自腰点至胯下的距离，若上半部较长为长腰体型，反之为短腰体型。男体躯干上半部与下半部的比例约为 1.5 ： 1。

对于一些常见的非正常体型，如过高、过矮、过胖、过瘦、曲背、冲肩、凸肚、腿短、X 型腿、O 型腿等，则应区别对待，选择针对性强的服饰搭配方式，进行修饰弥补。

对于身材过高者，一般应提倡穿平跟鞋，并选用格子花纹或横向条纹的面料制作服装，从而增加横向扩张感。还可以选择穿着带有腰带的服装，通过个性穿着减少高的感觉。

对于身材过矮者，则提倡穿高跟或坡跟鞋，并选用直条花纹面料和纵向开刀结构制成的服装以及直腰身结构的服装，以此来增加视觉上的高度感，修正身材矮小的不足。

身材过胖者，应避免穿带有横条花纹和紧身款式的服装，防止胖的感觉愈加突出。修饰较胖体型的方法是通过增加服装长度比例、采用深颜色面料来减少横向扩张的感觉。我们在观看表演的时候经常发现，舞台上出现的那些人过中年、体型发胖的女歌唱演员都会穿上深颜色的、宽下摆及地长裙，很巧妙地掩饰了腰部、腹部、腿部发胖的体形，仍给人一种身材比例协调、顺畅美的感觉。

身材过瘦者，则应该穿带有横向条纹或大花型图案面料的服装，在服装面料色彩的选择上应选用淡色调，以增加型体上的扩张感，人在视觉上产生一种丰满的感觉，较好地掩饰身材过瘦的不足。

曲背、冲肩、凸肚均属于人体躯干部位的非正常现象。在体型上有这些非正常现象的人一般不宜选购那些按正常体型设计制作的服装，否则穿着效果总是不佳。

曲背：会使上衣的后背部位过短，穿着后衣服下摆会吊起。

冲肩：常使衣服的肩缝撇向后背，造成前袖窿缝绷紧、后袖窿缝起空，袖子起链形。

凸肚：则常使衣服的前襟起吊，下摆不平服。

这些影响穿着效果和质量的问题，通常是要经过调整衣片结构才能得以纠正。所以在体型上有上述非正常现象的人最好是“量体裁衣”，度身定制服装，从而避免穿着打扮不服贴的现象发生。

腿短以及小腿部位向外撇的 X 型腿、膝盖部位难以并拢的 O 型腿均属于下肢部位的非正常现象。有这样现象的人应当运用服饰搭配功能注重对腿部的修饰。

腿短：一般可穿直筒裤或过膝裙；

X 型腿、O 型腿：则应当避免穿着牛仔裤、紧身裤或短裤、短裙，因为穿着这些款式的服装会使下肢存在的非正常的现象暴露无遗。

3. 肤色化妆与服饰搭配的相应关系　服装面料色彩和花纹的选择与穿着者的肤色有着密切的关系。

肤色洁白、细腻的人选择服装面料色彩和花纹的余地相对大一些，但若是肤色过于苍白或偏黑的人，在选购服装就必须注意其色彩和花纹的装饰效果。

肤色过于苍白的人应该选择以橘红、粉红、鹅黄、大红等暖色调类色彩和花纹为主色调的服装，穿着后可以冲淡肤色过于苍白的不足。切忌选择青、蓝、绿、紫等冷色调为主的服装（尤其是上装），因为穿上这一类色调的服装不仅使肤色苍白的不足愈加暴露，而且还会给人一种缺乏生机、病态的感觉。肤色偏白的女性也不宜穿雪白的服装，以免使肤色显得苍白。

肤色偏黑的人应避免选择淡色调为主面料的服装或纯白色、纯红色的服装，因为淡色调面料的服装（尤其是上装）会与偏黑的肤色形成强烈反差，使肤色偏黑的不足更为突出。肤色偏黑的人应当选择用深色调为主面料制成的服装，或是选择色彩花纹较为丰富的服装，这样会对偏黑的皮肤产生显著的缓和作用。

肤色偏红的女性不宜选择红、绿、蓝、紫颜色的服装。

妆色包括发色、甲油和面妆色，其色彩选择应与服色相协调。每个人选择服装要适合自己的基本色调和风格。穿鲜艳的服装，面部的妆色应偏浓艳；穿淡雅服装时，面部的妆色应淡雅、自然；穿冷色服装时，面部可采用冷色系化妆；穿暖色服装时，面部用暖色系化妆。

4 年龄与服饰搭配的相应关系　青年人的服饰特点是多样性，个性特征明显，色彩时尚。中年人的特点是端庄、典雅、沉稳、大方，色彩以中性为主。小孩的日常服往往是成人的运动服。在多数场合，成人穿孩子气的衣服意味着心智和情感的不成熟，但在玩乐时例外。过于保暖的服装暗示了年老和虚弱。服装的长度越长越代表年长和值得尊重。

（二）规则之二：注意分寸，合体得体

1. 不同场合的服饰　人们在日常穿着打扮上采用服饰搭配形式必须把握好分寸，掌握好“度”，要防止出现弄巧成拙现象。比如成年人在考虑服装服饰的色彩运用问题时，从整体上讲颜色搭配不宜过多。成年女性的着装色彩一般不要超过三种以上。颜色搭配过多不但会产生一种杂乱无章、首尾难顾的感觉，而且还会造成过于耀眼、招摇的不良效果。

着装按照生活中出现的场合划分，职业居于首位，其次是休闲、社交、家庭。按照女性的角色要求可以分为职场丽人、休闲淑女、慈爱母亲和温柔妻子等几种身份，这些均是典型的风格特征。如办公室的白领要求具有干练、睿智、中性的形象；休闲讲究的是舒适、整洁、自然、洒脱的形象；家庭要求温馨、柔美、女性感强的形象。通过服饰的造型设计与环境协调的形象可以达到和谐的效果。

穿着服饰要注意场合，随境而变。不同场合在某种程度上制约着服饰搭配，人们不能不考虑穿着场合要求而随意地打扮自己，否则着装效果很难达到“得体”。服饰得体的一个前提就在于配合适当的场合。工作中的服装与家居休闲时的衣饰自然有很大不同。穿着场合一般可以分为一般性场合、工作场合、庄重场合和礼节性场合。

(1) 职业装：

职业装是上班时的着装。不同工作的着装不同，一般多为制服、套装，色彩多属于中性色或基本色，大多选用深蓝色、灰色、黑色等较高档面料，裁剪合体，款式优雅、简洁。一身干练的职业西服需要配合相应的皮鞋、皮包，并辅之以优美大方的发型。

(2) 社交装：社交装一般出现公共场合，如参加晚会、朋友聚会、观看表演时的着装等。在不同的场合，服装也不同。如晚会以长裙为主，吊带裙或者无带裙、丝纱面料能突出女性身材美的特点；参加婚礼则以旗袍为主，喜庆传统，雍容华贵、真丝锦袍面料的服装，配上珍珠首饰，更加富有特色。

(3) 休闲装：休闲装是指业余时间参加休闲活动的着装，如郊游逛街、健身时的着装等。休闲活动时最好穿舒适宽松、透气好的服装，如牛仔装、针织装、休闲衣裤，服装色彩要鲜亮，造型要简洁，面料以纯棉、麻、涤棉等为主。休闲装可以使人充分放松。

2. 不同季节的服饰　一年四季各有各的特色，春的清丽、夏的浓烈、秋的浪漫和冬的严寒，为人们提供了一个多姿多彩的展示服饰的舞台。

(1) 清新的春装：春天一到，万物复苏，开始勃发出盎然的生机，灿烂亮丽的色彩又飞扬大地。此时，人们可以卸下厚装，重新表现出清新浪漫的迷人风采。

天气乍暖还寒之际，希望早早穿上春装的女孩也要顾及温度的影响。半长的、及膝的外套是个不错的选择，既美观又可以御寒，展露的半截玉腿透出春天的气息，敞露的衣襟露出里面同样精彩的世界。

(2) 夏日倾情：夏天的到来给女人带来了进一步展现美好自我的机会，可以选择各种美丽的夏装，特别是一直作为女性宠儿的裙装。选料适当、裁剪得体、款式新颖的裙子，不仅使穿着倍感凉爽舒适，而且能够使体态婀娜的女性打扮得更加妩媚、俏丽，充分展示其天姿丽质。

(3) 秋天呓语：秋冬扮靓，很多人都会选择宽松舒适的休闲衫。因为随性好搭，又时尚个性。裤装是不可缺少的服饰，给秋日增添了更为浪漫的气息。如果要穿出新意，就要有更佳的搭配，根据不同的场合来进行变化。需要注意的是，腿粗和腿短的人都不应穿窄裤腿的长裤，而应穿直筒或裤腿较宽大的。腿短的人裤腿不宜有横线，这样会显得腿更短。背后不要有口袋，前面的口袋最好是斜口的。

(4) 冬季沉思：在萧索的冬日，一身得体的服饰不仅可以驱走严寒，同时也把苍白的日子点缀得更加绚烂多彩。一件合体的大衣可以尽显女性的潇洒大方，展露东方女人的无限风情。深色的配色让你穿搭任何单品都不会有失平衡感，低调的颜色加上宽松的版型，轻易就拥有欧美明星的时尚感，可以加入皮草、豹纹等元素单品，更加具有奢华的气质。冬日里见惯了黑白灰的颜色，偶尔也要用有激情的颜色来冲击下我们的视野，热情的红色是首选。红色是可以在人群中一下子就闪耀起来的配色，加上和黑色的经典搭配，让你怎么穿搭都不会有错的款式，搭配黑色高跟长靴，性感的形象立即展现。

3. 不同个性的服饰　在生活中，每个人都有自己的个性特征，一般可以分为六类：自然型、古典型、浪漫型、戏剧性、少男型、少女型。

(1) 自然型：自然型为生活中最常见的女性，多属于秋季型。身材较高，性格随和。

这类女性适合穿休闲服和时装，宜选棉布、麻质布料，化妆淡，发式自然飘逸，不宜穿闪光服装及佩戴过多珠光宝气的首饰。

(2) 古典型：古典型女性五官端正，身材匀称，给人一种端庄稳重的感觉，服装可以选择正式的西服、套装，内配丝质衬衫。面料可以选择毛料、针织、棉织品。化妆要稳重大方，不宜夸张，发式应典雅、简洁，适合职业女性。

(3) 浪漫型：浪漫型女性身体丰满，面部轮廓立体，非常漂亮，富有女人味。服装上可以选择飘逸闪光的高档面料。款式可选择套裙、时装等。化妆可以艳丽夸张，发式可以选波浪型或盘发。

(4) 戏剧型：戏剧型的女性面部清秀。身材修长引人注目，多属于冬季型。这类型女性适合任何款式和面料的服装，可以根据不同的场合，不同的需要选择服装。化妆可以根据服装的不同，夸张或淡雅。发式可以是卷曲、碎发、编辨、束发等。

(5) 少男型：少男型的女性身材矮小，外表呈现淘气、年轻、精干、热情的特点，服装适合选择裤装、裤裙、背心、马甲，颜色鲜艳明快。化妆应淡雅，发式宜剪流行短发。

(6) 少女型：少女型的女性外貌甜美，肤色娇嫩，天真活泼。宜选择颜色鲜艳、款式富有朝气的服装。化妆不宜过浓，发式可选束发、编发、波浪式，首饰应简单优雅。

二、搭配案例

1. 矮个女生　矮个女生大可不必去考虑增高，只要懂得一定关于矮个女生服装搭配技巧的知识，一样能增加带给别人的视觉高度。

矮个女生搭配的裤子应该选从臀部到裤脚宽窄相同的直线型，裤管口最好是后边比前面稍长，呈大礼服式，而不是平的。裤袋的开口应尽量以纵切线或斜切线来代替横切线。此外，选择一根狭窄皮带也能产生良好的作用。

矮个女生在穿扮搭配时最大的困扰是下半身的穿着。因此，要特别注意颜色应与上半身和谐，通常选择明亮活泼的服饰较为合适。矮小女生的全身服装色调最好相同或相近以修长身型。上下身不同颜色的衣服也可以穿，但要注意身材比例，最好上浅下深，把别人的注意力引向头部或肩部。

2. 胖女服装：女性穿衣服最重要的是颜色，颜色比衣服的质地、样式更能体现女性美。但如果衣服颜色杂乱，对比度大，穿上去的效果就比颜色协调的衣服显得胖。所以丰满女性在衣服颜色搭配上一定要花些心思，尽量穿同一色系的服装，如深浅不一的蓝、灰、粉上衣与裙或裤相搭配，一定会让人有惊艳的效果。需要注意的是，颜色对比一定要小，而且最好是上下衣分穿，这样看起来就不臃肿了。

对于胖女孩儿来说，将浅色穿在里面，而深色套在外面不仅使整个人显得活泼，而且身材也会看起来很苗条。实用的穿法如内穿白色连衣裙，外套深色开衫，像黑色、墨绿、紫红都是不错的颜色。但切忌将浅色穿在外面，深色穿在里面，这样人看起来会有“不胖也平添几斤”的感觉，而且还显得很土气。

其实一些女孩儿总体来说并不胖，只是一些部位脂肪多了一些，如胳膊、腰、腿比较粗，修饰这些毛病就更简单。可以用视线转移的方法，穿浅色衣服的同时佩带一些小饰品、如小丝巾、胸坠等，或夸张一下身上较瘦的地方，以整体效果掩盖局部的一些不足，把自己装扮成既时髦又有品位的女郎。

3. 赴宴服饰　在各种商务活动中，女人们经常会有一些机会来参加各种西式宴请。在这种场合下，精致考究的穿着是十分必要的，同时要搭配合适的饰品。恰当的装扮和得体的举止可以让你把握好与他人交道的礼仪，从而在社交场合上应付自如。

一般而言，西式宴请有正式与非正式两类。正式宴请时，主人会提前发出正式的精美请帖，请帖上往往会列出着装要求：请以礼服出席或以晚宴服出席。在这种情况下，男士应当穿上西装、衬衫和领带的全副服装，再搭配黑色的皮鞋和深色的袜子。女士则应穿上曳地礼服裙，穿较短些的裙子也无不可，但裤装和太短的裙装仍然不适合正式场面。长至脚背的礼服旗袍目前越来越成为正式宴会中的宠儿，尤其是在西式晚礼服的映衬下更显迷人。

露背装在参加晚宴时常常是女性的宠儿。自然含蓄的袒露散发着浪漫的优雅，背部曲线更体现出十足的动感。如果你的背部有点宽，请按下列要点着装。

(1) 穿裁剪合身的上衣，前胸左右各开一道垂直的“公主线”。

(2) 露背装的吊带稍宽一些，竖直线条花纹在视觉上使背部变窄。

(3) 一头秀发垂过肩部。

着装禁忌：

(1) 整体感觉紧裹身体的浅色服装。

(2) 横条纹的服装。

如果你的背部太窄，那么以下这些对你将是很重要的：

(1) 穿蓬松的上衣，胸前加几道荷叶边。

(2) 袖子与肩的接缝处略微宽松一点。

(3) 背部裸露部分稍宽些，细肩带、横条纹的图案很好。

窄背的着装禁忌：

(1) 紧身上装，特别是深色的。

(2) 胸前开“公主线”。

(3) 腰部装饰宽皮带。

除了相宜的饰品外，与露背装相配的还必须有得体的气质和举止。身着露背裙的女子，只有在举手投足间透出高雅的迷人气质，才能受到尊重。

非正式的宴请一般包括烧烤晚会、鸡尾酒会或野餐会。虽然非正式宴请气氛比较随便，但也有一些特定的服饰要求。例如，男士一般穿衬衫或休闲西服，而女士在参加鸡尾酒会时可以选择鸡尾酒会裙或者套装。鸡尾酒会裙一般是短裙，裙长齐膝或过膝。颜色以纯色为主，其中更以黑色居多，其式样很多是露肩或露袖的。

在参加烧烤晚会或野餐会时，女士可以穿休闲服出席，例如印花连衣裙和裤装等。

（林　颖）

第四节　服饰的个性化选择与设计

服装与配饰，合称为服饰，是人体形特征的主要覆盖者和支持者，占全身面积的50%～90%以上（视季节和地区不同）。当它们与个人体形特征产生共同要素时，是最能诠释一个人的个性特征及品味修养的。人们常常认为穿着得体的人就是一个“好”人，人们基本上也可以从一个人的着装来判断这个人的职业、收入、性格等。

女性几种服饰风格规律特征如图 6-4-1。

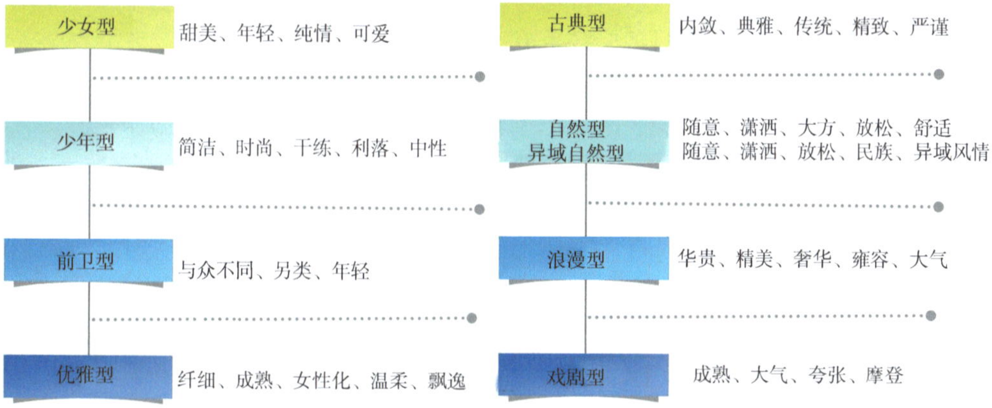

图 6-4-1　不同的风格及特点

1. 戏剧型（夸张型、艺术型）风格　夸张、大气、醒目，存在感强、成熟、直线。

(1) 服饰要素规律

1) 职业装：时尚的、带有锐利感的职业套装，搭配有醒目图案的丝巾、饰品和大而方正的公文包。

2) 休闲装：体现夸张的骨感身材的时尚服装；富有个性的、时尚的、宽大的、时髦的服饰，比如大开领、宽松袖、阔腿裤、大披肩等。

3) 面料：软硬薄厚适宜，在秋冬季节可选用各种高档皮草类。

4) 图案：夸张、华丽的图案，几何图案、大花图案、抽象及各种动物毛皮类图案。

(2) 鞋、包及饰品：根据不同场合来选择带有现代气息的鞋与包，鞋、包上可有醒目、独特而夸张的装饰物；适合时髦而夸张的饰品，如大耳环、多层项链等等。

(3) 发型：适合时尚而夸张的发型，如长直发、男士短发、华丽的大波浪等。

(4) 化妆：强调眼与唇的美感，用色可以略浓重夸张。

(5) 色彩：选择自己适合的色彩群中较为饱和、有视觉冲击力、可以产生对比效果的颜色。

(6) 回避：中庸化的、不成熟的、可爱的服饰风格。

2. 异域型风格　身材偏直线，量感偏大，五官立体。

服饰要素规律：在对这类人进行形象设计时，应在自然型服饰的基础上，更加强调服饰的民族和异域化特征，尤其是在服装图案、面料、饰物上，大量应用民族和异域装饰物来体现自然地异域风情。

3. 自然型（运动型、随意型）风格　随意、亲切、朴实、潇洒、成熟、直线。

(1) 服饰要素规律

1) 职业装：应选择造型简练的带有潇洒感觉的直线裁剪类服装。

2) 休闲装：款式简单大方、宽松、随意或运动感强的休闲装，如棒针衫、T 血衫、牛仔裤、短裤等。

3) 面料：朴素、大方、经久耐用的、无强烈光泽感的面料，如牛仔布、灯芯棉、方格布、条纹布、花呢和表面粗糙的编织品。

4) 图案：各种花色的格子及几何图案或民族类、动物纹图案，不宜使用过分花哨的图案。

(2) 鞋、包及饰品：低跟、浅口鞋、靴或平底便鞋，不过分装饰的鞋子；适合携带皮质柔软的挎包、各种编织包、布质包、鹿皮公文包等；适合造型质朴的、质地自然的或民族风格的饰物。

(3) 发型：随意的、易梳理的、线条流畅的发型。

(4) 化妆：以淡妆为佳，不要过分突出眼影与口红的颜色。

(5) 色彩：适合自己的色彩群中柔和、自然、不刺激的色彩，不宜使用过于强烈的颜色。

(6) 回避：华丽的、夸张的、可爱而调皮的服饰风格。

4. 古典型风格　端庄、正统、精致、高贵、成熟、直线。

(1) 服饰要素规律

1) 职业装：做工精良、剪裁精致而合体的套装，搭配精致的中型手提包；中跟、皮质上乘的浅口皮鞋；用丝巾或真品项链做套装领部的点缀；不宜有过多繁杂的装饰物。

2) 休闲装：以直线剪裁为主的服装，多选用精致的毛料、丝织物和针织物类。

3) 面料：高级的、精致的、细密的、有挺括感的面料。

4) 图案：方格、条纹、水点等小图形均匀排列的图案。

(2) 鞋、包及饰品：经典的浅口皮鞋；有形的、皮质较精致的包，不选择柔软的包；大小适中或高级精致的饰品。

(3) 发型：简洁的短发或长发，盘发，整齐严谨的烫发。

(4) 化妆：化妆的完整程序不能省略，注重化妆的细节部分，用色柔和，不使用强烈的色彩。

(5) 色彩：自己色彩群中偏理性化或淡雅的颜色，比如蓝色、灰色、浅驼色等。

(6) 回避：流行的、随意的、可爱的、过分夸张的服饰风格。

5. 前卫型风格　个性时尚、标新立异、古灵精怪、年轻、直线。

(1) 服饰要素规律

1) 职业装：突出短小精悍、潇洒利落的特点。在细节部分如领、袖、扣等方面突出差异化设计。或在每季流行元素当中，选择时尚化，但可以出现在职场上的服饰。

2) 休闲装：以直线剪裁为主的反传统的、个性化强的服装居多，适合在流行服饰中搜寻时尚的、新颖的、别致的款式，如短上衣、迷你裙、七分裤、紧身裤等。

3) 面料：当今流行的高新科技面料，棉、羊毛、各类皮革、闪光面料也都非常适合。

4) 图案：清晰、对比、时尚化的条纹、格子、几何类图案，动物毛皮类图案，抽象类图案。

(2) 鞋、包及饰品：各种流行的、标新立异的、有造型感的高跟鞋；双肩包，多装饰物的皮包；造型独特的项链、手镯，动物图案的耳饰；独特的墨镜、皮带。

(3) 发型：前卫或当年流行的发型。

(4) 化妆：用时尚的、个性化的颜色打理妆面，突出眼睛，强调对比。

(5) 色彩：自己色彩群中较为鲜艳的有视觉冲击力的色彩。

(6) 回避：中庸的、不时尚、优雅的、浪漫的服饰风格。

服饰要素是形象设计所要表现的重要部分，是形式与精神共同的体现，也是设计的灵魂。服饰要素在形象设计中一是要表现个人的风格特征，二是对自己的身材进行调整，也就是利用服饰弥补自己身材的不足。

（高培培）

第7章 美容医学中的美容造型艺术设计

第一节　美容皮肤科学中的美容造型艺术设计

一、皮肤的解剖结构与功能

皮肤覆盖于人体表面，是最大的感觉器官，也是人体的天然外衣。健康的皮肤不仅能够完成复杂的生理功能，同时还能直接体现人体美感，使人容光焕发，富有健康活力。

皮肤由表皮、真皮、皮下组织构成，并含有皮肤附属器、丰富的神经、血管、淋巴管及肌肉（图 7-1-1）。皮肤位于人体体表，构成了人体美的重要标志。皮肤的健美与皮肤的结构密切相关。

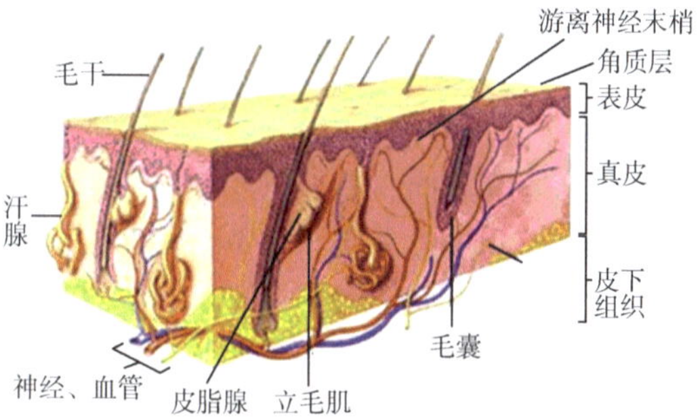

图 7-1-1　皮肤的结构

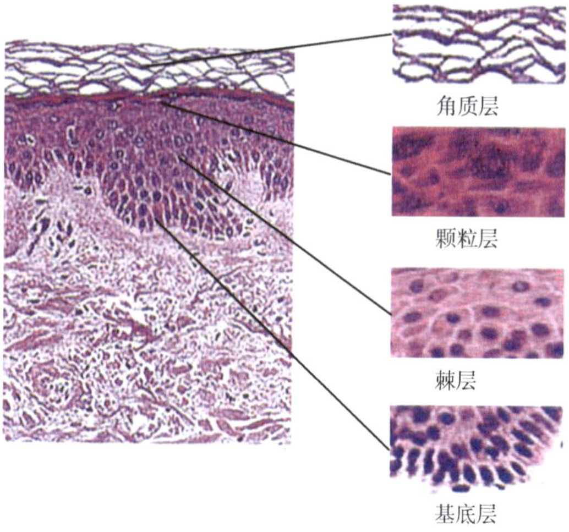

图 7-1-2　表皮的结构

（一）表皮

表皮的结构见图 7-1-2。

1. 角质层　角质层是皮肤的“卫士”，是皮肤的最外层，它乃形成身体外层保护层，有 5 ～ 15 层角质细胞和角层脂质组成，与皮肤美容有着密切的关系。具有以下五大功能：

(1) 美学功能：光线在厚薄不一的皮肤中散射后，表皮颜色会出现变化，如光滑含水较多的角质层有规则的反射可形成明亮的光泽，而干燥、有鳞屑的角质层以非镜面反射的形式反射光线，使皮肤灰暗。角质层过厚，皮肤会显得粗糙、黯淡无光；角质层过薄，如过度“去死皮”“换肤”等，皮肤的防御功能减弱，容易受到外界不良因素的侵害出现皮肤问题，如出现皮肤潮红、毛细血管扩张、色素沉着、皮肤老化，甚至引起某些皮肤疾病。

(2) 保护功能：角质层的主要成分角蛋白及脂质紧密有序地排列能抵御外界各种物理、化学和生物性等有害因素对皮肤的侵袭。

(3) 防晒功能：角质层可吸收紫外线，主要是中波紫外线（UVB），因此角质层具有防晒功能。

(4) 吸收功能：角质层是皮肤吸收外界物质的主要部位，占皮肤全部吸收能力的 90% 以上。由于角质层间隙以脂质为主，所以角质层主要吸收的是脂溶性物质，所以皮肤科的外用药物和美容化妆品多是乳剂和霜剂。

(5) 保湿功能：正常角质层中的脂质、天然保湿因子使角质层保持一定的含水量，稳定的水合状态是维持角质层正常生理功能的必需条件，角质层能保持经皮肤失水量仅为 2～5 克 /(小时·厘米^2)，使皮肤光滑柔韧而富有弹性。

2. 透明层

(1) 位于角质层下。

(2) 由 2～3 层扁平细胞组成，无胞核。有透明的原生质，使该层看来透明。

(3) 是角质层的前期。

(4) 仅见于手掌、足趾部。

(5) 使水分既不易从体外渗入，也阻止了角质层下水分向角质层渗透。

3. 颗粒层

(1)2～4 层扁平有明显颗粒的梭型细胞。

(2) 厚度不同，有一个细胞至数个细胞的厚度，如手掌及脚掌较厚。

(3) 是初步的角质化，角质化乃是活细胞由于失去液体而变成无核的扁平细胞。

(4) 含有角质透明蛋白颗粒，它可以反光，给予皮肤明亮的光泽。

(5) 防止体内水分、电解质的流失，防止体外水分及有害物质进入。

4. 棘层

(1) 位于基底层上。

(2) 通常与生发层一起形成生发区。

(3) 含不规则之多边形细胞及不清晰的细胞核，同时是由短棘突以桥粒连接。

(4) 有分裂功能，可参与皮肤的损失修复，还具有一定的吸收紫外线（UVA）的作用。

5. 基底层　是表皮的最深一层，它和底下真皮层接触，并从血管获得营养液，为表皮细胞的“发源地”，与皮肤的自我修复、创伤修复及瘢痕形成有关。外伤或手术时，尤其是进行面部磨削及激光换肤治疗时，要注意不要突破基底层，只要不破坏嵌在真皮浅层的表皮脚，其修复将由基底层完成，皮肤能恢复到原来的状态，若突破了真皮浅层，将由真皮结缔组织增生修复创面，则会形成瘢痕。

角质形成细胞从基底细胞层移至角质层脱落，约需要 28 天，称为角质形成细胞的通过时间，或称为表皮更替时间。表皮更替时间过慢或过快都不利于皮肤健康，因此皮肤美容应遵循皮肤的生命周期，特别是在美白祛斑时，应遵循皮肤代谢生理特点，不宜使用强效剥脱剂，打破细胞经表皮通过的时间规律；同时也提示，皮肤基础护理应循序渐进、持之以恒。

（二）真皮

真皮是源于中胚层、不规则致密的结缔组织，内含纤维、基质、细胞、血管、淋巴管、神经、肌肉、皮肤附属器等，也称真皮肤。它性质强韧、柔软，具有高度弹性。手掌和脚掌部分较厚，眼睑则较薄和幼嫩。真皮由胶原纤维、弹力纤维、基质、细胞成分、皮肤附属器及血管经组成，含真皮乳头层和网状层。

1. 胶原纤维　又称胶原蛋白，大部分为Ⅰ型和Ⅲ型胶原。其中Ⅰ型胶原占 80% 左右，是成熟的胶原；Ⅲ型胶原是幼稚、纤细的胶原纤维。胶原纤维的主要作用是维持皮肤的张力，其韧性大，抗拉力强，但缺乏弹性。日晒可减少Ⅰ型胶原的形成，皮肤出现松弛的皱纹。因此胶原蛋白可用来添加在化妆品中，注射或口服，以达到保湿、抗皱的目的。

2. 弹性纤维　又称弹性蛋白。弹性纤维是由交叉相连的弹性蛋白外绕以微纤维蛋白所构成，对皮肤的弹性和顺应性起着重要作用，使皮肤有弹性、光滑，减少皱纹的产生。在皮肤的自然老化过程中，弹力纤维可进行性地降解、变细、消失，锚纤维变短。紫外线所致的皮肤光老化可使弹力纤维变性、增生、变粗、卷曲，形成浓染的团块状聚集物，锚纤维几乎消失，皮肤弹性和顺应性亦随之丧失。

3. 网状纤维　为不成熟的胶原纤维，见于表皮下、毛囊、腺体、皮下脂肪细胞和毛细血管周围，疏松排列。位于表皮与真皮交界的基底膜内，创伤愈合时或肉芽肿组织中可大量增生。

4. 基质　基质为充填于纤维、纤维束间隙和细胞间的无定形物质，是皮肤的“营养剂”，不仅有支持和连接细胞的作用，而且还有保湿、参与细胞的形态变化、增殖、分化、迁移及促进胶原纤维成熟等多种生物学作用。基质由多种结构性糖蛋白、蛋白多糖和氨基聚糖构成。氨基聚糖包括透明质酸、硫酸软骨素、肝素等，虽然氨基聚糖占皮肤干重不足 1%，但组织的水化起重要作用，可结合 1000 倍于自身重量的水。真皮组织含有大量的水。是细胞生理活动的基础，也是表皮的物质基础，因此皮肤不仅需要表皮层的保湿，还需要真皮层保湿。

5. 细胞　主要有成纤维细胞、肥大细胞、巨噬细胞、淋巴细胞、朗汉斯巨细胞和嗜色细胞等，还有少量淋巴细胞和其他白细胞。其中成纤维细胞是真皮结缔组织中最重要的细胞，主要功能包括合成各种胶原、弹性蛋白及细胞外基质成分，同时还产生分解这些成分的酶类，来维持代谢平衡，在创伤愈合过程和皮肤的老化中起着十分重要的作用。成纤维细胞过度增生可产生病理性纤维增生，形成瘢痕。在皮肤的老化中，皱纹部位胶原萎缩与紫外线介导的成纤维细胞损伤有明显的关系，它可使成纤维细胞合成胶原的能力下降。

6. 皮肤附属器

(1) 皮脂腺：分布于头面及躯干中部、外阴部皮脂腺较多的皮脂溢出区，是皮肤的“润滑器”。皮脂腺的分泌受雄激素、年龄、性别、饮食、温度、湿度等因素影响。皮脂腺分泌皮脂，润滑皮肤，对真菌和细菌的生长有一定抑制作用。此外，皮脂腺吸收脂溶性物质，参与形成皮肤表面的 pH。皮脂分泌过多，易出现痤疮、酒渣鼻、脂溢性皮炎等皮肤问题，皮脂分泌过少，皮肤容易干燥、衰老。

1) 分布：除掌跖与足背外遍布全身，以头面部、胸背部较密集，称脂溢区。皮脂腺多位于真皮毛囊与立毛肌的夹角内，开口于毛囊上部。亦有独立存在者，如颊黏膜、唇红、乳晕、阴蒂、大阴唇、小阴唇、包皮内侧、龟头等处的皮脂腺直接开口于皮肤表面。

2) 皮脂：皮脂为油状半流态混合物。含 50％三酯甘油和二酯甘油，其次是胆固醇蜡酯及鲨烯，并携带棒状杆菌、酵母菌、螨虫等常驻微生物。皮脂经寄生的棒状杆菌产生的酶，分解成游离脂肪酸，对一些致病菌如葡萄球菌、链球菌、真菌有抑制作用。过量则刺激毛囊壁，而引起炎症，表现为毛囊炎性丘疹。皮脂的分泌受雄激素和肾上腺皮质激素的影响。女性绝经期后及男性 70 岁后皮脂分泌量会明显减少。皮脂排泄不畅淤积于毛囊内形成皮脂栓则称为痤疮。

3）皮脂膜：皮脂膜是人体皮肤表面覆盖的一层天然的乳化脂膜，医学上称为乳化膜。由皮肤排泄的皮脂和分泌的汗液所组成。乳酸、脂肪酸、蜡类、固醇类、游离氨基酸、尿素、尿酸、中性脂肪、钠、钾、氯及水等混合物形成的乳状脂膜。皮脂膜有一定的酸碱性。健康皮肤的皮脂膜 pH 为 4.5 ～ 6.5，平均为 5.7。皮脂膜可以滋润皮肤、毛发，防止皮肤水分蒸发。皮脂膜的作用包括：直接保护、机械保护、净化保湿和润泽皮肤。

(2) 汗腺：是皮肤的“呼吸通道”，分为小汗腺及大汗腺。除口唇、龟头、包皮内层、阴蒂外，小汗腺分布全身，以掌跖部较多，其分泌受乙酰胆碱能作用的影响，起到调节体温作用。室温条件下排汗量少称为不显性出汗，气温高时出汗量多称为显性出汗。排汗可调节体温，有助于机体代谢产物的排泄，并与皮脂混合成乳状脂膜，有保护和润泽皮肤的作用。

大汗腺分布在腋窝、脐周、乳晕、外生殖器，主要受肾上腺皮质激素的调控，大汗腺在青春期开始发育，汗液排出后经皮肤表面的葡萄球菌、革兰阴性杆菌等的分解，产生六碳至十碳的不饱和脂肪酸而发出臭味，称为腋臭。汗腺可吸收水溶性物质，汗腺分泌的汗液有调节体温、软化角质、作为水相参与形成皮脂膜的作用，酸化的汗液还可调节皮肤表面的酸碱度。

(3) 毛发：人体皮肤除唇红、掌跖、指（趾）末节伸侧、乳头、龟头、包皮内侧、阴蒂及阴唇内侧无毛外，其余均为有毛皮肤。

1）毛发分类：毛发分为胎毛、终毛及毳毛。

2）毛发的结构：毛干、毛根、毛囊、毛球、毛乳头。

3）毛发的生长：呈周期性，分生长期、退行期、休止期。不同部位的毛发生长期长短不同，毛发的长短也不同。头发每日生长 0.27 ～ 0.4 毫米，生长期 3 ～ 6 年，退行期 3 ～ 4 周，休止期 3 ～ 4 个月，所以头发可长至 50 ～ 60 厘米，然后脱落，再长新发。眉的生长期仅 6 个月，故眉较短。

(4) 甲：甲是指（趾）末端伸面的坚硬物质，由甲板及其周围组织构成。外露部分称甲板；伸入近端皮肤中的部分称为甲根；覆盖甲板周围的皮肤称为甲襞；甲板下的皮肤称为甲床；甲根之下的上皮细胞称为甲母质，是甲的生长区；甲的近端有一新月状淡色区称为甲弧影。不同个体和同一个体的各指（趾）上均存在差别，其厚度为 0.5 ～ 0.75 毫米。指甲生长速度为 0.1 毫米 / 天，趾甲生长速度为指甲的 1/2 ～ 1/3。

甲可反映机体的健康状况：①健康人的指甲色泽粉红。把十个指甲放在阳光下观察，手指上下移动，如指甲表面有闪耀的反射，那就显示整体健康处于极佳状态，体内各器官功能都完好正常；②指甲表面出现棕色的纵纹或纵裂，由指尖向指甲根部延伸，显示患有肠道炎症疾病或预示维生素缺乏和缺铁等症。指甲部分发白表示缺锌，普通发白表示贫血。指甲上出现带棕黄色的条纹是肝病讯号。不过，值得注意的是，此棕黄色条纹要同时显现在十个手指甲上，才是肝病，单独出现并不能作为诊断的依据；③指甲上若有许多顶针样的内陷，一般是银屑病的晚期病症表现；④指尖有肿胀，指甲上有紫晕，很可能是肺部疾病。指甲变薄变脆，甚至裂开，显示呼吸系统和循环系统患有疾病；⑤指甲的中间内陷，形同羹匙状，显示已患有糖尿病、贫血、甲状腺功能亢进症或营养不良等症；⑥指甲下面见到有暗红紫色血斑，常表示患紫癜、血液病等。

7. 皮肤的血管、淋巴管、肌肉及神经

(1) 血管：皮肤血管构成了微循环的一个重要动力系统，是皮肤的“生命之源”，在皮肤颜色、温度调节、皮肤代谢和透皮转运中起着非常重要的作用。它将血红蛋白运输到皮肤，单位时间内通过皮肤的数量增多，血红蛋白量也增多，从而使皮肤的红色成分增多，皮肤颜色红润。微循环障碍，可加速皮肤老化。因此，改善皮肤微循环是预防和延缓皮肤老化的一个手段。

(2) 淋巴管：真皮浅层含有丰富的淋巴管，与真皮深层淋巴相通，再经皮下组织的淋巴管到达附近淋巴结。淋巴液为无色透明液体，是血液经毛细血管壁渗透到组织细胞间隙形成的。

(3) 神经：包括感觉神经、运动神经和分泌神经。

1) 感觉神经纤维：皮肤中存在丰富的感觉神经末梢，使皮肤产生触觉、痛觉、压力觉、冷觉、热觉等。触觉感受器呈椭圆形，分布于真皮的乳头层，指尖皮肤内最多，触觉最灵敏。

2) 运动神经纤维：运动神经纤维存在于真皮中，附于立毛肌上，支配立毛肌运动。

3) 分泌神经：分布在皮脂腺、汗腺上，支配腺体的分泌活动。

(4) 肌肉：皮肤的肌肉主要是立毛肌，一端固定于毛囊，另一端固定于乳头层纤维组织中。

（三）皮下组织

皮下组织由疏松结缔组织及脂肪小叶组成，又称皮下脂肪层。皮下脂肪具有海绵垫的作用，适量厚度的皮下组织可使皮肤显得丰满，表现女性的曲线美和青春丰满美。但皮下脂肪过度沉积显得臃肿，太薄则显得干瘪，易出现皱纹。皮下组织的厚度随体表部位、年龄、性别、内分泌、营养和健康状态等有明显差异。在以往的皮肤科治疗中，医生注重的是疾病本身的治疗，而不注意疾病愈后皮肤的状态及疾病的预防。随着人民生活日益提高，人们对美的要求也越来越高，皮肤美容变得越来越重要。皮肤科医师只有掌握皮肤结构与美容的关系，才能在有效治疗皮肤疾病的基础上，恢复皮肤正常生理功能，达到治疗疾病与美容的统一。

二、健康皮肤的美学特点

皮肤的健康指标主要包括皮肤颜色、弹性、纹理、湿润度、质地及其功能等。这些指标与遗传、性别、年龄、内分泌、营养及健康状况等因素有密切关系。皮肤健美标准：肤色均匀红润，皮肤水分含量在 10% ～ 20%，水油分泌平衡，细腻有光泽，光滑有弹性，无明显色斑，面部皱纹与年龄相当，对外界刺激不敏感，对日光反应正常。

1. 皮肤颜色　人体肤色由 4 种生物色素组成：褐色的黑色素、红色的氧化血红蛋白、蓝色的还原血红蛋白、黄色的胡萝卜素。人体肤色可分为固有肤色与继发性肤色，前者为遗传性基本肤色，后者代表紫外线或疾病药物因素所致的肤色改变。皮肤颜色的变化能够反映出皮肤屏障的完整性与皮肤的敏感性，有助于判断美白、防晒产品的功效与色素性疾病的疗效。

正常肤色主要由三种色调构成。黑色，是由皮肤中的黑色素的含量决定，黑色素细胞产生的黑色素是决定皮肤颜色的主要因素；黄色，由组织中胡萝卜素的含量及角质层和颗粒层的厚薄决定，胡萝卜素不能由人体自身合成，需要从饮食中摄取；红色，由皮肤血红蛋白和真皮血管血流的分布决定，微循环将血红蛋白运输到皮肤，单位时间内通过皮肤的红细胞量增多，血红蛋白量也增多，从而使皮肤的红色成分增多，皮肤颜色红润。

黑色素是决定皮肤颜色的主要因素。不论何种肤色，产生色素的黑色素细胞数量是大致相同的，肤色不同是由于各种人种黑色素小体的大小、种类、数量和分布不同。黄种人黑色素含量适中，分布均匀，皮肤基本色调是黄色，如果血管充盈度好，皮肤呈黄中带白，白中透红；白种人黑素含量低，皮肤白；黑种人黑素含量高，皮肤黝黑。角质层过厚，皮肤黄色会加深；日光照射、内脏疾病、精神因素、睡眠不好、体内维生素和氨基酸代谢紊乱及皮肤炎症反应等因素都会导致皮肤黑色素增多，使皮肤颜色变黑。如黑色素细胞数目减少，酪氨酸酶异常，亦可出现色素脱失或减退。美容的目的在于通过正确的养护或治疗来保持皮肤正常肤色，去除病态肤色。

2. 弹性　皮肤的含水量和皮下脂肪厚度适中时，皮肤质地柔韧而富有弹性；皮肤老化后皮肤脂肪萎缩，含水量减少，皮肤弹性减弱。皮肤的弹性包含皮肤的丰满、湿度、韧性和张力。健美的皮肤应是丰满、湿润、有弹性。皮肤弹性主要由皮下脂肪厚度、皮肤含水量及真皮胶原纤维和弹力纤维决定。若皮肤含水量和皮下脂肪厚度适中，且真皮胶原纤维和弹力纤维正常，则皮肤富有弹性。皮肤角质层含水分充足，皮肤就显润泽，如皮肤表皮、真皮保湿因子减少，皮脂膜破坏，导致皮肤含水量不足时，皮肤就会出现干燥、皱纹增多、弹性降低；真皮中的胶原纤维保持皮肤的张力，其韧性大，抗拉力强，但缺乏弹性；弹力纤维对皮肤的弹性和顺应性起着重要的作用，使皮肤有弹性，光滑，减少皱纹的产生，当胶原纤维和弹力纤维受到损伤、破坏时，如瘢痕组织，皮肤就缺乏韧性，皮纹消失；紫外线会使真皮纤维发生变性、断裂，引起皱纹加深；皮肤含有一定量的皮下脂肪，就可以衬托皮肤的丰满，如身患重病、消瘦的患者，皮肤就容易出现松弛，影响美观。美容的目的就是使皮肤所含脂肪和水分比例适中，胶原纤维和弹力纤维的损伤减少到最低程度，保持皮肤良好的弹性，使其显得光滑平整。

3. 纹理　皮肤纹理是由真皮中纤维的排列和牵拉形成。健康皮肤的表面纹理细小、表浅、走向柔和，皮肤光滑细腻。皮肤的细腻程度主要由皮肤纹理决定，健美的皮肤质地细腻，毛孔细小。真皮中纤维束的排列和牵引，使皮肤形成许多沟和嵴，皮沟与皮嵴构成皮纹。皮沟将皮肤表面划分为许多三角形、菱形或多角形的皮丘。皮沟的深浅随部位、年龄和性别不同而有差异。皮肤细腻是指皮肤具有皮沟浅而细、皮丘小而平整的纹理，这种皮肤能给人以质地细腻的美感。日光或其他因素都会使真皮纤维发生变性、断裂，引起皮肤纹理加深，如光老化引起的颈部菱形皮肤、长期搔抓导致的皮肤苔藓样变、痤疮患者毛孔粗大如橘皮样，都会影响美观。美容的目的在于通过防晒、保湿，科学治疗皮肤病，使皮肤纹理细小，毛孔不明显，给人以美感。

4. 湿润度　湿润度是指皮肤湿润和光泽的程度。健美的皮肤应是湿润有光泽。正常皮肤表面覆有一层皮脂膜，由皮脂腺分泌的脂质和汗腺分泌的水分乳化而成，正常皮肤含水量应在 10% ～ 20%，水油平衡。皮脂膜含有的脂类能滋润皮肤，使皮肤有光泽，它与天然保湿因子等物质能使皮肤保持适度的湿润，这是皮肤健美的象征。如水分及皮脂不足则皮肤失去光泽，变得干燥、粗糙和皱缩，这是病态或衰老的表现。外用劣质化妆品、采用不正规美容及患某些损容性皮肤病如痤疮、皮炎湿疹、鱼鳞病、激素性皮炎等都可使皮肤脱屑、灰暗、失去光泽。美容的目的在于通过合理选择护肤品，采用正确的美容手段，维护皮脂膜，积极治疗皮肤病来保持皮肤正常的润泽。

5. 质地　健康的皮肤质地细腻、光洁度高；不健康的皮肤则质地粗糙、黯淡无光、毛孔粗大。某些职业（如从事野外作业、务农、长期户外运动等）、慢性化学刺激（如经常接触洗涤剂）或皮肤疾病均可导致皮肤外观粗糙、增厚、脱屑及缺乏光泽。

6. 皮肤的功能　健康的皮肤，除了保持红润、光滑细腻而有弹性的外观外，还必须具有保护、感觉、调节体温、吸收、分泌、排泄、代谢及免疫等重要的生理功能，并且这些功能是完整、有效和相互协调的，有效地保持皮肤内外环境的平衡，维持皮肤的灵敏性和协调性，避免机体受到外界的各种有害刺激。

三、皮肤的艺术美学设计应用

健康的皮肤标志着人的健康、美丽、自信和成功。皮肤健美是美容的主旋律，主要体现在皮肤色泽、弹性、纹理、湿润度、质地及其功能等方面，这些指标可通过增白、祛斑、嫩肤、护肤、去皱等作用实现。本节主要针对实现皮肤健美的各种手段的应用进行介绍。

（一）皮肤保健与护理

皮肤保健包括适宜的体育运动、良好的心理情绪、健康的饮食习惯、充足的睡眠时间、清洁的皮肤状态以及规律的护肤和按摩习惯，配合日常生活中的保湿与防晒，应用适合皮肤的化妆品，从而实现皮肤的保健与护理。

（二）化妆品的应用

根据皮肤的性质选择清洁类、护肤类、修饰类、治疗类化妆品。应合理使用功能性化妆品，皮肤保湿选择含甘油、透明质酸、神经酰胺、胶原蛋白、海藻胶、尿囊素、凡士林等成分的化妆品；皮肤美白选择含氢醌、熊果苷、曲酸、茶多酚、果酸、维生素 C 等成分的化妆品。注意目前市场上的美白化妆品效果并不理想，选择美白类化妆品时建议与保湿类产品同时使用。

（三）药物美容

药物美容是常见损容性皮肤病的主要治疗手段之一。常见的损容性皮肤病包括色素障碍性皮肤病、病毒性皮肤病、皮肤附属器疾病、变态反应性皮肤病及脂溢性角化等其他损容性皮肤病，均可以通过药物给予治疗。

（四）激光与光子美容

激光与光子在皮肤美容领域应用非常广泛，目前主要包括治疗血管性病变的燃料激光（585 纳米、595 纳米）、倍频 Nd:YAG 激光（532 纳米）、长脉冲红色激光（755 纳米、810 纳米）和近红外线激光（980 纳米、1064 纳米）等；治疗色素性疾病的染料激光（510 纳米）、Q- 开光红宝石激光（694 纳米）、Q- 开光翠绿宝石激光（755 纳米）、倍频激光（532 纳米）等，用于脱毛的半导体激光、Q- 开光 Nd:YAG 激光等；用于年轻化治疗的脉冲强光（Quantum、Lumenis One）、射频、超声刀等。

（五）文饰美容

美容文饰技术是以人体美学理论为指导，以人体解剖学结构为基础，运用文饰器械将色料刺入人体皮肤组织内，使其永久性着色，达到美化容貌目的的一种医疗美容技术（图 7-1-3）。它是融现代医学、药学、容貌美学、心理学等诸多学科于一体的一种美容技术。在临床医学领域，常见的文饰美容技术包括文眉术、文眼线术、文唇及唇线技术等。在操作过程中，重点把握眉形的设计、眼线的设计及唇形设计，从而达到美容的目的。

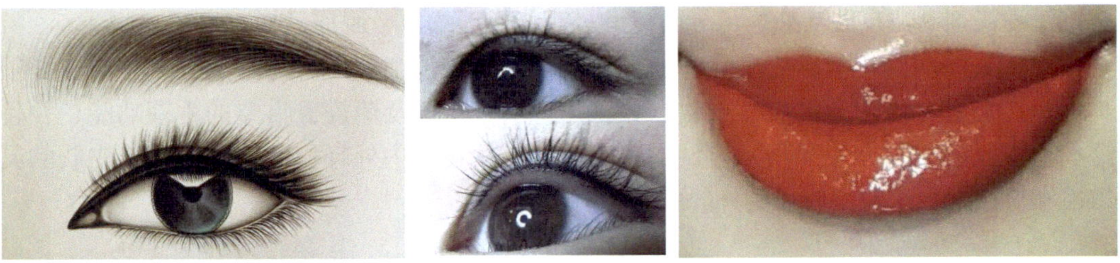

图 7-1-3　文饰美容效果图

（六）注射美容

1. 肉毒毒素注射充填技术　主要用于动力性皱纹、咬肌肥大等治疗。

2. 胶原注射填充　主要用于面部软组织缺陷、皮肤静态皱纹及组织轮廓的改善。

3. 玻尿酸注射　学名为透明质酸（Hyaluronic acid，HA）或称醣醛酸，由双糖单位（葡萄醛酸 -N- 乙硫氨基葡糖）组成的直链高分子多醣，是一种组织中自然存在的物质。通过玻尿酸注射，有效补充了皮肤内的养分，同时可进行皮肤组织充填（图 7-1-4）。

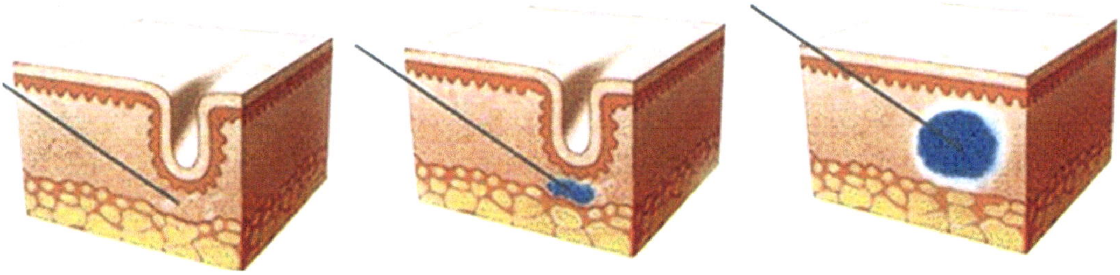

图 7-1-4　玻尿酸注射填充过程

（七）手术美容

用于皮肤美容的手术治疗主要包括皮肤磨削术、电外科学、毛发移植手术、软组织填充术、重睑术、眼袋整复术、隆鼻术、除皱术、腋嗅切除术、脂肪抽吸术、脂肪移植术、隆胸术、皮瓣移植术等。

（八）中医美容

中医美容以中医理论的整体观理念和辨证施治为指导，对损美性皮肤疾病进行诊断、治疗、预防和保健，包括治病求本、扶正祛邪、调整阴阳、调整脏腑功能、调整血气关系和因时、因地、因人制宜六个方面。

（九）其他理化美容技术

常见的理化美容技术包括冷冻美容、高频电美容、化学剥脱美容、超声波美容技术等。

（唐正东）

第二节　美容外科学中的美容造型艺术设计

本节要求掌握美容外科学中美容医学造型艺术设计的原则、流程，同时能够熟练地运用人体美学标准与人体造型艺术的知识与手段进行分析设计，为美容外科手术提供符合人体美学标准的造型艺术设计方案。

一、美容外科学中美容医学造型艺术设计原则

所有求美者的求美目标都是希望把自己变成美丽的人。但因求美者的性别、相貌、生活经历、宗教信仰及个人要求等诸多方面的不同，其求美的核心又是不同的。因此，在为求美者进行美容外科手术前，都要对其进行美学艺术造型的基本设计，以便为美容外科手术提供准确的艺术美学的基本依据。

（一）要让求美者满意

美容外科手术要让求美者满意，也就是要使手术符合求美者的审美取向，这是一个比较复杂的问题。每位求美者的要求不同，其审美取向、审美标准等也不会相同，这就要求标准因人而异，因时而异。因人而异，就是要求创作团队要依据求美者个人的不同特点进行艺术创作；因时而异，要求标准是动态的，不能僵化。手术完成后改变是很困难的，但是，人的心情是可以改变的，需要心理的雕塑，使求美者产生满意的心理定势。

（二）要达到大众接受

大众接受，即符合大众意识形态的审美取向。影响大众审美取向的因素主要有以下几点：

1. 社会审美取向　社会审美取向受社会政治、经济、文化的影响。社会政治的认同，是人不能回避的。因为它决定了法律、制度。政策的影响也是很重要的，因为它决定了人们的观念。

经济是基础，社会经济状况不同，对于美学标准的认同也不同。20 世纪 80 年代，眉文成黑色就可以了，而现在是要求立体防真的眉型。以前的进口隆胸假体很少有人问津，现在成了常规。求美者的经济状况不同，群体的经济状态不同，要求也不尽相同，这一点也要充分考虑。如求美者周围的人群状况、家庭状况、身份状况等，设计标准也要与之匹配。

文化的影响具有根深蒂固的特性，改变起来需要时间。文化的基本含义就是使人转化，实际是一种思想的转化。人群的文化决定了审美的取向，影响了审美标准。求美者周围人群的文化背景影响求美者的审判标准，是导致审美标准不能取得共识的障碍。如文眉时，如果是知识女性，则眉型设计要睿智、大方；如果是家庭主妇，就要设计得温柔、体贴；如果是企业老板，就要有得有威严、威信。这些情感要通过眉体现出来，即所谓的型相表达（图 7-2-1）。

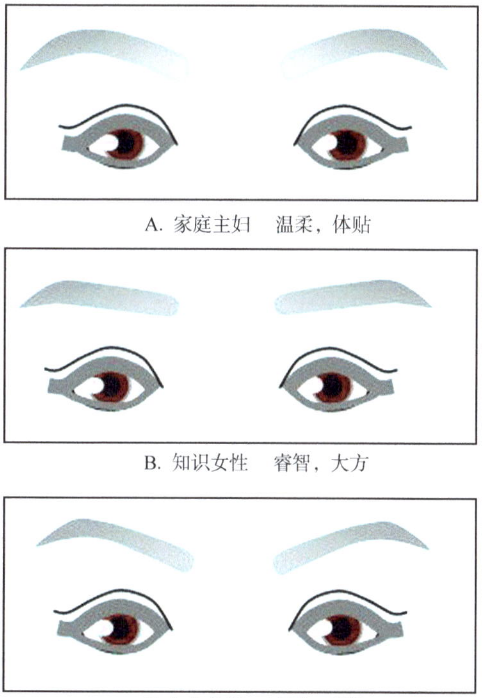
A. 家庭主妇　温柔，体贴
B. 知识女性　睿智，大方
C. 企业老板　威严，威信

图 7-2-1　不同人群眉形的型相表达

2. 社会价值取向　社会价值观对于大众审美取向的影响是很大的。20 世纪 60 年代，认为美容是小资产阶级的专属，不是大众的需求；改革开放后，美容成为引领人们热爱生活的一个积极向上的因素，是体现人生存价值的一种表象。热爱美、热爱生活是一种阳光的心态，对于自己和社会都具有促进意义，这取决于心

智的进化。

3. 社会伦理标准、宗教信仰的内容、社会文化形态的现状等　人类的一切活动都离不开社会的属性，因此大众标准会直接影响到手术的效果。而社会的伦理又影响着美容的标准。如宗教社会强调人体神圣不容侵犯。因此，美容手术层面的求美者较少，崇尚自然美，压抑了个性美的发展。所以，社会伦理的取向标准对于美容医学造型艺术的标准来说是到至关重要的。中国人口众多，风俗、伦理存在的差异较大，在美容外科造型艺术设计中要考虑其特殊性。

（三）要完成团队艺术协调创作

艺术协调创作，即美容医学创作团队的整体技能完整。

1. 临床医学技能　团队的美容医学临床操作技能，如重睑手术的组合完成技能；颌面美容的整形手术技能，颧骨截骨升降、矢状劈开；牙弓牵引矫正；皮肤的色泽、质地调控；抗感染、抗休克的临床技能；围术期的心理护理技能；围术期的心理调控技能。

2. 艺术创作技能　创作团队要具备造型艺术的基本功；人文学科的知识结构；艺术设计的创新性思维。

3. 心理掌控技能　医患沟通的理解应用；心理分析诊断的水平；各阶层的日常生活状况等。高水平的美容医学造型艺术设计团队是不同的艺术大师级水平的人组成的群体。一般来讲，这些技能通过特定的强化训练是不难掌握的。

二、美容外科学中美容医学造型艺术设计流程

美容外科手术中要想达到科学、艺术与美的完整和统一，科学的设计流程是保证手术顺利进行的有效途径（图 7-2-2）。

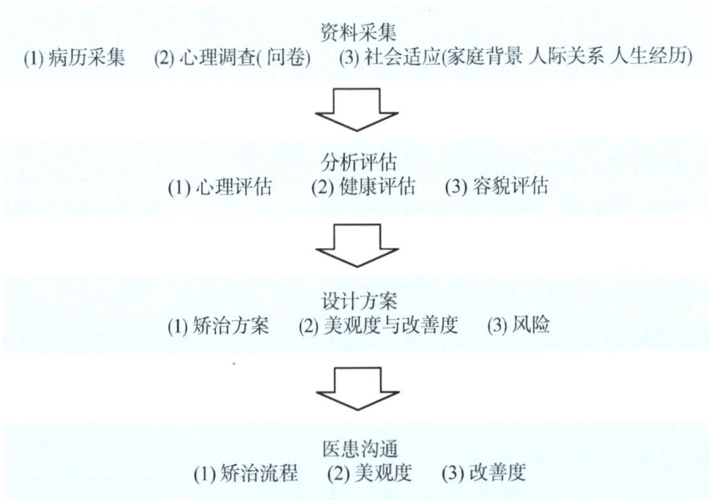

图 7-2-2　颌面美容整形艺术美学设计流程

（一）病历采集

病历采集的具体内容在美容外科学中详细介绍，这里只介绍有关美容医学造型艺术设计的内容。

1. 写真摄影　设计工作的第一步是美容外科手术前手术部位的拍摄，也是设计的基础。良好的体位照片，为分析设计提供最翔实的资料。在拍摄过程中要注意光线的运用和部位的把握。照片的构图信息要全面，不能做眼手术，只拍眼。那样的照片没有办法分析结构、比例、节奏、韵律等。拍照要求和标准见表 7-2-1。

表 7-2-1　各种部位的手术写真拍照要求标准

界限			目的	部位	体位	数量
头部	上界	头顶毛发	头长	眼部	正位 侧斜位（45° 左右） 侧位（左右）与眶耳平面垂直 颏顶位（要见眶下缘）	≥ 6
	两侧	两侧耳朵外侧	头长与头宽的比例	鼻部		
	下界	锁骨下	保证露颈	口唇		
胸腹部	上界	颏下	测量比例 确定体积	全身	正、侧（左右） 局部正、侧、45° 腹部增加坐位	≥ 6
	两侧	手臂外				
	下界	脐下				
	局部	反映特殊要求		局部		*n* 张

2. 头颅 CT 片　在做面型改造时，应当拍摄三维头颅 CT 片，这可以帮助医生进行准确的三维分析，包括正、侧位和颏顶位。如图 7-2-3 所示。

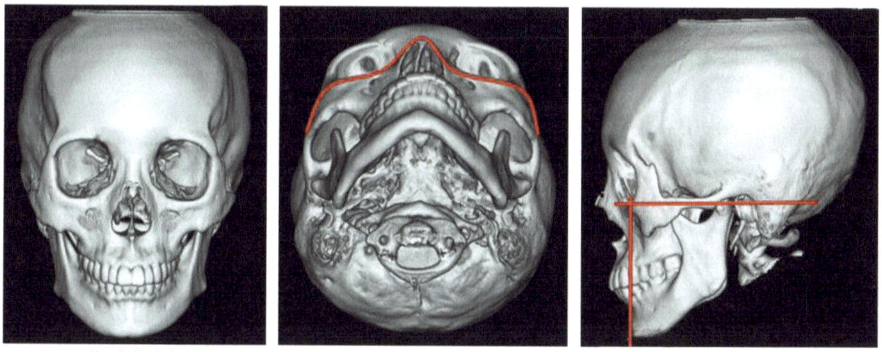

A. 正位 头颅全部　　B. 颏顶位 颧弓上缘暴露　　C. 侧位

图 7-2-3　头颅三维 CT

3. 心理调查　心理调查主要进行心态分析，与心理测试有所不同的是只做气场分析、确定象限、了解心态状况。美容医学造型艺术设计的气场分析主要是从每个求美者正常状态的角度去看，不进行病态分析。因此，有关心理学的名词表述与此不同。这里只从美容医学造型艺术的角度分析。心理学是将有关问题详细化，美容医学造型艺术设计是将复杂问题简单化，找出共性加以调整。

（二）分析评估

1. 健康评估　健康评估包括两个层面，一个是生物学意义上的健康；另一个则是精神上的健康，即精神病患者或者是心理障碍的患者。这两部分都有阳光和阴暗两种心态，这里不再赘述。

2. 心理评估　心理评估的重点是看心态，心态只要分析出是否阳光或者是积极心态即可。例如对同一事物的看法，如果是嫉妒则倾向于负性心态；如果是积极超越则倾向于正性心态。判定标准就是如果你说某某的魔术真得很好，他就说那是假的，我给你解密，这就有嫉妒的心理，是负性心态，因为大家都知道魔术是假的。如果他说他的手法真是如何好，我也会一些，可是不如他，我还得练，这种心态是钦佩的，并想学习超越，这就是正性心态。与人为善、乐于助人的人，是阳光的心态；而极端自私、损人利己则是阴暗的心态。衡量标准就是是否以给别人带来麻烦为乐。临床意义在于正性心态的艺术美学标准容易达到，负性心态的不容易达到。例如，重睑术后，艺术美学标准基本达到，正性心态的求美者会很满意，并且表示感谢。负性心态的求美者想着他们曾说过我什么，或者哪里没有达到要求。实在没有则会想你们挣我那么多钱，是否应该打折等无理的要求，并且可能因一句话或者一点小的瑕疵引起纠纷。因此，术前的心态分析十分重要。由于负性心态的所在象限不同，表现各异，需要充分沟通，并且需要调整后才能进行设计、实施。心理评估的三维象限只要把心态、性格、情绪分析清楚即可以确定其所在的象限。如果在正常范围内，就属于健康状态。超出正常范围就应当去看心理医生。

3. 容貌评估　容貌评估主要指五维的分析和五种表现形式的运用。

一维：点线。点的重点在于比例与节奏；线的重点在于韵律。

二维：平面。重点在于均衡与对比。

三维：立体。重点在于对称与协调。

四维：时空。重点在于对比与统一。

五维：意识。重点在于个性与和谐，即型相的表达。

美是一种很难量化的形容词。而科学要求具有可重复性。美容医学是艺术的科学，科学的艺术。艺术的科学表现为具有科学性，要求进行量化。科学发展到了今天，我们有办法将其模糊量化，这就是模糊数学的进步。我们把模糊数学的概念引入到美容医学造型艺术设计中来，结合其他的方法进行模糊量化。首先引入以下两个概念：

(1) 美观度：美观的程度。以颌面部为例，将颌面美观进行量化。如颌面部美观度定为 100%，其中，面部四个弓形点 50%（上下狢弓占 15%；下颌弓占 15%；颧弓占 10%；眉弓占 10%）；鼻部占 15%；眼部占 15%；口唇占 10%；皮肤占 10%。以参数集合的形式进行分类，经过上达各项评定打分所得数值，即为美观度。美观度越高，术后观众满意度越高，效果理想性越大。

(2) 改善度：通过美容艺术设计，能够提高的美观度数值，称为改善度。所能改善的部分越大，美观度提高的幅度越大，改善度越大。如果改善度越大，美容手术后对比度越大，求美者所表现的变化越大。

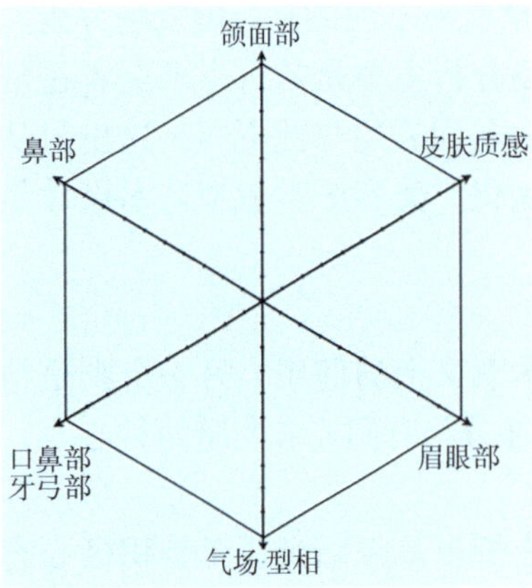

图 7-2-4　面部美观度评估

美容手术后的效果与美观度、改善度都有一定的关系，基础美观度很重要。如果基础美观度高，社会认同度就相对高，求美者的心理就容易满足。反之，若改善度大，美观度不高，社会认同度低，则美容手术后的效果不容易确定。

美观度与改善度是一个相对的概念，在实际工作中应灵活运用。

4. 面部美观度的雷达图评估　我们把美观度定为 100%，用直观的面积图来表示（图 7-2-4）。把颌面部形态，即眉眼部、口唇部、牙弓部、鼻部、皮肤质感、气场和形相关系六个因素做成六边形，每一部分按 10 分进行评定，各部位评定量化表见表 7-2-2 ～表 7-2-7。

上述评定是依据三箱结构理论评定的，即将面部分为上、中、下三等份，以发际、眉弓、梨状孔下缘、颏底为界，形成三箱结构。上箱呈“凸”字形，中箱及下箱呈“凹”字形。其意义在于把复杂的头部三维形态变成了简单的数学几何模型，用很少的变量控制庞大的结果。通过参数的分布，进行量化，使型相说明简单化。

表 7-2-2　颌面部的量化

性别	男性		女性		其他
箱型与面型	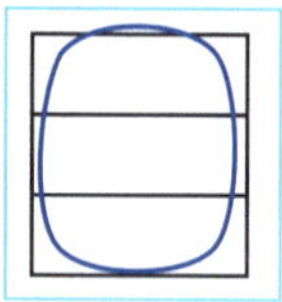	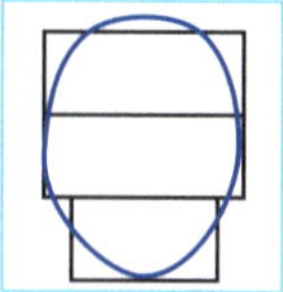	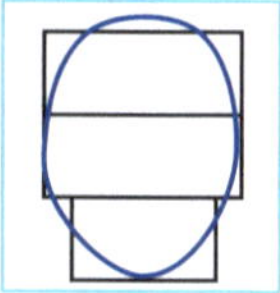	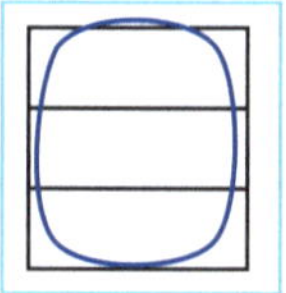	双侧不对称
扣分	正常	男性女性化扣 1 分	正常	女性男性化扣 1 分	
上箱	前额凹陷	前额过窄	颞部凹陷	颞部过窄	
扣分	前额部充填 1 分	前额部充填 1 分	需颞部充填 1 分	需颞部充填 1 分	1 分
中箱	颧骨过高	颧弓过宽	颧骨过高	颧弓过宽	
扣分	需颧骨磨削 1 分	需颧骨截骨 2 分	需颧骨磨削 1 分	需颧骨截骨 2 分	1 分
下箱	下箱缩短	下箱过窄	下箱过宽	下箱过宽直	
扣分	颏后缩 1 分	塌陷 2 分	下颌角外展 1 分	下颌角肥大 2 分	2 分

表 7-2-3　眉眼部的量化

	方向		间距		性别的一致性	对称性	过短	过长
	上斜	下斜	过窄	过宽				
眉	需修眉、文饰、切眉进行调整							
扣分	0.5 分	0.5 分	0.5 分	0.5 分	0.5 分	0.5 分	0.5 分	0.5 分
眼	需行内、外眦整形手术进行调整				需手术调整			
扣分	0.1 分	0.1 分	0.1 分	0.1 分	0 分	0.2 分	0.2 分	0.2 分
眼	形态		睑球关系			下睑下垂	上睑松垂	上下眼袋
	过小	过细	露上白	露下白	露全白			
扣分	0.5 分	0.5 分	0.5 分	0.5 分	0.5 分	0.5 分	1 分	1 分

表 7-2-4　鼻部的量化

部位	鼻小柱	鼻尖	鼻翼	鼻底		鼻孔		鼻根		鼻背
问题	过低	过大	过大	凹陷	凹陷	过大	过窄	过宽	驼峰	鞍鼻
扣分	1 分	1 分	1 分	1 分	1 分	1 分	1 分	1 分	1 分	1 分

表 7-2-5　口唇部的量化

部位	牙弓形态			牙齿形态			唇部		
表现	上颌前突	下颌前突	双颌前突	色泽	缺失	不齐	厚度	唇弓	色泽
调整	手术正畸	手术正畸	手术正畸	美白	种植	矫正	填充	文饰	
扣分	1分	1分	2分	1分	1分	1分	1分	1分	1分

表 7-2-6　皮肤的量化

项目	色泽			质地			褐色脂肪	皮下脂肪
表现	斑 不均匀	痣 视觉	黑 美白	老化 弹性	粗糙 干燥	皱纹 下垂	弹性 嫩肤	肥胖 堆积
扣分	1分	1分	2分	1分	1分	1分	2分	1分

表 7-2-7　气场的量化

位置	Ⅲ象限	Ⅳ象限	Ⅶ象限	Ⅷ象限
表现	性格内向；情绪高涨；心充满恨	性格外向；情绪高涨；心充满恨	性格内向；情绪低落；心充满恨	性格外向；情绪低落；心充满恨
扣分	3分	3分	2分	2分
型相符合度	眉型		面型	
	男 不一致	女 不一致	男 不一致	女 不一致
扣分	2分	2分	2分	2分

三、常见美容外科手术的美容医学造型艺术设计

（一）颌面部美容外科手术造型艺术设计

颌面部美容外科手术主要是指改变脸形的各种手术，如高颧骨降低手术、下颌角肥大手术（方脸改瓜子脸）、颏部水平截骨前移手术（矫正小下巴）等。而这些手术除了要有一流的外科手术技巧、操作精细、手术器械精良等必要条件，还必须要具备雕塑家一样的艺术审美观，在手术前进行严谨精确的美学艺术设计。

1. 颌面部美学应用解剖学　人体面部形态主要是由面部的骨组织和软组织构成的。颌面骨骼形态图参见图 3-1-1，颌面软组织形态图参见图 3-1-2。

面部的主体轮廓形态是由面部的骨骼决定的，面部轮廓特征与额部、颧部、颊部和颏部密切相关，其中 4 个面部的弓形（眉弓形、颧颌弓形、殆弓形、下颌弓形）起到了框架作用。4 个弓形如结构紊乱则为不美或畸形，面部的个性特征是建立在 4 个弓形相互关系基础上的。面弓形态决定了面型的轮廓，而面弓的形态与额骨、顶骨、颞骨、上颌骨、下颌骨、颧骨、鼻骨等的形态有关。额骨决定了面上 1/3 的形态，颧骨上颌骨、鼻骨构成了面中 1/3 外形，颧骨决定了面中部的突度，外鼻的形状决定了面中部侧面的轮廓，下颌骨的下颌角和颏部决定了面下 1/3 的形态。5 块颅面骨相互衔接、穿插组成了面型的三维立体特征，也是手术对面型进行改进的重要部分。

面弓的形态主要由四个弓组成。颌面部三维解剖及面部弓参见图 3-1-3

(1) 眉弓：由额骨眉突及颞区的软组织组成。眉弓形态对于情绪表达具有很强的功能，与颏部共同刻画性格。

(2) 颧颌弓：由上颌鼻突、颧骨、颧弓组成，是面中部的主要骨性支架。在头颅的形态上与其他弓形共同构成面型支架，其高度是否协调与下颌弓的关系密切。如果下颌弓窄小，则颧骨凸显（图 7-2-5）。

(3) 殆弓：由上下颌骨及上下牙弓组成。

面型轮廓还与面部脂肪等软组织的发育状况有关，并且随着生理发育及年龄变化而发生变化。影响面部轮廓特征的软组织：颞部软组织，影响面上 1/3 宽度和丰满度；颊部软组织，影响面中 1/3 的丰满度；咬肌，影响面下 1/3 宽度；颌下软组织，影响面下形态；上、下唇的形态及突度，对面型影响巨大。

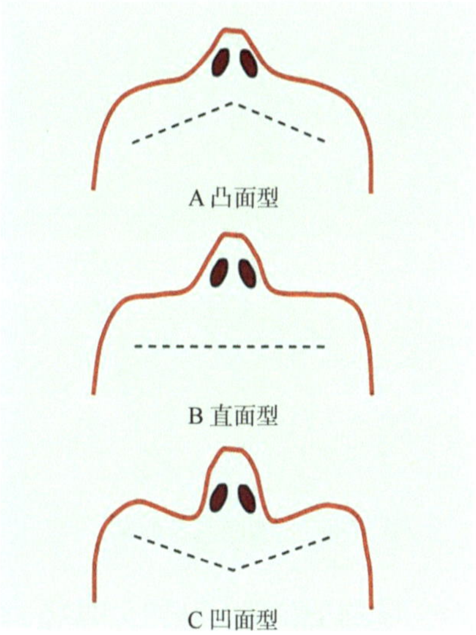

图 7-2-5　颧面弓形态与面型

2. 颌面部美学形态观察　颌面部美容手术前，美观度的判断尤为重要。在通过量化的美观度评定后，结合美学原理进行分析设计，是美容手术成功的重要保证。

面型是颌面部整体美的基础，尽管面部五官端正，甚至非常符合五官的美学标准，但如果面型不佳，缺乏符合美学的面型，给人的整体容貌也不尽人意。一个轮廓清晰、比例和谐的面型，能以美丽的五官相匹配，这种美就会给人以锦上添花的感觉。

(1) 面部五官标准比例：传统的面型审美观，将人的面部正面观的纵向和横向按比例分配，即“三庭五眼”。“三庭”是指将面部正面横向分为三等份，即从发际到眉线为一庭，从眉线到鼻底为一庭，鼻底以下为一庭。“五眼”是指将面部正面纵向分为五等份，以一个眼长为一等份，即两眼之间的距离为一个眼的距离，从外眼角垂线到外耳孔垂线之间为一个眼的距离，整个面孔正面纵向分为五个眼的距离（图 7-2-6）。凡符合“三庭五眼”的比例的面型都是和谐的。面部从颅顶到鼻根部应等于从鼻根到下颏部，

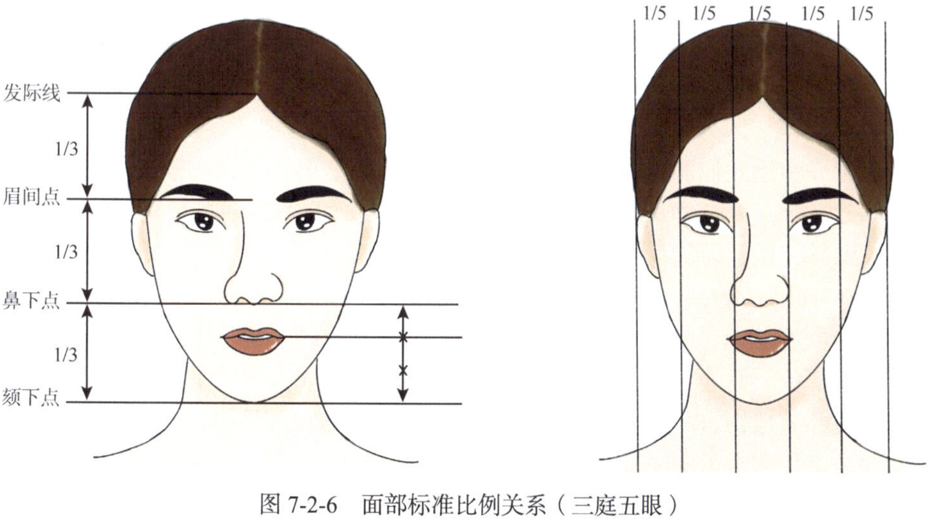

图 7-2-6　面部标准比例关系（三庭五眼）

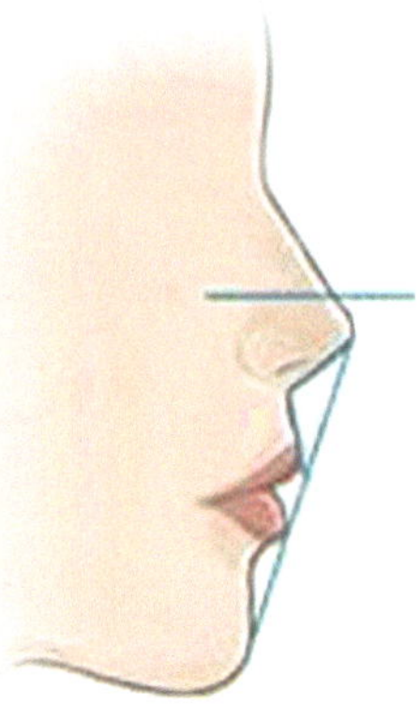

图 7-2-7 侧面观鼻面部

但这不是一个绝对的标准，有一定的波动范围，如面部各部分的相互关系达到或接近这些标准，就会显得容貌美丽端正。从侧面观察面部的形态，鼻尖—嘴唇—颏下点在一条直线上时，是美的标志之一（图 7-2-7）。标准的面型还表现在宽度的协调，面中宽（双侧颧弓间距）约等于面下宽（双侧下颌角间距）的 1.3 倍。若面下宽等于或大于面中宽均为宽度不调。正面观之下颌角多过度外展，嚼肌肥大而膨隆外突；侧面观之下颌角多小于通常所见的 123°，甚至几乎成直角，会给人以方面之感。这对于男性虽可勉强说是有阳刚之气，但对于女性则完全失去了容貌的温柔与灵秀。

⑵ 面部五官标准位置

1）眉的位置：从额头的发际线至鼻底的分界线上。

2）鼻的位置：在面部的正中部位，即中庭位置。

3）唇的位置：在下庭的中央部位，下唇底线在鼻底至下颚底线的二等份平分线处。

4）眼的位置：在额头发际线和嘴角水平线连接线的 1/2 处。

5）眼宽：双眼之间的距离等于一只眼的宽度。

6）鼻宽：等于一只眼的宽度。

7）眉长：眉在眼头正上方，眉尾在鼻翼与眼尾相连的延长线上。

3. 颌面部美容外科手术造型艺术设计时要注意以下部位与面型的关系。

⑴ 额部与面型的关系：额部在面的上部，是比较平坦的部位。额部发育良好，才能显示出头部健康而富有生命力的美丽姿容。额部是智慧的象征，有了额部的优美曲线，人的容貌才获得精神性格的体现。额部微微突起并缓和地过渡到鼻根，从额至鼻尖形成一条“S”形曲线，使面部更为柔和婉媚。前额太大或太小都不好，太大会让人觉得呆头呆脑；太小则显得天庭不够饱满，缺少智慧。

⑵ 颧骨与面型的关系：颧骨位于面的中部，它主要通过与鼻、颞部和颊部的关系来影响面部美观。颧骨与鼻和颊和谐统一，脸型的中部自然平缓，这样的容貌具有魅力。如果颧骨过于肥大，就会破坏脸型的和谐，只有通过颧骨整形手术才能改变脸型。

⑶ 颊部与面型的关系：颊部于面部的两侧，上起颧弓，下至下颌下缘，前界在鼻唇沟，后界在嚼肌前缘。颊部的美是由面部肌肤和脂肪形成的柔软、光滑而富有弹性的红扑扑的脸颊所展示给我们的青春美和健康美。女性颊部的美学意义在于它参与面部表情，协助口唇表达笑容，辅助说话、吮吸和咀嚼活动。面部的丰满度在很大程度上也是由颊部决定的，颊部在微笑时能为容貌平添风采。

⑷ 下颌与面型的关系：下颌是人面型的重要结构，占面容的 1/4，它决定面型的下半部分。人的面型从眉骨中间到鼻中间、从颧骨到唇角两个“S”形曲线，这是最能体现面部曲线美的部位。而脸面的长短、下半部的形状，则主要取决于下颌骨的形状和大小。只有下颌和面部其他器官相互和谐才能有五官端正和谐的面部轮廓。

4. 颌面部常用美容外科手术术式　颧颌弓是由颧骨、上颌、鼻突构成，是面中分的主要骨性支架。在头颅的形态上与其他弓形共同构成了面型支架，其高度是否协调与下颌弓的关系密切。如果下颌弓窄小，则颧骨凸显。根据颌面测量与分析，结合求美者要求及社会适应性评估，制订出面型调整方案，根据方案，运用对应的手术方法进行操作（表 7-2-8）。

表 7-2-8　骨性面型美容手术雕塑术式

<table>
<tr><th colspan="3" rowspan="2">弓（骨）形调整方向</th><th colspan="2">美容手术术式</th><th rowspan="2">辅助方法</th></tr>
<tr><th>增高术</th><th>降低术</th></tr>
<tr><td rowspan="3">颧颌弓</td><td>颧骨</td><td>前后（Z 轴）
左右（X 轴）
上下（Y 轴）</td><td>假体填充术</td><td>磨削术</td><td rowspan="6">化妆矫正</td></tr>
<tr><td>颧弓</td><td>左右（X 轴）</td><td>颧弓截骨植骨增高术</td><td>颧弓截骨降低术</td></tr>
<tr><td>上颌鼻突</td><td>左右（X 轴）</td><td>假体填充术</td><td>上颌鼻突劈断术</td></tr>
<tr><td rowspan="3">下颌弓</td><td>下颌骨体</td><td>前后（Z 轴）</td><td>下颌升支矢状劈开前徙术</td><td>下颌升支矢状劈开后退术</td></tr>
<tr><td>下颌角</td><td>前后（Z 轴）
左右（X 轴）
上下（Y 轴）</td><td>—</td><td>后缘截骨
外板切除
下缘截骨</td></tr>
<tr><td>颏部</td><td>前后（Z 轴）
左右（X 轴）
上下（Y 轴）</td><td>1. 假体植入整形术
2. 颏部截骨前徙术</td><td>颏部截骨整形术</td></tr>
<tr><td rowspan="6">牙殆弓</td><td rowspan="3">上牙弓</td><td>前后（Z 轴）</td><td>Lefort Ⅰ型截骨前徙术</td><td>前牙区根尖下骨段截骨后退术</td><td>拔牙正畸矫正</td></tr>
<tr><td>左右（X 轴）</td><td>Lefort Ⅰ型截骨前徙术</td><td>正畸矫正</td><td></td></tr>
<tr><td>上下（Y 轴）</td><td>Lefort Ⅰ型截骨植骨增高术</td><td>Lefort Ⅰ型截骨低术</td><td>种植钉辅助
正畸矫正</td></tr>
<tr><td rowspan="3">下牙弓</td><td>前后（Z 轴）</td><td>下颌升枝矢状劈开前徙术</td><td>前牙区根尖下骨段截骨后退术</td><td>拔牙正畸矫正</td></tr>
<tr><td>左右（X 轴）</td><td>—</td><td rowspan="2">—</td><td rowspan="2">—</td></tr>
<tr><td>上下（Y 轴）</td><td>根尖下骨段截骨升高术</td></tr>
<tr><td rowspan="3">眉弓</td><td>额骨眉突</td><td>前后（Z 轴）</td><td>假体植入整形术</td><td rowspan="3">—</td><td rowspan="3">化妆矫正</td></tr>
<tr><td>颞区</td><td>左右（X 轴）</td><td>脂肪填充整形术</td></tr>
<tr><td>额骨</td><td>前后（Z 轴）</td><td>假体植入整形术</td></tr>
</table>

常见颌面部美容外科手术如下：

（1）颧骨磨削术：调整面部前突度。颧骨的高度受颧骨的形态与颧弓的形态双重影响，影响最大的因素不是颧骨本身，而是上、下颌弓形态（图 7-2-8）。如果下颌弓的形态过尖过窄，则凸显出颧骨过高。面颊消瘦，骨感突出，软组织的厚度影响也较大。在综合以上原因，确定颧骨过高后，可以进行颧骨磨削。由于颧骨的厚度有限，其调整范围不会超过 0.5 厘米。此手术解决前后向的效果较好，解决宽度的问题不需要颧弓截骨术。切口位于口内，上颌龈颊沟下方，根据设计来确定切口长度。

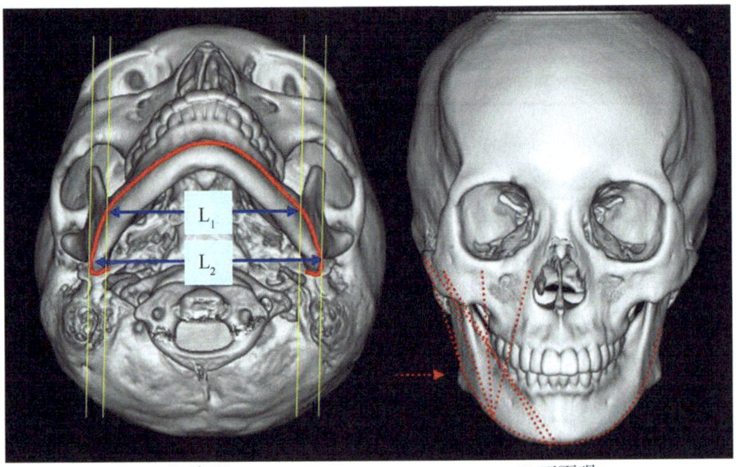

图 7-2-8　下颌角整形正位观

L_1. 下颌升支间的宽度，位于咬肌前缘；L_2. 下颌角间的宽度

$L_2 > L_1$：下颌角属外展型；$L_1 > L_2$：下颌角属内收型

(2) 颧弓截骨术：调整面部宽度。颧弓截骨术可以降低颧弓的高度，也可以增高颧弓的高度。降低颧弓高度需要截除部分颧骨，增高颧骨高度则需要在截骨缝间植入骨块（图 7-2-9）。切口在口内，上颌龈颊沟下方，根据设计来确定切口长度，外侧辅助耳屏前发际内小切口。

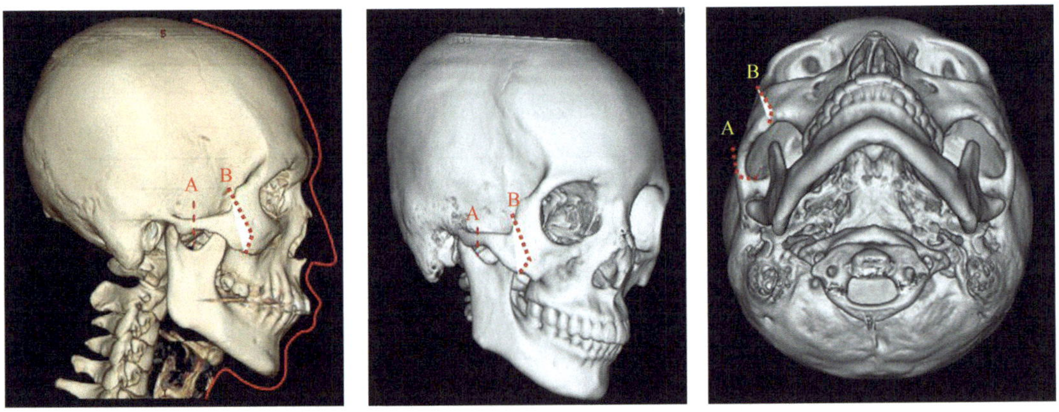

图 7-2-9　颧骨截骨整形术式

A. 颧骨截骨线：截骨时不完全离断；B. 颧骨截骨线：增高时在此处植入骨块，降低时截骨

(3) 下颌角截骨术：调整面下 1/3 曲度形态。下颌角通过角度和外展度对面型进行影响，通常认为侧面观下颌角角度超过 120° 较为理想，角度过小则感觉面型方圆。下颌角截骨术则是解决这个问题，通过下颌角截除（图 7-12-10），改变下颌角角度，增加侧面的曲度；下面观时，在下颌角是外展的情况下，正面的方形可以变成卵圆形或者尖圆形；在内收的情况下，则没有太大的变化，也就是不解决正面的面型曲度（图 7-2-8）。需要配合外板切除、咬肌切除、下颌骨下缘去骨等一项或多项手术。实际上，这就是一个对于面形进行雕塑的过程，只不过是针对人用手术刀等工具进行。因此，颌面美容手

术设计和治疗需要具有三维的感知表达能力、艺术表达能力。这些能力可以通过美容医学造型艺术设计的课程训练来达到。切口在口内，翼下颌韧带外侧，下颌升支前缘处，上方最好不超过上颌磨牙平面，沿外斜线下行至第二双尖牙位即可，切口可以根据情况适当变化。

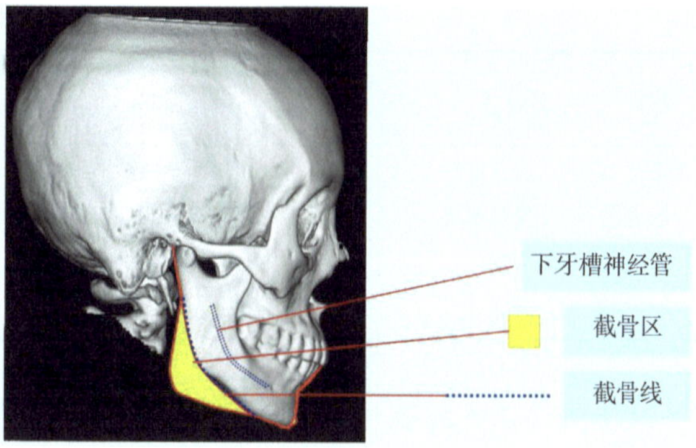

图 7-2-10　下颌角整形

(4) 下颌下缘磨削术：调整颧颌弓与下颌弓相对位置关系。面型进行改造时，此手术有一定的效果。属于微手术范围，可单独使用，也可以配合其他手术使用。其功能就是减小下颌弓的曲度（图 7-2-10）。手术可以采用磨削、切除等手段，其范围和厚度也不一定一致。因为是在三维的空间进行，艺术造型能力必不可少。必须在术前设计效果预测明确的前提下进行，否则会引起与预想相反的效果。切口在口内，位于龈颊沟上。如果直接在龈颊沟外，术后可引起食物嵌塞等不适感。

(5) 下颌角外板截骨术：有些方圆形面型侧面的下颌角角度大于 120°，符合卵圆形脸型特点。但是，正面位看时，还是方形脸型，原因是下颌角外展所致。因此，只要将下颌角外板劈除即可（图 7-2-11）。其手术术式与下颌角截骨术相同。切口至第二双尖牙位即可，切口可以根据情况适当变化。

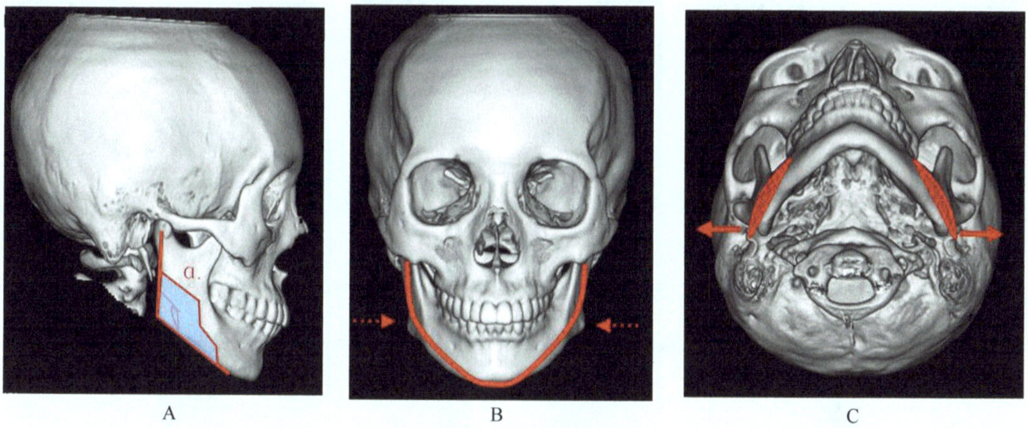

图 7-2-11　下颌角外板劈除

α 角＞120°　　α 角＞120°，下颌仍方圆　　下颌角外展，下颌方圆

劈骨区　　为劈除外板后面型　　外板劈骨区

(6) 颏部截骨整形术：颏部在表现性格的面型刻画中，起到了决定性作用。如尖下颏显得稚嫩，前翘显得俏皮（表 7-2-9）。颏部手术时可以进行下颌颏部截骨前移术。颏部截骨前移固定术有多种术式，其共同优点是自体骨移位，没有排斥反应，自然，但存在出血、线条优势不流畅等缺点，可根据实际技术水平进行选定。切口在口腔前庭内，龈颊沟上方的唇侧黏膜上，缝合时有足够的软组织强度，长度根据截骨范围确定即可，原则是在不损伤颏神经的前提下，尽量使术野暴露充分。

表 7-2-9　颏部形态的型相关系

位置	型	相（心理反应）	韵律感（唇颏沟）	
			强（曲线）	弱（直线）
正常	发育良好	勇敢、果断、刚毅		√
后缩	发育不足	不成熟感觉、胆怯、优柔寡断		√
前翘	尖翘	俏皮、活泼、年轻	√	
	圆翘	活泼、庄重、成熟	√	

(7) 假体植入隆颏术（图 7-2-12）：调整颏部的前后和上下的突度和高度。本术式适合各种隆颏手术，但前移范围有一定的局限性。下颏严重后缩的求美者使用本手术时应注意，不能强行进行，因为本身是假体，异物排斥风险会伴随着张力的增加而加大。其增大方向可以向前、向下。切口在口内，下唇系带旁，根据假体确定切口长度，原则是尽量小，分离范围与假体形态相适应即可。过大的切口与过大的分离范围会导致术后切口不愈合和假体移位。

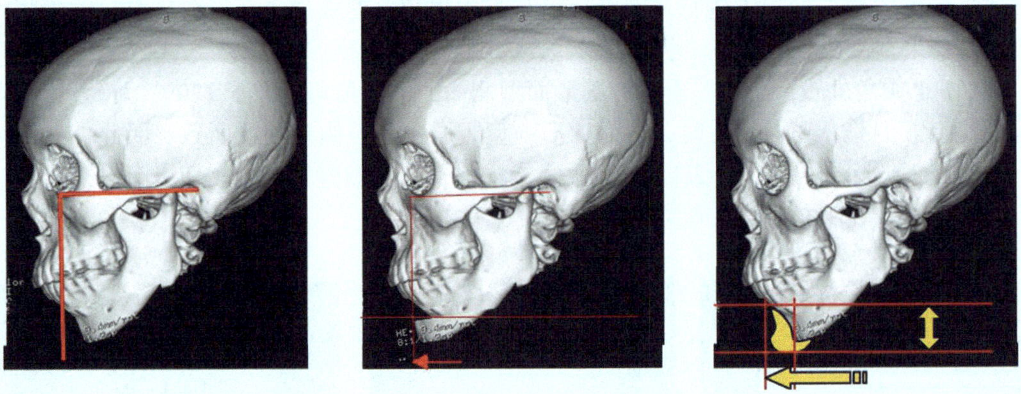

A. 颏部后缩　　B. 颏部前徙　　C. 假体隆颏术

图 7-2-12　颏部美容整形

(8) 前牙区根尖下骨段截骨后退术（图 7-2-13）：调整上下颌前后向。双颌前突的患者多由于双颌过度发育所致，常规的后缩手术采用前牙区根尖下截骨术，常规拔除上下

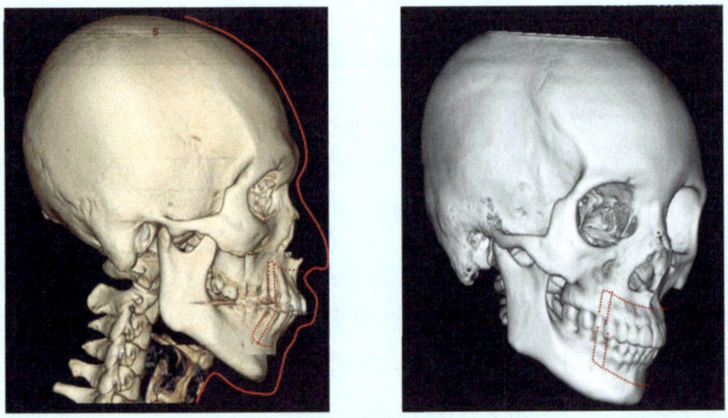

截骨线

图 7-2-13　前牙区上下颌骨根尖下截骨术

颌 4 号牙，并在此区截骨，然后将骨块后退、固定。手术安全性好，方法简单，效果显著。此手术可以矫正突唇的症状，对于颌面下 1/3 前后向距离的改善有重要意义。该手术实施前应充分认证，后退的前牙骨块宽度小于后牙区的横径，容易形成断差。可以用正中缝分块的术式。切口在口腔前庭内，龈颊沟上方的唇侧黏膜上，缝合时有足够的软组织强度，长度根据截骨范围确定即可，原则是在保证骨块足够血运的前提下，尽量使术野暴露充分。上颌可辅助腭侧正中纵向小切口，便于腭骨的水平截骨。

(9) Lefort Ⅰ型骨矫正术：调整上颌的前突度，使上颌向前。上颌后缩的求美者多由于唇腭裂和发育不足所致，求美者容貌呈现下颌前突的表现，两者也可以同时存在。上颌后缩的求美者常常伴有上颌骨发育不良的情况，表现为骨质疏松。腭裂患者的上颌骨还伴有中间断裂、不完整等，手术难度较大。上颌前徒，还需要植入骨块以防止复发。切骨线前方是梨状孔下方，向外至翼上颌缝。切口在口腔前庭内，龈颊沟下方的黏膜上，缝合时有足够的软组织强度，从前至后，直到上颌结节后缘。由于上颌骨的血供血管是在骨壁内走行，截骨时出血较多，术前应根据手术时间、出血预测量备血。

(10) 下颌升支矢状劈开截骨术：在进行下颌前后移动的手术中，下颌升支矢状劈开截骨术是一项非常有用的技术，稳定性好，便于操作，经常配合 Lefort Ⅰ型上颌截骨术式一同进行，面型改善效果大，能很好地完成手术设计。截骨线是在下牙槽神经孔上 0.5 毫米，向前越过外斜脊，在外斜线内侧与其并行，向下至第六牙远中、颏孔后下颌升支前，下颌骨体上（图 7-2-14）。劈开外板，使之形成下颌升支外板与下颌骨体分离的状态，前伸或后退下颌骨体，使之达到下颌骨体整体向前或向后移动。向前移动需要在下颌骨体的截骨线间植入骨块，向后移动则需要去除截骨线外板的骨片。植入的骨块通常采用髂骨的外板，也可以直接用夹板固定。

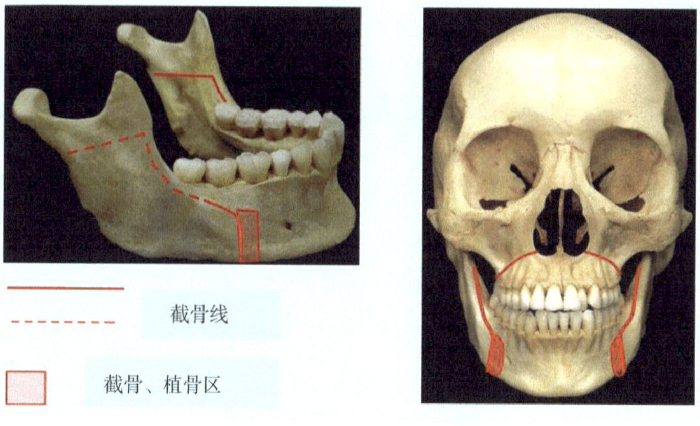

图 7-2-14　下颌升支矢装劈开和 Lefort Ⅰ型截骨线

（二）眼部美容外科手术造型艺术设计

眼部的美学设计主要包括眉和眼。进行眉眼美容手术设计时，首先应从整体看，眉眼在面部的位置，两者之间的关系是否协调，如眉的走势是否与眼裂的走势一致。然后，还要对眼部的周围因素进行分析，如影响眼部形态的因素，眼窝形态、泪腺、眼球的突度等。应当进行三维解剖形态分析，进行全面部拍摄，这样才能具有整体效果。有关眉的造型艺术设计问题，已经在第 7 章化妆美容的造型一节中进行了讨论，本节重点讨论眼部的艺术美学造型设计的相关问题。

1. 眼部的美学应用解剖

(1) 眉：眉是位于眼眶上缘的一束弧形短毛。眉头起自眼眶内上角，沿眶上缘向外略呈弧形走向，外侧端稍细为眉梢。

(2) 眼眶：是眼部的支架性结构，无论从美学角度还是功能角度，其解剖复位和形态重建尤为重要。眼眶分为上、下、内、外四壁，是由上颌骨、颧骨、筛骨、泪骨、蝶骨组成的四边锥体性骨腔。

(3) 眼睑：分上睑和下睑两部分，其间为睑裂，睑裂边缘为睑缘，宽约 2 毫米，上睑缘较下睑缘宽。上睑上方有眉，自内向外呈弧形。在上睑缘 3 ～ 8 毫米处常有一内窄外宽的明显皱襞，即上睑沟（称双眼皮）。上睑与下睑交界处为内眦、外眦。外眦成锐角形，稍高，内眦有泪阜。上、下睑缘各有一泪点，为泪小管的进口处。单睑的皮肤较厚，皮下组织较多，眼轮匝肌比较发达，肌后脂肪较多，睑板较薄且较狭小，上睑提肌的腱膜的纤维仅分布至睑板的上缘和前面，没有分布到睑板前的眼轮匝肌和皮肤。

(4) 皮肤：眼睑皮肤是人体最薄的皮肤，其厚度仅约 0.3 毫米。

(5) 皮下组织：皮下组织为疏松结缔组织，内含有脂肪。皮下脂肪易于积存血液或渗液而形成血肿或水肿。

(6) 肌层：眼轮匝肌位于皮下脂肪和睑板、眶隔之间，环绕睑裂分布，主要起到睑裂的闭合功能。提上睑肌腱膜或睑板前脂肪结缔组织是位于睑板前的一层薄薄的疏松结缔组织，眼皮的厚薄与该层组织的量相关。东方人的“肿泡眼”往往是因为这层组织较厚，并伴有上睑眶隔脂肪较多聚积；

眶隔及眶隔内脂肪：眶隔在眶隔前轮匝肌的后面，提上睑肌腱膜的前上方，为充满脂肪的眶隔组织所填充。眶隔分别起于上、下睑板，在上睑与提上睑肌腱膜混杂，止于眶缘；在下睑止于眶下缘，是眼睑与眶隔间的筋膜屏障，内含脂肪并有血管、神经通过。眶隔内脂肪居于 5 个间隙内，上睑为 2 个，下睑为 3 个，之间有眼外肌相隔。随着年龄的增长，眶隔筋膜组织及其表面的轮匝肌逐渐松弛，脂肪球就会从眶内疝出，形成眼袋。

(7) 睑板：为软骨状致密结缔组织长条薄板。上睑板厚 1 毫米，宽为 8 ～ 10 毫米；下睑板较薄而窄，宽约 5 毫米。内、外侧分别与内、外眦韧带相连，与内、外眦韧带共同起到稳定眼睑的作用。睑板内有睑板腺，开口在睑缘。

2. 眼部在面部形态的分析　眼部的形态分析主要从形态、比例、水平度方面进行（表 7-2-10、图 7-2-15）。

表 7-2-10　眼部观测指标

<table>
<tr><td rowspan="2">观测指标</td><td colspan="3">形态</td><td colspan="2">比例</td><td colspan="2">水平度</td></tr>
<tr><td>线流畅度</td><td>重心</td><td>动态</td><td>自身比例</td><td>与面部的比例</td><td rowspan="4">水平</td><td>倾斜</td></tr>
<tr><td rowspan="2">表现</td><td>流畅</td><td>内侧</td><td>一样</td><td rowspan="2">长、宽</td><td>两眼间距</td><td>向上</td></tr>
<tr><td>有角度</td><td>外侧</td><td>动现</td><td>面宽</td><td>向下</td></tr>
</table>

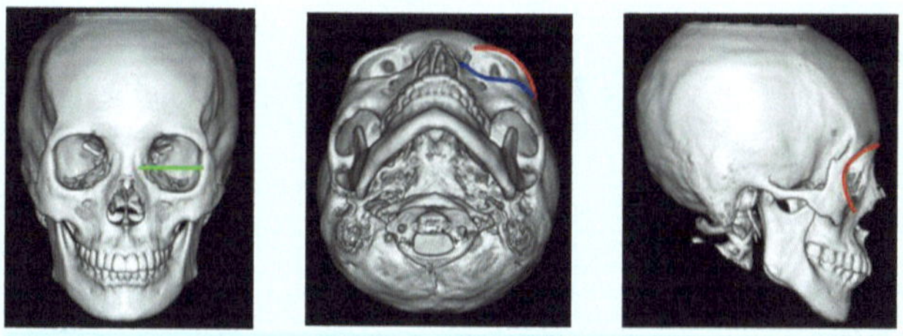
A. 颅骨的三维立体图像及眶窝的形态

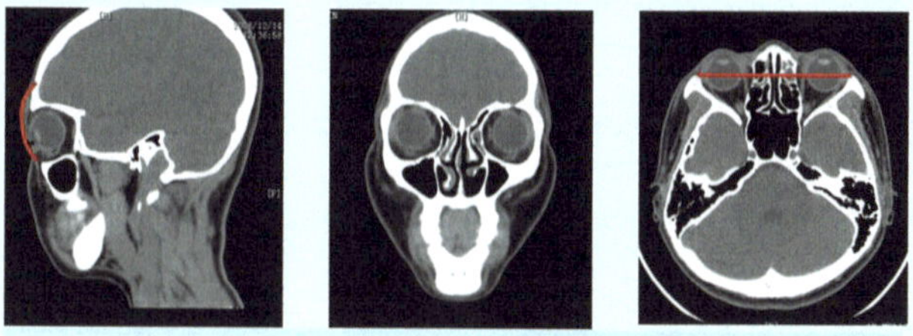
B. 颅骨眶窝形态的三维立体CT切面图像

图 7-2-15　眼部三维数字解剖

3. 眼部周围组织的位置及形态　眼的形态受周围组织结构的影响较大，如眶骨形态，泪腺是否下垂（图 7-2-16），眉弓与眶下缘的相对高度，鼻根部的高度，内、外眦的相对位置等。因此，要从解剖形态方面进行了解。另外，不同人种间的形态结构也存在差别，但如果从三维立体角度进行分析，就不必考虑人种差别，因为三维分析已经把这个因素考虑进去了。

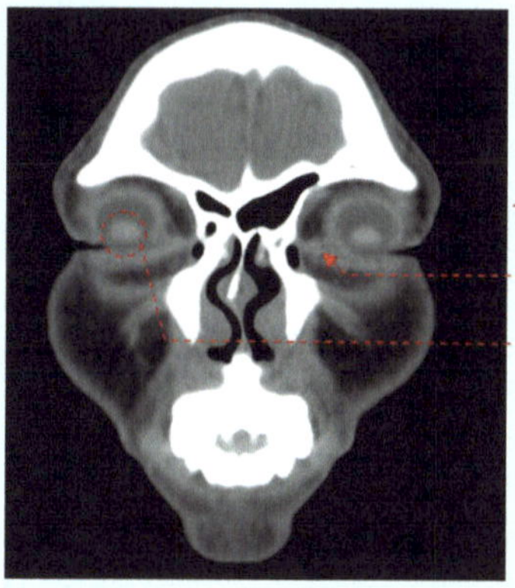

图 7-2-16　泪腺 CT（冠状面）

4. 眼部美学形态观察　眼部的美学不是单纯以睑裂大小和有无重睑皱襞作为衡量标准，而是需要有一定的美的基准，那就是眼球和睑裂的比例、内外眦角的形态、睑裂的长度和高度、上睑缘与眉毛间的距离、眉的形态和位置、睫毛的排列和疏密及眼睛与面部其他器官间比例是否协调。和谐是美的要素之一，也是评判眼部美学的标准（图 7-2-17）。

5. 眼部美容外科手术造型艺术设计　眼部美容整形艺术设计的主要目的是调整不符合美容医学造型艺术设计的器官之间的协调关系，在可动范围内，完善器官的形态表现。为完成这项工作，首先要把影响眼部和谐的因素找出来，然后进行设计。方法是根据五维设计原理，逐条进行量化。

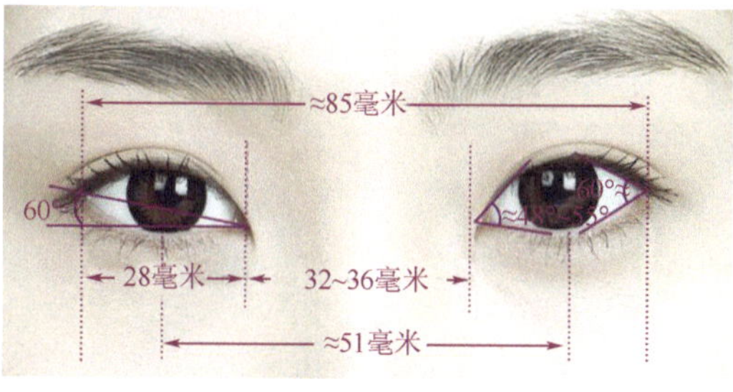

图 7-2-17　眼部美学观察标准

眼部的形态决定了眼的外观，是眼部美容整形的重点。人们总以大眼睛双眼皮为美，但从美学的角度来看并不全是如此，需要以整个面部的协调性为主，主要有以下几个方面影响因素：

(1) 眼部的重心（近远中关系）：在瞳孔与眼裂上睑高点之间（图 7-2-18）。

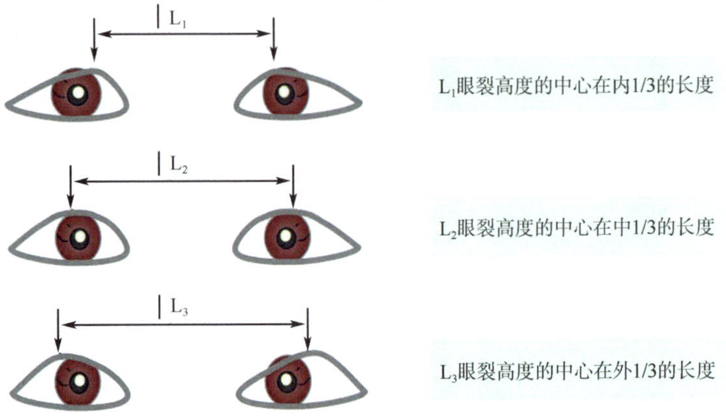

图 7-2-18　眼部重心不同的对比

(2) 重睑与单睑的视觉差别：因为视错的原因，重睑的眼裂看上去比单睑的大（图 7-2-19）。

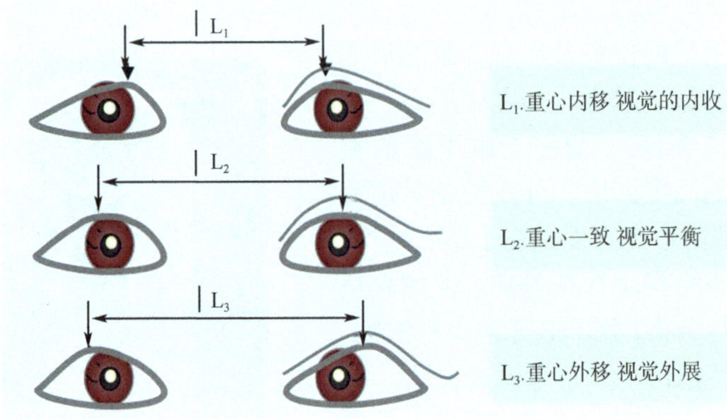

图 7-2-19　重睑与单睑的对比

(3) 睑球关系：睑球关系也是影响眼部形态的重要因素之一。眼睑与眼球的关系十分重要，与五维设计中的相的表达十分密切（图 7-2-20 ～图 7-2-22），是隐藏的表情密码。睑裂的高度、宽度影响眼球和角膜露出的程度。正常人的睑裂区可见到角膜（及其内部

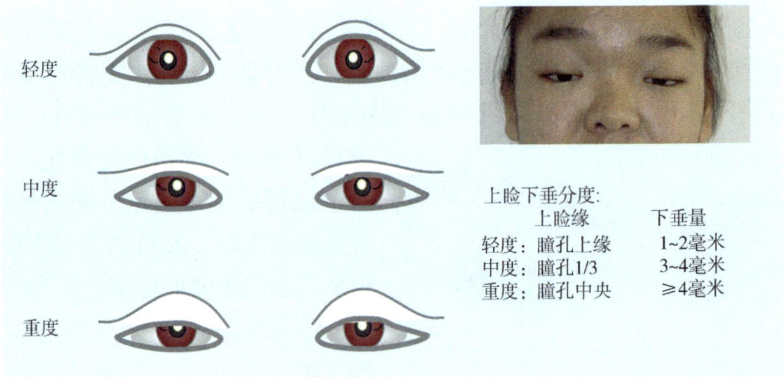

图 7-2-20　上睑与眼球的关系

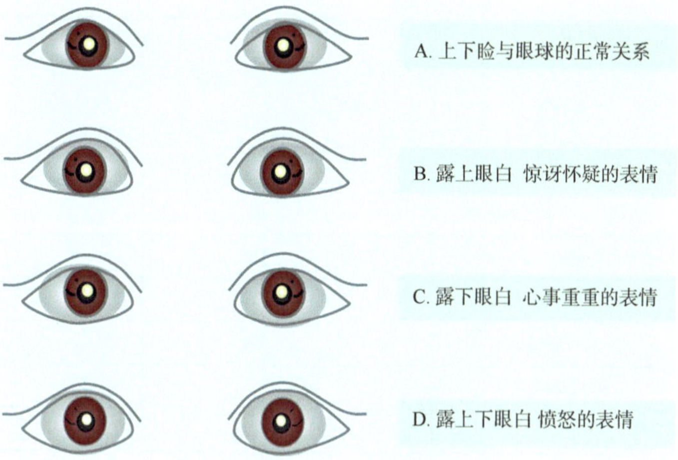

图 7-2-21　上下睑与眼球的关系

虹膜和瞳孔）、角膜内外三角形的巩膜、结膜半月皱襞和泪阜。睑裂高宽者眼球暴露多，显大，反之显小；角膜露出率为 50% ～ 80%。

⑷ 水平关系：眼部的水平度受人种的影响较明显，如高加索人的眉弓高耸，水平度较高；蒙古人的水平度较高，或轻度下垂。眼部的水平度与面部神情的表现有直接关系，可以视为面部的表情密码。眉眼与口唇的组合，形成了丰富的表情密码，构成面部的相。

⑸ 睑裂倾斜度：指内、外眦角位置的高低程度，一般分为三种类型。①水平型：内外眦角在同一水平线上；②外倾型：内眦角高于外眦角（也称内高外低型）；③内倾型：内眦角低于外眦角（也称为内低外高型）。

6. 眼部美容外科手术术式　调整眉眼之间的不协调关系是眼部美容整形手术的本质，重睑手术既可以调整眼部的大小（主要的本质是调整视觉的影像），又可以调整眼部的形态与重心。内眦赘皮切除的内眦开大手术可以调整眼裂的长度及水平度。每种手术都不是万能的，都有一定的局限性。眼部的调整是有限度的，可以分为可调整部分和不可调整部分，每一部分具有一定的动度。几种手术相加后，结合非手术的处理，都可以完美地达到设计要求。美容手术不能完成的工作可以用其他的造型艺术手段完成。表 7-2-11 是介绍各部位的特征及调整办法，根据眼部的特征及设计选择相应的手段，重点介绍几种常用的手术方法及功能。

表 7-2-11　眉毛及眼裂部美容外科雕塑术式

序号	可调整的结构			参考因素（不可调整的结构）			调整术式
	部位	形态特征		眶骨形态	虹膜 / 巩膜比例	眼球突度	
1	眼裂	水平度	内眦				内眦开大术
2		长度	内眦				内眦开大术
3			外眦				外眦开大术
4		宽度	上下睑缘	眉间高可行欧式重睑术	视情况而定	不可行重睑术	重睑术

续表

序号	可调整的结构			参考因素（不可调整的结构）			调整术式
	部位	形态特征		眶骨形态	虹膜/巩膜比例	眼球突度	
5	上睑	形态	重睑线				重睑术
6		臃肿	（肿眼泡）				脂肪填充术
7		塌陷					眼睑整形术（提眉术）
8		老化（松垂）					眼袋（脂肪）去除术
9	下睑	老化（眼袋）					脂肪填充术
10		眶缘塌陷					眼袋整形术
11		睑缘退缩		下睑巩膜暴露			眼袋整形术
12		眼台					—
13	睫毛	长度					人工睫毛种植
14		方向					重睑术
15	眉毛	方向	向上	眉弓高耸			提眉手术
16			水平				
17			向下				
18		形态（直线/曲线）	眉头				文饰术
19			眉峰	高点（内中外1/3）			
20			眉尾				
21	间距	过宽			睑缘松垂		提眉术文饰术
22		过窄					

(1) 调整眼部形态的手术术式——重睑术：上睑提肌起自眶尖部视神经上方的总腱环，向前走行于眶顶与上直肌之间，经睑板上缘，中央部纤维部分，止于睑板下部和双重睑相应部位的皮肤组织。两侧的纤维呈肌腱分散附着于内眦韧带和外侧的颧结节。上睑提肌下面的部分肌腱筋膜与上直肌鞘膜互相融合，止于上穹隆部结膜。

上睑提肌收缩牵拉皮肤形成重睑线（图 7-2-22）。部分人群上睑提肌的止点位于睑板下缘，因此，不能形成重睑。重睑手术的目的就是将上睑缘线处的皮下组织与睑板上缘缝合，形成重睑线。

(2) 调整眼部水平度、眼间距的手术——内、外眦开大术：为矫正小眼症而实施的常见的眼部美容手术。对于那些眼裂较小希望增大者，必须将内眦及外眦开大，必要时还需做内眦韧带固定术以矫正眶距增宽，或做上睑下垂矫正术。先天性小眼症由于既有眼裂狭小、严重的内眦赘皮，又常合并内眦间距增宽和上睑下垂，因此手术需分次进行。手术时期宜选择在学龄前，此时鼻骨发育已逐渐完善，外观特别是内眦间距可能有所改善。单纯的小眼症只需同时进行外眦成形术和内眦赘皮开大术即可。如合并有上睑下垂，可在 6 ～ 12 个月后进行上睑下垂矫正术。

用整形手术矫正眼裂过大症的目的是为预防或治疗眼裂过大而引起的暴露性角膜炎，同时也是为了美容的需要。

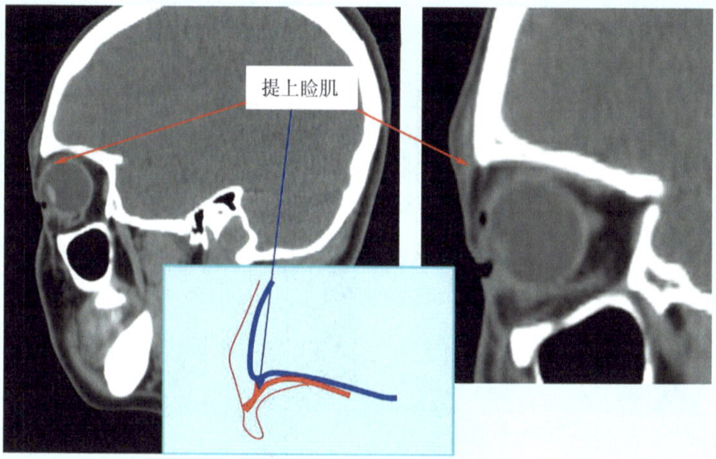

图 7-2-22　重睑形成机制

⑶ 下眼袋美容整形术：随着年龄增长，下睑皮肤、眼轮匝肌、眶隔筋膜及眶隔脂肪均出现退行性改变，皮肤松弛、皱纹增多，眼轮匝肌及眶隔脂肪向下松垂、疝出，在下眼睑形成眼袋。根据眼袋形成的不同原因，将眼袋分为以下 4 种类型：

①单纯皮肤松弛型：以单纯皮肤松弛、皱纹增多为主要表现。

②单纯眼轮匝肌肥厚型：主要表现为眼轮匝肌肥厚，下眼睑臃肿，皮肤并不松弛，临床上多见于年轻人，俗称眼台。

③眶隔脂肪疝出型：眶隔脂肪并无明显增多，但眶隔外的组织松弛、弹性降低，形成眶隔脂肪疝出。

④眶隔脂肪增多型：主要表现为眶隔内脂肪组织增多，同时存在皮肤、眼轮匝肌的松弛，在下眼睑形成明显的松垂、臃肿。

传统的眼袋整形术主要是围绕“多余”的眶隔脂肪和皮肤进行，术后容易留下明显的皮肤切口瘢痕，易发生下睑退缩、下睑凹陷、下睑外翻等并发症。眼部的深入解剖研究发现，下睑支持结构的改变除了皮肤和肌肉的变化，眼轮匝肌和眶隔松弛也是下睑衰老的显著特征。对于下睑皮肤、肌肉、脂肪松弛的综合性眼袋患者，手术的基本原则是以加强和锁紧眶隔组织为主，并不是靠切除皮肤和脂肪来消除眼袋。

（三）鼻部美容外科手术造型艺术设计

1. 鼻部美学应用解剖

⑴ 鼻部外形标志：鼻部上起眉弓，下至鼻底，位于面部中份，与前额在视觉上形成连续的整体，对脸型的立体表达起到了重要的作用。眉弓的高度与鼻根的形态直接影响面部的情感表现。如高眉弓与直线型鼻背结合，表现性格的刚毅；低眉弓与曲线型鼻背结合则表现出性情的温和与柔美。鼻根、鼻背、鼻小柱、鼻翼、鼻基底等的不同形态结合也会显现出不同的性格特征。鼻部的不同部位都可以进行艺术设计，并且可以进行整形表达。因此，需要详细了解鼻部的外形标志特征。

⑵ 鼻的解剖学结构（图 7-2-23）：鼻的解剖结构由骨、软骨、纤维结缔组织和软组织构成。鼻骨构成鼻根和鼻背的上部，上颌骨的鼻突构成鼻部两侧，鼻背软骨构成鼻背下部，鼻翼大软骨构成鼻尖与鼻小柱，纤维结缔组织构成鼻翼。软骨与上颌骨的鼻脊构成鼻基底。

软组织覆盖鼻部表面。鼻部是由骨性和软骨支架构成的空腔，覆盖薄层肌肉和软组织，结构精巧，力学结构明显。鼻部的整形美容设计必须在详细了解其解剖特征的基础上进行。

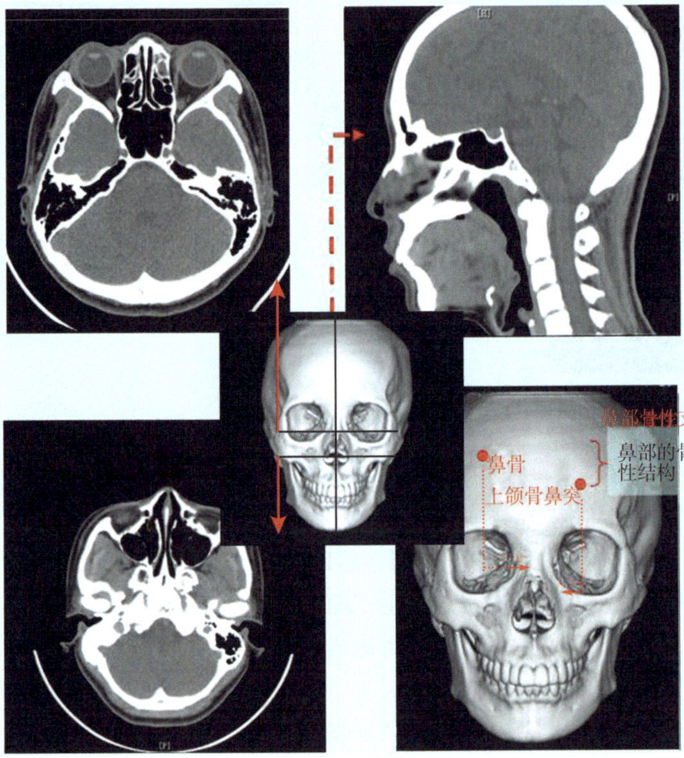

图 7-2-23　鼻部的骨性结构

2. 鼻的美学形态观察　鼻位于面部正中。鼻的中轴线将面部分为对称的左右两侧，同样也把鼻分为对称的左右两侧。从前额发际到下颌下缘，分成三等份，鼻长度正好是中 1/3 的长度，符合黄金分割率。鼻的外部形态，因种族不同而有显著差异，如欧美人的鼻梁高挺，东方人的额骨鼻突处一般宽阔，低平。额骨鼻突至鼻尖，男性近似直线，女性鼻尖微翘，曲线较柔和。

3. 鼻的美容外科手术造型艺术设计　鼻的美容外科手术造型艺术设计首先要考虑鼻的造型艺术美学元素，然后结合美学标准进行个性化的艺术美学设计。

鼻部美学标准有以下几点：

一维：点线。

对称性；左右对称与均衡度。

比例：局部与整体的比例点定位。

韵律：直曲度。

对比度：鼻背的弧度与面型的弧度是否统一。

和谐度：主要是鼻部的整体表达的形容词定位，如刚毅和温柔；宽厚和尖刻。

二维：平面。

面部的均衡性，面部的色彩及明暗度对于面部的影响。

三维：立体。

韵律感和均衡性是三维的重点。

四维：时空。

设计时应当注意材料的性质和长期的稳定性。由于时间的流逝、组织的发育生长，手术设计时的状态很难保证。使用新材料时尤其应注意其稳定性。如临床上使用羟基磷灰石而导致的过度生长；硅胶假体的析出；Gore-tex（高泰克斯，学名膨化聚四氟乙烯）的变形；自体组织的吸收。目前，很难找到完美的组织代用品，但若把相应的材料特点结合起来应用，就能获得长期稳定的效果。四维的设计理念不单纯像造型艺术那样只考虑作品的表现，还要注意时间变化产生的形变以及生长发育的特点。

五维：意识。

五维的考虑就像学会了遣词造句的作者一样，要想做出一篇好文章就要对作品有深刻的理解。在此基础上，创作出表达一定情感的作品。作品的鲜明个性非常重要，如果作品与其他作品雷同，则不会给人以深刻的印象。而个性与作品的整体和谐才能表现出唯美。美容医学造型艺术设计的理念就是创作一篇既个性鲜明又和谐统一的好文章——人。

鼻部的不同形态会表现出不同的感觉。

4. 鼻部美容外科手术术式　根据美容医学造型艺术设计的原则，五维设计在鼻部的整形美容设计中显得非常突出。这是由于相同的求美者可以设计出多种类型的鼻的形态，其型相是否表达的合适，则要根据设计者的实际水平。根据手术的表现功能主要分为调整形态、高度、方向等调整型相的手术（表 7-2-12）。

表 7-2-12　鼻部美容外科手术雕塑术式

序号	部位	支撑组织		调整方向 / 形态术式		备注
		性质	高度	代表术式	方法	
1	眉间 鼻根	骨性 骨性	增高术	鞍鼻 美容整形术	自体 / 假体植入	
2 3	鼻背	骨、软骨 混合性	降低术	驼峰鼻 整形术	去骨整形	
4	鼻尖	软骨性	过大	大鼻头整形术	鼻翼大软骨间结缔组织整形	
5			过小	鼻头增大术	耳郭软骨 / 假体植入	美容整形过程中应注意直曲度的表现
6			方向	朝天鼻整形术	鼻中隔软骨植入	
7	鼻小柱	软骨性	过低	鼻小柱增高术	鼻中隔软骨植入	
8	鼻翼	结缔组织	缺损	耳郭软骨 移植术	耳郭软骨移植	
9	鼻脊 （上颌骨鼻突）	骨性	过宽	断骨矫正术	断骨矫正	

调整鼻部形态的各种手术有以下几种。

(1) 调整鼻根高度的手术——隆鼻术：通过植入适当材料来改变鼻的高度和形态，使之与面部其他部位相协调。通过植入适合人体的材料，使低平的鼻梁和鼻头突起的手术叫做隆鼻术。

(2) 调整鼻背形态的手术——驼峰鼻矫正术：驼峰鼻是由于鼻骨发育过度，引起鼻梁高拱，形似驼峰的外鼻畸形。驼峰鼻可通过手术的方法将过多的骨质去除。

(3) 调整鼻尖形态的手术——肥大鼻头整形术：鼻头肥大有单纯鼻尖肥大和全鼻头肥大之分，要改善大鼻头状况就要区别对待。单纯鼻尖肥大可通过小而隐蔽的手术作切口矫正，使鼻部的整体曲线趋于完美，术中需将鼻头增生多余的软组织去除，重者还要去除部分鼻软骨，再用无创塑形，使之更接近美学标准。全鼻头肥厚的，手术不仅要去除鼻尖多余软组织及软骨，还要把鼻翼皮下多余脂肪剪除，同时适量切除鼻翼最宽处组织。如此，厚而宽大的鼻翼将变得薄而小巧，美容效果明显，但不能尽善尽美地达到美学标准，术前医生和求美者在手术效果方面应达成共识。

(4) 调整鼻尖方向的手术——取鼻中隔软骨（耳郭软骨）鼻尖整形术：圆大低平的鼻尖和鼻头，给人印象不够干练，这种现象是由于鼻头部位软骨的过度发育或非正常配置造成的。需要游离部分软骨或通过组织的重新分配使鼻尖和鼻头变得窄小干练。通过鼻孔缘剪除鼻尖和鼻头的部分机头组织使鼻头体积缩小。如有必要使鼻尖突起，可以采用耳软骨或柔软的 Gore-tex 材料。如鼻头宽大，可以通过鼻翼缘切口，进行直接剪小鼻头的手术。鼻尖和鼻头整形要协调多种手术技巧来提高患者的满意度。手术切口一般在鼻孔缘进行，术后没有外部瘢痕。鼻尖和鼻头整形术可以跟隆鼻术一起进行也可单独进行（图 7-2-24）。

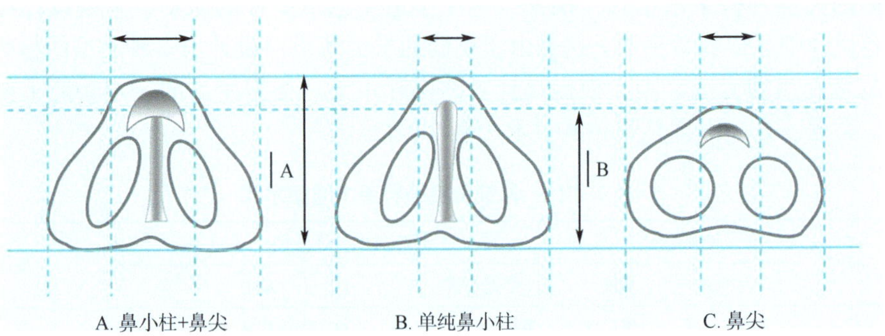

图 7-2-24　鼻底部的各种形态的修复方案

（四）口唇部美容外科手术造型艺术设计

1. 口唇部表面解剖标志　见图 7-2-25。

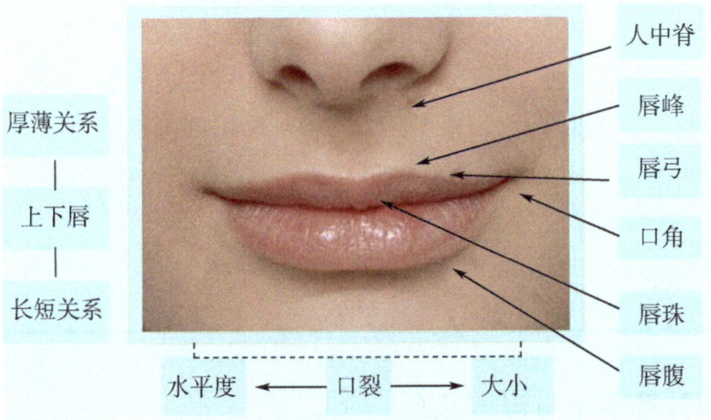

图 7-2-25　口唇的表面解剖

上唇：人中、人中脊、唇弓、唇珠、唇峰、上唇腹。

下唇：唇缘、下唇腹。

口裂：上下唇的交界，为一弧形三维曲线。

口角：由面部表情肌在此处形成涡轴，形成动态美，面部表情的重要表现位置。

2. 唇部形态对面型的影响　口唇在面部形态表情的表现中，具有影响整体情绪的功能，其影响的主要因素是口型和曲线的方向（图 7-2-26 ～图 7-2-27）。

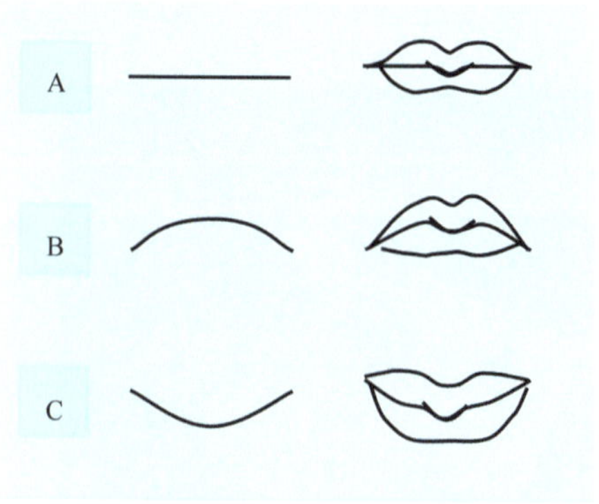

图 7-2-26　口唇水平度

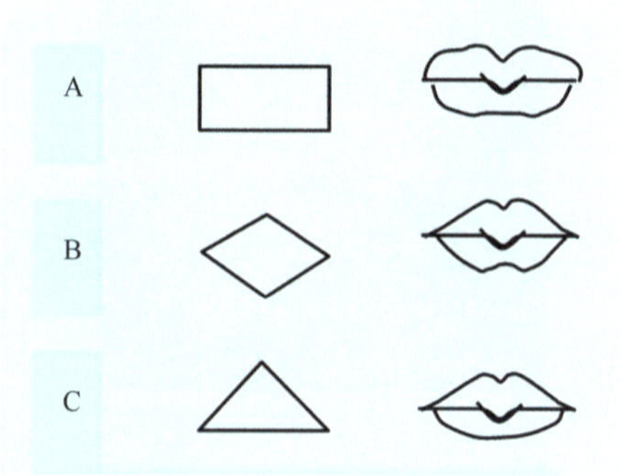

图 7-2-27　口唇形状

(1) 上下唇厚度：上下唇厚度的不同对于面型的影响也不相同。上下唇的厚度比一般为 8 ∶ 10，下唇略比上唇厚。如果厚度的比例发生变化，则会引起不同的情感表述，如性感、臃肿、尖刻等。在面部造型过程中，合理使用厚度比可以达到不同的效果。不能机械地讲小于 4 毫米为薄唇，超过 9 毫米为厚唇。因为人的身高、脸型、体重等都不相同，相同的尺寸，在不同的脸上也会有不同的效果。

(2) 口裂长度比例：上下唇轻闭时，两口角间距的长度即为口裂长度，当口裂长度相当于两眼平视虹膜外缘垂线间距离时，视觉效果比较平衡（图 7-2-28）。

(3) 口裂水平角度：口角的水平度在面部表情中起决定性作用，口裂水平曲线向上翘，呈现微笑表情，无论其他器官的曲线角度如何变化，都会表达愉快感情。相反，则会表现出不愉快的感情，或者表现出忧愁的感情（图 7-2-29）。口角可以调整口裂水平曲线，相随心生，内心愉悦，口角上翘，呈现出开心微笑。如果口角天生上翘，则面相和善。

(4) 唇峰的型：唇峰的形态可以呈现出直线与曲线形，女性静态唇峰形态对于面部柔和度的体现功能强大，其动态变化也受影响。曲线柔和，直线刚毅。牙弓形态不佳，则会突出其不良视觉，因此在文唇、漂唇时要合理运用。

3. 影响口唇美学形态的因素

(1) 牙弓形态（圆形、尖圆、卵圆）：口裂长度相同，牙弓形态不同，口裂的大小也感觉不同。见图 7-2-28，口裂与牙弓的关系示意图。

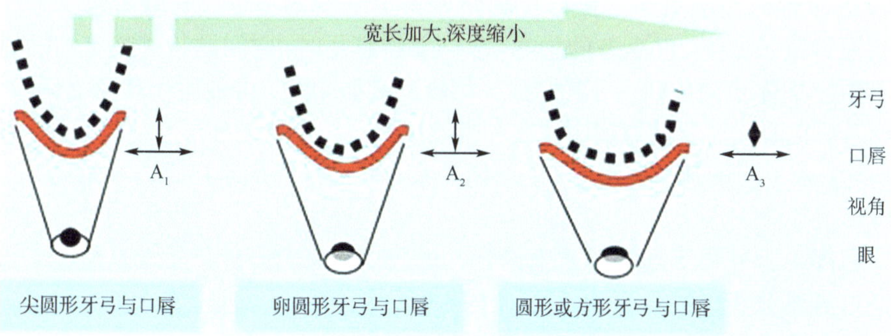

图 7-2-28　口裂与牙弓的关系

A_1 长度小于 A_2；A_2 长度小于 A_3

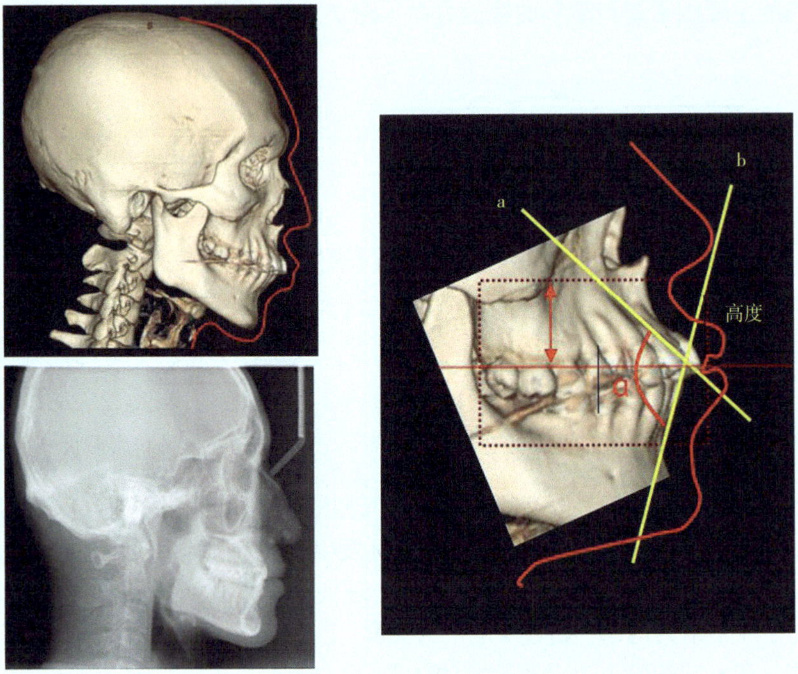

图 7-2-29　牙弓形态与唇部的关系

1）口裂长度相同，口的大小感觉是尖圆形小，圆形或方圆形大，卵圆形较佳。

2）正常颌（上牙弓覆盖下牙弓）时，口唇形态是上唇在前，下唇在后，上唇覆盖下唇。

3）反颌（下牙弓覆盖上牙弓）时，口唇形态是下唇在前，上唇在后，下唇覆盖上唇。

临床意义：可以通过调整牙弓形态调节口唇大小。相反，在矫正牙齿时，注意牙弓形态对口唇的影响。尤其是双颌前凸的患者，在减数矫正后效果十分明显。

⑵ 牙弓在颌骨的角度及位置（前后、上下、左右）：可以将牙弓形态理解成附着于颌骨的相对独立的柱状体，如前后位置发生变化，则表现为突颌或者瘪唇；如上下高度不协调则表现为上唇发育不足或者上唇过长；如左右位置不协调，则表现为偏颌或者歪脸。

临床意义：①上下牙弓的倾斜角度对口唇的影响是十分明显的（图 7-2-29）。角度越小，嘴越尖，可以通过矫正进行调整。②牙弓的高度决定了唇的相对高度。在设计上应充分考虑两者的比例关系。牙弓过高则显得上唇发育不足，开唇露齿。牙弓过低则显得上唇发育过长，给人以衰老的感觉。全口义齿修复时，此问题相对突出。正常状态下，口腔上下颌处于休止颌位时，上唇在前牙切缘上 2 毫米处，这种唇齿高度比例较为协调。③牙弓形态矫正时，还要注意横颌曲线和纵颌曲线。注意功能和形态的协调性。

⑶ 颌关系（上下颌骨突出）：上下颌关系对于唇部的影响已经在本章第一节进行了讲述。

4. 口唇部美容外科手术造型艺术设计　进行口唇部美容外科手术造型艺术设计时，首先应通过五维分析，进行型相定位，按照型相定位思想，进行艺术美学设计。在进行设计时，要注意下列问题：

(1) 水平度：口角上翘

(2) 上下厚唇度比：下唇稍厚一些较好，上唇：下唇 =8 ∶ 10。

(3) 上唇长度：静止状态下，在上牙切缘上 2 毫米处。

(4) 口裂与面型的比例：口裂宽度不超过两眼平视虹膜外缘垂线间距离。

(5) 口裂在面下部高度的位置：口裂位于鼻底与下颏间中上 2/3 处。

(6) 口唇形态的艺术美：唇峰不要成直角，尽量成圆形曲线；唇珠丰满，唇腹丰润，具有弓形曲线的韵律美。

根据设计，可以参照口唇形态的美容外科手术雕塑术式（表 7-2-13）中的目的、功能选择术式。

表 7-2-13　口唇形态的美容外科手术雕塑术式

部位	形态		临床表现	调整形态术式	辅助术式
上唇	厚度	过厚	重唇	厚唇变薄术	化妆、文饰
		过薄	尖刻	组织填充术	
	唇珠		立体感		——
	唇峰		直线、曲线		文饰
	唇弓形态		韵律感		
	过长		憨厚、衰老	口唇缩短整形术	——
	过短		开唇露齿	口唇延长整形术	
下唇	厚度	过厚	憨厚、性感	厚唇变薄术	文饰
		过薄	尖刻	组织填充术	
	唇弓形态		韵律感		
	过长		憨厚、衰老	——	
	过短		开唇露齿		
口角	口裂	向上	微笑	口角上提术	——
（涡轴）	曲线	向下	忧郁	——	
		过大	——	口角缩小术	
		过小	——	口角开大术	

5. 口唇部美容外科手术术式

(1) 组织填充术（丰唇术）：随着组织填充材料的进步，手术技术的成熟，微创理念的深入，个性的解放，唇部美容术越来越受到人们的关注。组织材料填充丰唇术就是一种微创、安全、效果良好的手术。填充材料有自体材料，如自体脂肪；人工材料，如透明质酸等。口唇部填充的关键环节在于表面解剖部位和解剖层次。同时注意填充后的组织反映，如硬结等。要在静态与动态下同时表现得自然才算成功。常见于“樱桃丰唇术”（图 7-2-30）。

(2) 厚唇变薄术：重唇是厚唇变薄术的主要原因。多发于上唇，位于中线两侧。由于两端过厚，使中间容易形成凹陷，以致唇珠不明显。应根据厚度比例进行矫正。矫正方法是在唇的口腔黏膜侧切除相应的条形组织，然后上提缝合。减少了红唇暴露面的厚度，达到矫正的目的。

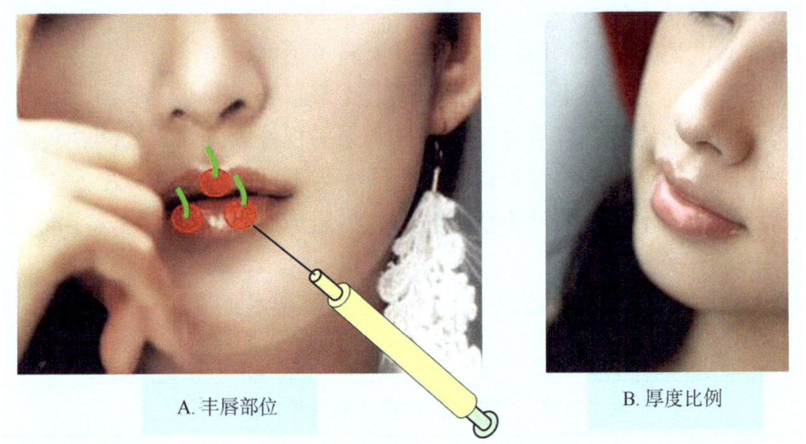

图 7-2-30　组织填充术（丰唇术）

(3) 上唇过长整形术：对于太长的上唇，国外的专家主张在上唇的最上方，即口唇与鼻底的交界处切除一条全层的上唇组织，使上唇向上缩短。也有人主张，在上唇的下方，即红唇与白唇的交界处按朱缘弓的形态切除一条皮肤和肌肉，使上唇缩短。由于我国的年轻人很多具有瘢痕体质，切除后容易留下明显的瘢痕，除非不得已，最好不要轻易采用以上方法。比较安全的手术方法是在红唇（表面有细纹）与口腔黏膜（表面光滑）交界处的口腔侧切除一条黏膜和肌肉，使上唇向上缩短，然后将伤口直接缝合，这样可使切口瘢痕基本不暴露。

(4) 上唇过短整形术：首先确定上唇过短原因，排除牙弓形态与前突的原因，然后观察上唇系带是否过短。如果是上述两种原因，解除上述原因即可。如果是单纯的上唇过短可采用以下方法：采用经口或鼻前庭切口，将鼻小柱根部鼻中隔降肌肌纤维切断及部分切除，并广泛剥离使上唇下降。可采用双侧鼻小柱外侧与前庭基底贯穿切口，或采用上唇唇龈沟切口进行手术。患者可以获得微笑时上唇中部适度降低、鼻小柱下方褶沟变浅或消失、上唇牙龈外露消失的效果。还可在手术矫正上唇动态短缩畸形的同时，实施鼻整手术。通过手术科矫正鼻唇牙龈部的综合动态缺陷，获得满意的美学效果。

(5) 口角上提术：为了获得较好的唇裂曲线，采用微创的口角上提矫正术。该方法是根据口角涡轴的形成及走向，将肌腱联合上提。切口在口内口角黏膜处，将联合肌腱分离上提。上提的肌纤维方向与颧大肌吻合。

(6) 口角缩小术 ：大口或巨口多由面横裂所致，可采用口角的 Z 形皮瓣修复。如果是美学修复则不能进行简单的 Z 形皮瓣修复。否则，会形成瘢痕畸形。因为口角的涡轴系统比较复杂，绝不是单纯像眼裂的内外眦那么简单。它是功能肌与表情肌的交汇处。分为多层，各层交错，形成涡轴，具有强烈的立体感和动感。因此，切口均采用口内黏膜切口。只需将口内涡轴内收即可。

(7) 口角开大术：口裂小，只需在口内黏膜切口，将涡轴向外牵拉即可，不必进行切除意义上的开大。

(8) 文饰术：根据唇形设计，利用视错觉的原理，使用各种色料，可以将唇线宽度、形态进行调整，文饰术与手术相比省事、安全。但调整幅度有限，有一定局限性。

（五）胸部美容外科手术造型艺术设计

1. 胸部美学应用解剖　胸部上届是锁骨，下届是肋弓，两边届为腋中线。胸是由肋骨、胸骨和胸椎构成的胸廓支撑。乳房体表标志见图 7-2-31。从正面观看，胸廓是上小下大的桶状，但由于肩部、胸大肌、背阔肌等结构的支持，胸部下面观是上大下小的倒梯形。从侧面看胸部是一个向前下倾斜的卵圆形（图 7-2-32）。

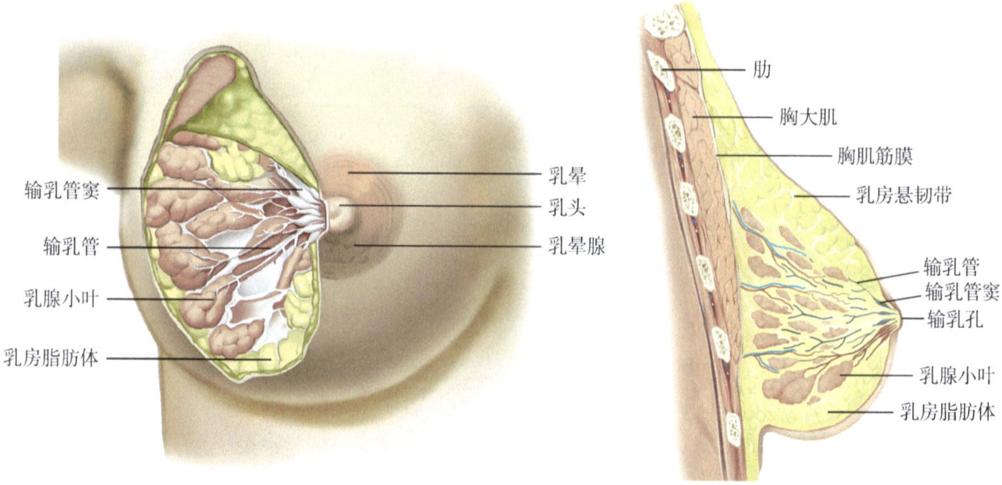

图 7-2-31　乳房体表标志

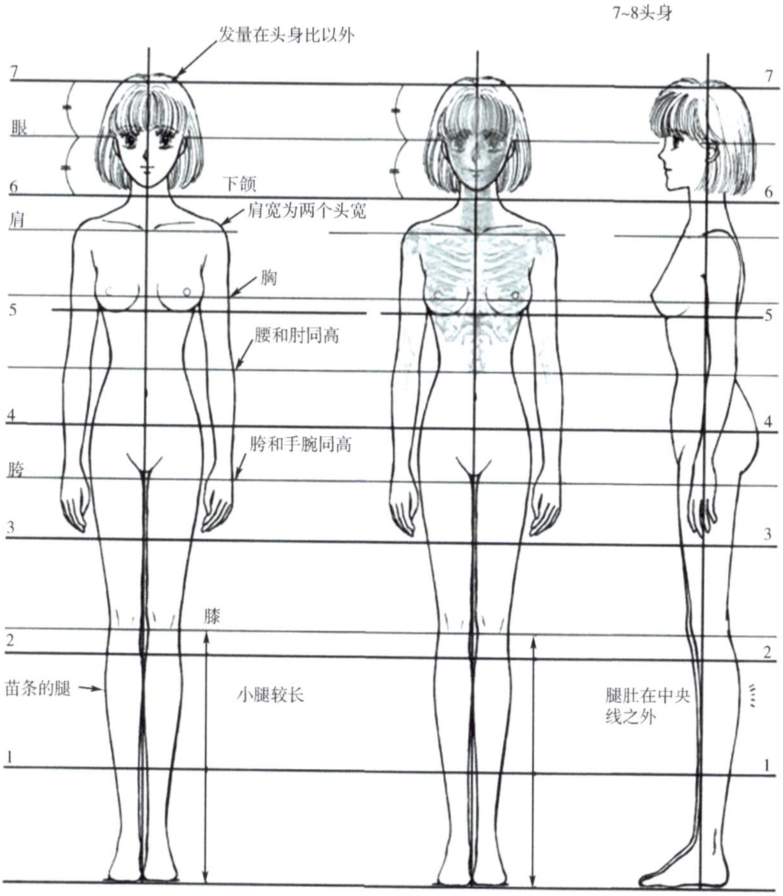

图 7-2-32　胸部形态与比例

2. 胸部美学形态观察

(1) 胸部形态：胸部的形态可分为正常胸、扁平胸、桶装胸、鸡胸、漏斗胸和不对称胸等（图 7-2-33）。

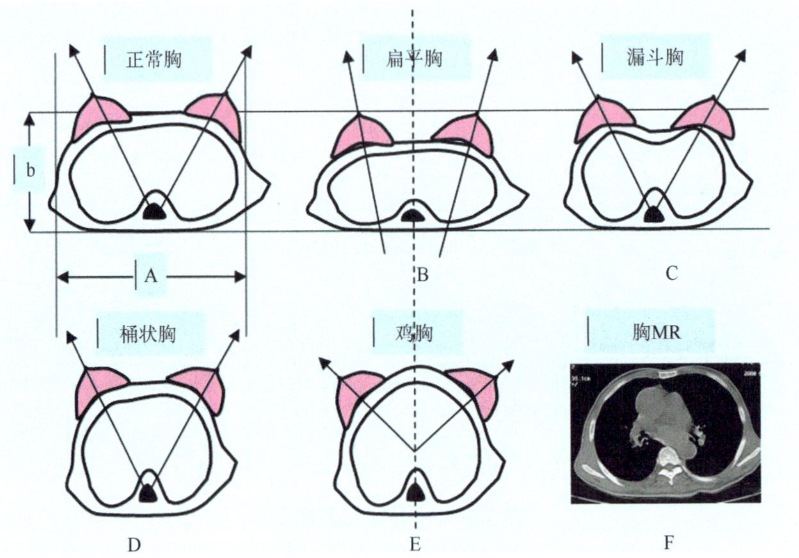

图 7-2-33　胸廓横断面

正常胸：胸廓前后径与横径之比为 3 ∶ 4，胸骨较平，胸肌结实而丰满。

扁平胸：胸廓前后径与横径之比明显小于 3 ∶ 4，胸部平坦，两肩高耸，锁骨突出。

桶状胸：胸廓前后异常扩大，甚至等于或超过胸廓横径，形如圆桶。

鸡胸：胸廓侧壁向下凹陷，胸骨向前突起，形如鸡的胸廓。

漏斗胸：胸骨下端向内凹陷，形如漏斗。

(2) 乳房形态：女性乳房的大小、形态与前突程度因人而异。女子的胸大肌薄弱，乳腺发达形成乳房。乳房是女性胸部曲线美的重要组成部分。丰满而健美的乳房是成熟女性的标志。发育良好的女性乳房，乳头大，表面略呈桑葚状外观。乳头位置在锁骨中线第五肋至第五肋间范围。乳头连线是锁骨平面至双腹肌沟中点平面的黄金分割线。少女乳头大多呈棕红色，少数为艳丽的玫瑰红或粉色，生育后则呈棕褐色。性刺激可致乳头平滑肌收缩，乳晕变小，乳头硬挺。乳房基部位于第二至第六肋间，其内界为胸骨旁线，外界为腋前线。

双侧乳头通常指向外下方向，乳头除发育不全或先天凹陷外，一般不应有回缩或者凹陷，但乳头可因输入管缩短、炎症及外伤而发生继发性乳头回缩、凹陷、抬高、偏斜等指向改变。临床检查时应仔细观察两侧乳房，对比乳头是否在同一水平高，轻度指向改变只能在对比之下才能发现。

成年女性乳房根据乳房基底横径、乳房高度、乳房下垂程度分为半球形、水滴形和纺锤形（图 7-2-34）。

①半球形：乳头仍在中央位，乳体隆起明显，具备半球体特征，属比较美观的乳房。

②水滴形：此型既不像半球体也不像圆锥体。乳房前突距离约等于乳房底盘半径。乳房形态饱满坚挺，乳体富有弹性和柔韧感，由于重力作用，乳头和乳体稍向下方位移位，

乳峰前突微微上翘。乳房上部皮肤形成斜坡形，下部皮肤为弧线形，胸肌线上形成明显的乳沟。乳房皮肤有良好的张力，乳房下无重叠皱襞形成，运动状态可出现细弱颤动，颇具性感魅力。

③纺锤形：乳房纵轴长度大于或等于乳房基部直径，受重力作用而下垂，明显向外下倾斜，乳房尾部明显隆起，乳房下部皮肤最低点低于乳房下缘，可有乳房皱襞形成。乳沟宽而浅，皮肤较松弛，弹性较差。因腺体发育过度所致的下垂呈水滴形，其乳头仍为前突；而皮肤、腺体松弛所致的下垂其乳头向外下方倾斜，乳头有桶状感，美学特征不良。

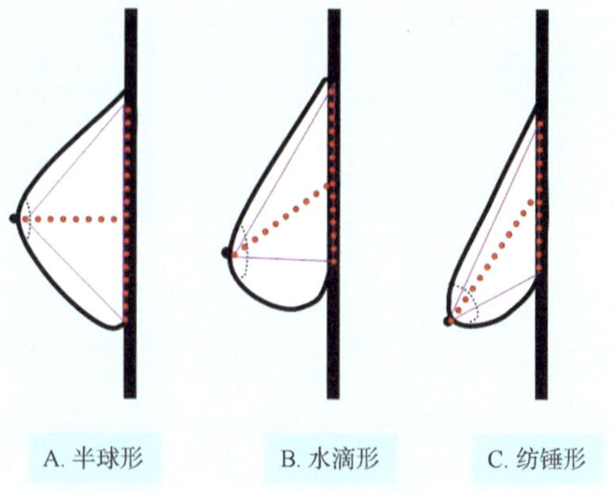

图 7-2-34　乳房基本形态侧位矢量图

成年妇女由于婚育、年龄、营养状况等诸多因素，乳房形态可出现发育不良、松垂、萎缩、肥大、不对称型等形态。

(3) 乳晕：乳头周围有色素沉着颜色较深的皮肤环形区称乳晕。乳晕多为圆形，直径 3.5 ～ 5 厘米，乳晕区有许多呈小圆形凸起的乳晕腺。人的乳晕腺有 5 ～ 12 个，是汗腺与乳晕重睑的过渡型。乳晕腺为一种皮质，可分泌脂状物，润滑乳头及乳晕，对乳头及乳晕有保护作用。妊娠及哺乳期乳晕特别发达。乳头、乳晕皮肤薄弱，神经末梢丰富，哺乳期易发生乳晕皲裂，疼痛剧烈。乳头、乳晕青春期一般为玫瑰红色，皮肤较白者可为粉红色，相对乳晕着色比乳头深，但在妊娠期乳头、乳晕着色逐渐加深，可呈深褐色改变，此种改变以后不易消退。

3. 胸部美容手术艺术设计　在胸部美容手术设计时，要注意形、型、相之间的关系。

一维：点、线。确定胸部的线条，分析节奏与韵律感。通过对胸型的分析，用线条表达三维形态。也可以进行特征创作。

二维：平面。通过对乳头、乳晕、乳房的颜色、质地的分析，确定调整方案。

三维：立体。从三维角度分析，高度不超过基底半径，不会有过度下垂。

四维：时空。观察运动状态下的表现，如在直立、仰卧体位下，胸部的形态，确定术后效果。

五维：意识。型、相反应。

4. 胸部美容整形手术术式　胸部美容整形手术术式参见表 7-2-14。

表 7-2-14　胸部美容整形手术术式

部位	表现			调整术式	补充手段
乳房	过小		发育不良、萎缩	隆胸术	胸罩
	过大		比例失调、运动受限	切除术	服饰
	下垂	轻度	乳头在乳房下皱襞水平位置	悬吊术	胸罩
		中度	乳头在乳房下皱襞之下，乳房下极之上	整形悬吊术	胸罩
		重度	乳头在乳房下极边缘		
	缺损		乳腺癌切除术后		胸罩

续表

部位	表现		调整术式	补充手段
乳头	凹陷	其他非手术方法无效	整形术	负压吸引理疗
	过大	患者需求	整形术	—
	过小		切除术	—
	缺损		填充术	—
乳晕	过大	比例失衡患者需求	切除术	—
	过小		植皮术	文饰术
	缺损			

(1) 隆胸术：是对不发育或者发育不良的小乳房进行扩大的一种手术。

①假体隆胸：早在20世纪60年代，硅胶假体诞生后，这一方法就在全世界范围内广泛使用。假体隆胸是传统的、成熟的隆胸方法。假体有硅胶及水囊之分。最大优点：是已使用了数十年的成熟的隆胸方法；当不需要时可完整取出假体。但这种方法也存在明显缺陷：一是有手术切口，会出现不可消失的切口瘢痕；二是假体是放置在胸大肌下的，手感与正常乳房不同，当肌肉收缩时乳房会变硬，出现人们常说的“一拥抱就变石头”的尴尬局面。另外术后还可能出现的并发症有：乳房“变硬”（包膜挛缩）；假体溃破，一旦溃破，如果是水囊，对身体影响不大，如果是液体硅胶，则会浸透到身体组织内难以彻底清除，会对身体产生一定的危害。所以假体隆胸有一定的风险。

②自体脂肪移植隆胸：理论上是最理想的隆胸方法。因为没有排斥反应，再加上有“真乳房”的感觉，心理上非常好接受。但遗憾的是，目前脂肪移植的成活率很低。大部分移植的脂肪细胞会坏死、液化。如果量较少，机体可吸收、分解；如果量较大，超过了机体的吸收、分解能力，机体会形成“包裹”出现“术后硬结”；如果量更大，机体会分泌一些水解酶，向浅层穿破排出，如果伴有细菌感染则会形成脓肿。所以说自体脂肪移植隆胸是最理想的方法，也是并发症最多的一种方法。通常每侧每次移植量不宜超过50毫升，一般需要做3～4次才能获得理想效果。“少量多次”在临床实践中取得了很好的效果。

目前常用的假体植入隆胸技术是通过在腋窝、乳晕及乳房下皱襞处做小切口，采用内镜同步图像显示技术对手术部位及假体置放位置进行准确定位，把假体置于胸大肌与胸小肌之间。隆胸过程清晰可见，有效避免了损伤乳腺组织和乳腺导管，使术后哺乳不受影响。成型后的乳房手感柔软、真实自然。

美容医学造型艺术设计让乳沟形态和乳房高度设计更符合自然美学，类似于自体乳房柔软度的假体材料植入后使身体的自然线条既有少女般的圆润挺拔，又有成熟女人的丰满魅力，使人难以察觉。充分展示了完美的乳房形态带来的性感魅力。

(2) 乳房肥大切除术：通常成年妇女的乳房发育到一定程度即停止生长，正常的乳房位于第2～6肋，重量为250g～350g。若在乳房发育时期内，因受到过强过多的雌激素刺激，或对雌激素刺激特别敏感而使一侧或两侧乳腺过度发育，超过正常乳房的界限及重量，即称为成人型女性乳房肥大症，亦称巨乳症。将部分肥大的乳房组织切除，符合体型的韵律感，就是本手术的目的。

(3) 乳头内陷矫正术：女性乳头不突出于乳晕的表面，甚至凹陷沉没于皮肤表面，局部如同火山口状，这种情况称为乳头内陷。乳头凹陷的程度因人而异，轻者仅表现为不同程度的乳头退缩，用手可挤出乳头，或负压吸吮使乳头突出于体表；重者表现为完全淹没于皮面，无法被挤出，常呈反向生长。女性乳头内陷的发生率为 1% ～ 2%。两侧乳头内陷程度可不一致，可仅一侧发生，是一种常见的女性疾病。乳头深陷于乳晕中，不仅外观不雅，而且由于凹陷乳头可积存污垢或油脂，造成奇痒、湿疹或炎症。严重内陷则使婴儿难以吸吮乳汁，给患者带来生活上的不便及心理上的压抑。

乳头内陷程度可分为三类：一类为部分乳头内陷，乳头颈部存在，能轻易被挤出，挤出后乳头大小与常人相似；另一类为乳头完全凹陷于乳晕之中，但可用手挤出乳头，乳头较正常小，多半无乳头颈部；第三类为乳头完全埋于乳晕下方，无法挤出内陷乳头。

（六）体型雕塑的美容外科造型艺术设计

体型，即身体的外形特征和体格的类型。骨骼的发育（图 7-2-35）、肌肉的形态和脂肪的积累程度是构成体型的三大基础。

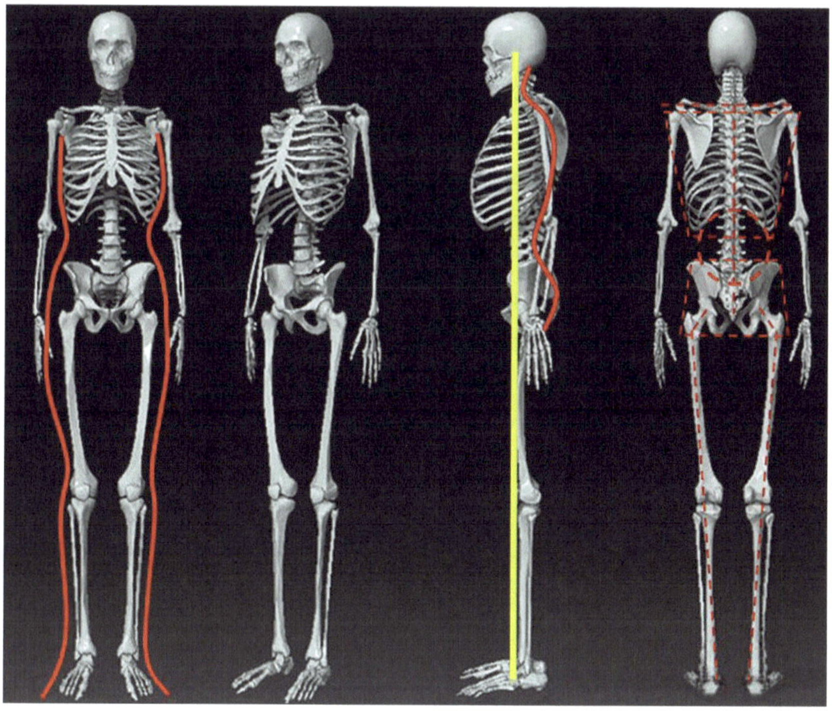

图 7-2-35　骨骼的形态

1. 躯体的美学应用解剖与美学形态观察

(1) 颈部：颈部是人体的外露部分，其形态通常与容貌相联系，在人体美中占有比较重要的地位。颈部基本形状是圆柱体，女性颈部稍细长，平滑细腻，喉结小而且位置高，颈下部甲状腺较男性发达。女性胸锁乳突肌外显不如男性，锁骨上窝浅。女性颈部有两三条横纹，称为“维纳斯的项圈”，这是女性颈部特有的美学表征。

(2) 肩部：肩部的范围是三角肌的覆盖区，与颈、胸、背和上臂分界清楚，基本形状为三角形，中央圆滑隆起。三角肌的穹窿形结构决定了肩部的轮廓，无论从哪个角度看，它都是肩部圆形的重要特征。男性三角肌发达厚大，锁骨长而弯曲度大，故男性肩平宽，肩峰高，厚壮结实，给人以阳刚壮美之感。女性肩部肌肉不发达，三角肌起点处薄弱，而中部厚而宽，且锁骨略短而直，故女性肩平薄窄，肩峰低，给人以娇小柔弱感，韵律感强。肩部的形态可分为正常肩、溜肩、平肩、怂肩和不对称肩等。

(3) 背部：男性背部由于斜方肌和背阔肌发达，肋骨较粗，基本型为方形；背部肌肉凹凸分明，肩胛骨大而明显，胸椎后突弧度小，背部宽阔厚实挺拔，有“虎背”之说。女性背部肩胛骨较小，肌肉不发达，凹凸变化不明显；胸椎后突弧度稍大，与颈椎前突共同构成流畅的S形曲线；又因皮下脂肪较厚，故显得背部光滑圆润。女性的倒梯形与宽阔的骨盆进一步衬托出细腰特征。根据脊柱的生理弯曲情况，可将背部的形态分为正常背、圆背、平背和鞍背等。

(4) 腰部：女性腰椎前突明显，与骶椎的后突共同构成S形曲线。由于腰际线长而高，且肌肉不发达，所以腰两侧内收形成腰线。腰线也称为腰身，解剖学上是指侧腰部形成的曲线。因此，此线也可称为侧腰线。左右腰线呈对应的弧形。这对曲线的弧度在男女之间有较明显差异，并决定了腰部的美学特征。腰围是反映腰腹部形态的重要指标。女性理想腰围形态圆滑较细者为正常腰，见于匀称体型。粗腰见于较胖体型和生育后的女性。细腰见于消瘦体型和瘦长体型女性。

(5) 腹部：腹部的表面形态受腹肌和皮下脂肪的影响。女性腹部皮下脂肪厚，肌肉不发达，一般看不到腹直肌肌形。上腹窄小平滑，下腹与骨盆相协调，外形圆隆。由于女性腹肌下部最薄弱以及受生育的影响，所以肥胖体型下腹部外突最明显。

(6) 脐部：脐是人体的一个重要的解剖体表标志，并且蕴藏着重要的审美价值。在人体美学的数学法则上，脐是分割人体全长（头顶—脐—足跟）的黄金点。在人体造型艺术上，无论躯干和肢体如何运动，脐在人体轴线上的位置是相对不动的，而肩峰、乳头、髂前上棘、股骨大粗隆等标志点都是可以移动的。脐有多种形态，女性皮下脂肪厚，脐部呈深陷的喇叭形，圆浑富有魅力。肥胖的女性和男性，脐多为水平舟状，而消瘦体型的脐呈垂直舟状。脐部是一维中点的比例分割重要点。

(7) 骨盆：骨盆的特点和附属的肌肉决定了人的骨盆外形以及其性别特征。男性骨盆的基本为短方形，活体后面观为正方形，盆腔前后径小于左右径。女性的骨盆为较长的方形，骨盆侧翼外展低平，髂棘间距在人体比例上大于男性，在骨骼构架上，是女性唯一大于男性的骨性部分。女性盆腔前后径与左右径相等，前倾角大，因此女性骶部和耻骨部有明显超出男性的外凸。更为明显的表现是臀部大且后翘。女性的耻骨前突和阴阜部皮下有较厚的脂肪垫，使耻骨部呈膨隆形，加之女性阴毛的倒三角分布，构成了女性的性别特征。女性骶骨的明显后凸和腰椎的明显前凸，使腰骶生理曲线格外鲜明。女性的骨盆形态充分显示了人类的生殖力和造型美。

(8) 臀部：臀部浑圆后凸，上接躯干下部，下连大腿，是形成人体曲线美的重要部分。臀大肌、臀中肌和骨盆构成了臀部的外形特征。从后侧观察人体躯干，臀部因较大而和腰部形成了显著的凹凸关系，在人体动态上与腰椎运动紧密相依。在侧面，臀部又和大腿融为一体，成为下肢造型的一个重要组成部分。臀部的界线是非常分明的，它有臀间沟、臀下褶、髂嵴、髂前上棘和髂后上棘。女性臀部皮下脂肪垫肥厚，外表光洁、丰满、圆润，呈球形后凸，从造型上看，完整、优美、神奇。臀部在质感和量感上明显的区别于身体其他部位，女性臀部以及乳房赋予了人体最佳曲线。胸部和臀部往往交错倾斜运动，形成了既矛盾对立又统一和谐的整体韵律。臀部的形态常见的有正常臀、扁臀、窄臀、小圆臀和肥大臀等。

(9) 四肢：四肢修长匀称是美的标志。但由于肥胖等原因常导致四肢的韵律感消失。

因肥胖导致的四肢的形态不佳可以通过吸脂手术改善。但是，由于腿部的弯曲所致的体形不佳，则需要服饰进行修饰。

2. 体型雕塑的美容造型艺术设计　体型雕塑的艺术设计受躯体骨骼的形态结构、器官脏器的恒定位置以及其固有形态的可塑性限制。目前常用的手段只有吸脂术一项较为可靠。皮下脂肪的分布不能完全左右体形，骨骼的宽度比例（如肩宽与胯宽之比）、脊柱的曲度等骨性结构对于体型起决定因素。体型雕塑目前只对软组织，具体说就是脂肪层进行调整，主要是腹部、腰部、背部、上臂、下肢等几个主要部位进行有限度的调整。

体型雕塑的艺术设计主要从以下几个方面进行考虑：①静态整体的对称性与韵律感；②动态的均匀度与平整度。五维设计中的一维点线重点在于对节奏感与韵律感的表现；二维平面重点在于对比与协调关系的表达；三维重点在于胸围、腰围、臀围的比例与协调；四维时空重点在于运动状态下的变化，如大腿外侧吸脂后，股外侧肌运动时，形成凹陷。五维意识重点在于个性与和谐的状态表现。如对于女性求美者的体型雕塑，应适量保证皮下脂肪的厚度，如果吸出过量，则表现为肌肉型体貌，男性力量型的特征就会增强。综上所述，注意点归纳为表 7-2-15，以供参考。

表 7-2-15　体型雕塑的美学要求

部位	体位	对称	韵律	比例	对比
腹部	正位	平整	双曲线	—	差异性
	侧位	—	平缓	平缓	均衡
臀部	正位	范围	臀沟	韵律感	均衡
	侧位	方向	曲线流畅	—	一致
四肢	上肢	均衡	曲线流畅	协调	均衡
	下肢	均衡	曲线流畅	协调	均衡

3. 体形雕塑的美容外科手术术式　吸脂是近几年来的常用体形雕塑术。随着肿胀吸脂技术的发展，出血较从前减少，效果更佳，逐渐得到了人们的认可。与之相对的是脂肪填充术。吸脂后的脂肪也可以回注到凹陷部位，起到了填充的作用。由于填充后的脂肪有一定吸收率，所以，要超量填充。

吸脂术的常见部位一般为下颌部、上肢（上臂及前臂）、腹部、臀部、髋部、大腿、小腿和踝部等，近两年还出现了颜面部及颈部的吸脂术。此外，乳房肥大和脂肪瘤引起的局部肥胖也可用吸脂术塑身（表 7-2-16）。

表 7-2-16　吸脂术的常见部位

部位	腹部		腰部	上肢	下肢	
	脐上	脐下	两侧	上臂	大腿	小腿
吸脂塑形	左右	左右	左右	内收侧	内外	腿肚
填充塑形	—	—	—	局部	外侧	后侧

吸脂术的特点：①自然、定位准确。分层吸脂术定位准确，能单独减去腰、臀、腹、腿、背、面等局部堆积的脂肪，注重形状，形态自然，术后曲线纤细优美，皮肤光滑平整，

韵律动人。②安全、恢复快。超声波、共振波的双重溶脂技术，配合高科技监护设施及无痛技术，在不损伤血管及神经组织的基础上，增强皮肤弹性与光泽，术后不留瘢痕，身体塑形立竿见影，安全可靠，恢复快。③个性化、效果好。术中保留少量脂肪，使术后皮肤保持弹性和细腻光滑。强调艺术和技术的融合，根据不同人体特征可以塑造个性之美和自然之美。

（七）会阴部的美容外科造型艺术设计

会阴部的整形美容是临床工作的一个重要组成部分。要求进行会阴部手术的患者多集中在男性包皮环切、阴茎增长、增粗；女性多集中在阴道缩紧、小阴唇肥大、处女膜再造和上阴唇填充、阴毛脱毛、植毛等项目。以上项目都属于非疾病状态，是社会的心理或者个体的心理需求，符合美容医学造型艺术的特点。而且，多数要到整形美容医院去实施。但是，由于社会伦理的相关影响，这种手术尚没有统一标准。然而这种手术的数量仍在急剧增长。由于没有科学的标准，产生了一些问题，如小阴唇整形后，由于过短和力学方向的外张，致使自然站立时尿道口和阴道口暴露，给患者带来不便。

另一方面，会阴部的美容医学造型艺术对于促进家庭和谐、身心健康具有很重要的作用。从物种进化的角度看，生物个体存在的意义就是物种的繁衍，其生育能力的消亡意味着个体存在意义的丧失。如大马哈鱼在产卵后，就会死亡；螳螂在交配后，雄螳螂就会被雌螳螂吃掉。哺乳动物在失去生育能力后就会很快衰老，而过度的繁殖则会给物种带来灭顶之灾。物种的平衡性至关重要。而这种物种间的平衡调控的主要手段就是生殖速度和质量。生物界的自然生存法则决定了各物种的自律，也就是自然密码。所以，许多生物的自我调控也是在自觉进行的。人类的自我调控通过战争、疾病、伦理等多种方式进行着。其目的就是调节生物平衡。由于人类的进化，具有了避孕等一系列的措施，人口数量得到了有效的控制，生殖器官已不单纯是传宗接代的工具，在其中还赋予了人类的情感。因此，会阴部的美容整形是心理和生理的共同需求。随着社会文明和经济的发展，人类的精神需求呈现出多样性。会阴部整形美容的兴起，也说明了这个问题。

1. 会阴部美学应用解剖　人体的外部形态由于其部位和功能的不同，其表现形式也各不相同。主要有三类：一类是暴露性的，如面部；另一类是半暴露性的，如身体；第三类是隐蔽的，如会阴部。暴露类的整形美容手术要求较高，因为其观众是大众；半暴露类的要求相对降低，评价对象的人群受到限制；隐蔽类的则要求较低，因为评价对象的对比度较差，评价对象局限。手术医生大多数对于其标准也不清楚，标准各异，纠纷判定也不能量化，患者常常受到伤害。因此，有必要就基本问题进行澄清。

会阴部的美学解剖标志如图 7-2-36、图 7-2-37 所示。主要从形态、色泽、功能进行描述。由于每一个人的形态都有不同，因此，从艺术审美角度只能说是一般规律，正如每个人长相不同一样。这里只是一个手术需达到的标准。

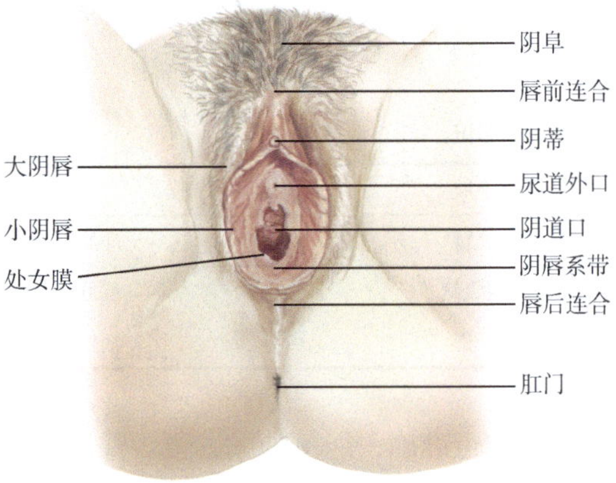

图 7-2-36　女性会阴部的解剖标志

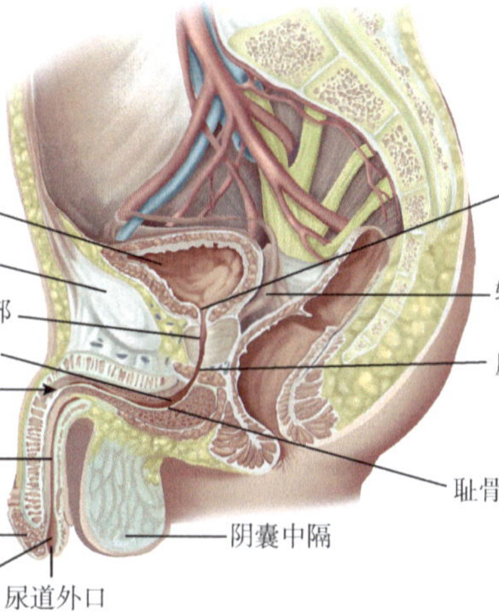

图 7-2-37　男性会阴部的解剖标志

正常成人阴茎长度：4.5 ～ 11cm；周径：5.5 ～ 11.0cm，平均：7.8±0.7cm；勃起长度：10.7 ～ 16.5cm；平均：13.0±1.5cm；周径：8.5 ～ 13.5cm，平均：12.2±1.2cm

广义的会阴为封闭骨盆下口全部软组织的总称（临床上常将肛门与外生殖器之间的区域称狭义会阴）。会阴境界略呈菱形，前界为耻骨联合下缘；后界为尾骨尖；两侧有耻骨下支、坐骨支、坐骨结节和骶结节韧带。两侧坐骨结节的连线将会阴分为前方的尿生殖区与后方的肛区（皮下组织疏松无脂肪，皮肤有很大的伸展和滑动性）。

女性直立时大阴唇包绕小阴唇，一般不外露为宜。大阴唇饱满，富有弹性。小阴唇的色泽以粉红色为宜，但是，多数内侧为粉红色，顶部和外侧部分为褐色或者是暗黑紫色。实施小阴唇肥大整形切除术时，可切除顶部及外侧色泽不佳部分，保留内侧颜色粉红部分。

男性直立时阴茎低垂，龟头暴露，有很大一部分人的包皮过长，龟头隐藏在包皮内，形成软垢，长期刺激龟头易生病也不卫生。因此，包皮过长应适时切除。但如果对于包皮在勃起时的状态了解不够，容易致使手术致阴茎畸形。所以，应引起充分注意。

2. 会阴部的美容外科造型艺术设计　在美容手术造型艺术设计中，由于社会伦理的约束，很少有人提及会阴部的解剖生理特征。那是否就不重要了呢？恰恰相反，很重要！因为它涉及每个人，是每个人生活中的事情。试想我们日常生活当中哪个人能离开它？但是却给予了相当的不重视，比如卫生、气味等。会阴部的美容医学造型艺术设计不单纯表现在形态上，而首先应表现在心理上。如何看待会阴部的造型艺术性是一种心理状态，会影响患者的健康状态。比如，怀有不良的心态对待会阴部的艺术审美，则会形成一个恶性刺激，导致内分泌状态紊乱；如果是怀有一颗阳光心态去体会其中的美感，身心愉悦则是另一种状态，这种良性刺激会使机体充满活力。因此，关于会阴部的五维设计中的意识问题，尤为突出。因为那就像吃饭和睡觉一样，是每个人的切身生活。

临床指导意义在于指导患者如何看待这个问题。试想一个卫生状况不佳、散发着腥臭气的会阴部，在夫妻的性爱中会起到什么作用。夫妻的性爱已不是单纯的传宗接代，还有互相的爱抚。这是一个从器官到精神的五维审美。从人性的根本角度出发，其重要性远远超过了重睑、隆鼻。因为它具有普遍性，关乎每个人的生活，而后者是部分人的事情，是个性的问题。会阴部的艺术审美是一对一的，是每个人的；面部的审美是一对多的，是部分人的。每个人都愉悦，社会才和谐；部分人愉悦，社会不一定和谐。

女性外阴美容整形的常见原因有小阴唇肥大，阴毛过重。

会阴部的美容医学造型艺术设计主要从以下几个方面考虑：

(1) 外部形态：干净，无味。因为这是多个器官的聚集区，既有分泌、排泄又有接触、运动，还有感受和联想。在其他部位则不具备这些特点。

(2) 阴毛的形态：阴毛的分布对于男女双方是有区别的。男性患者植毛有时需要对于阴毛的分布有所了解。女性脱阴毛时，要求进行脱毛区界定。

(3) 阴茎的形态：包皮的长度与阴茎勃起时的长度匹配，不能机械地根据解剖要求而做。这也是包皮环切术后纠纷的原因之一，这会给患者带来不必要的痛苦。

(4) 小阴唇的形态：长度、宽度适宜，与大阴唇和尿道开口、阴道口协调。直立时，以不暴露或轻微暴露为宜。

(5) 大阴唇的形态：饱满，富有弹性。对于老年女性可以考虑组织移植塑形。

(6) 阴蒂的形态：过大的阴蒂在切除时，要考虑染色体的状况，并且在塑形时难度较大。要精细设计实施，考虑动静的因素。

(7) 阴道松弛：这也是临床常见的手术项目之一，常见于生育后的女性患者。

(8) 变性手术：这是美容医学造型艺术中最复杂的问题，因为不但在形态和心理上，并且在社会认知、法律、伦理上要求都很复杂，是美容医学造型艺术中所涉及最全面的典型案例之一。

3. 会阴部的美容外科手术术式　近年来，泌尿生殖系统会阴部的整形美容患者呈上升趋势。主要分布在几个方面，见表 7-2-17。多数医疗机构称之为“爱的手术”。重点在于调整患者的心理感受。由于部位隐蔽，标准不确定，患者即使手术失败也很难维权。医生也是理解各异。更有社会的伦理层面的影响，不能健康发展。实际是对人性的压抑。由于其社会影响广泛却隐蔽，因此需要正确引导。

表 7-2-17　常见会阴部美容外科手术

女性	小阴唇整形	大阴唇整形	阴道缩紧	阴部脱毛	处女膜修复
原因	肥大	萎缩	生育、衰老	分布	社会伦理
男性	包皮环切	阴茎增长	增粗	种植阴毛	变性
原因	过长	短小	性和谐	心理认同	易性癖

常见的会阴部美容整形手术有以下几种：

(1) 小阴唇肥大整形美容手术：肥大的小阴唇在运动、行走、骑车或久坐时由于局部受挤压和摩擦而感到不适。或在月经期由于卫生巾摩擦而疼痛，部分患者在性交时出现阻挡或疼痛不适，一些患者可出现局部溃疡而痛苦不堪。因此，小阴唇肥大影响到正常生活时应进行手术治疗。小阴唇肥大可以通过整形手术修复，术后新形成的小阴唇应色泽恢复自然，大小适度，外形美观，局部不遗留明显瘢痕，无手术后遗症。手术整复，一般在小阴唇外侧做纵向梭形切口，切除皮肤后，将软组织推向内后，严密止血，细丝线缝合切口。如小阴唇明显肥大，则应将部分软组织一并切除以使宽度达到正常范围。

(2) 阴道缩紧术：阴道缩紧术就是针对女性生理变化，为提高夫妻性生活质量及治疗尿道、膀胱及直肠膨出而设计的一种妇科整形手术。手术根据患者的不同年龄、阴道松弛及会阴损伤的不同程度进行修补，通过手术修复损伤和松弛的肌肉和筋膜，使阴道弹性增强，松紧度变得合适，裂伤的会阴修复后恢复到产前状态。术后不仅外观满意，解除了患者心理上和生理上的痛苦，并提高了生活质量，恢复了女性的自信心；同时有利于预防和治疗因盆底组织松弛而导致的子宫脱垂及阴道前、后壁膨出等疾患。大量病例临床观察结果表明，手术后患者反应良好，性生活质量提高，因阴道松弛导致的膀胱、直肠症状消失，基本上无任何后遗症。

(3) 阴部脱毛：比基尼脱毛后，可以使会阴部干净、凉爽，大大减少下生殖道感染的机会。因此，进行阴部脱毛是很有必要的。最好的方法是激光脱毛。该方法是以特定波段的激光穿透皮肤直达毛囊根部，利用光的选择性吸收原理，让毛囊中的黑色素细胞对特定波长的光吸收并产生热能，从而作用于毛囊，抑制毛发生长。同时，由于激光女性阴部脱毛采用特定的强脉冲光，只对黑色素具有靶向性，它不会被皮肤的其他附属器官，如汗腺、皮脂腺和内含组织如神经、淋巴等吸收，避免对周围组织损伤的同时达到去除多余毛发的效果。

(4) 处女膜修复：处女膜是覆盖于女性阴道口的一层圆形空状薄膜，厚 1 ～ 2 毫米，其内、外两面均为湿润的黏膜，在两层黏膜之间是含有微小血管及神经纤维的结缔组织。膜的中央有小孔即处女膜孔。处女膜孔的形状可为圆形、椭圆形、双孔形、筛孔形或周边呈锯齿形等。孔的直径一般为 1.5 厘米，仅容一指通过。处女膜对阴道有一定保护作用，可防止一些不洁分泌物和细菌的入侵，对未婚少女尤为重要。处女膜的破裂一般有两种情况：外伤或初次性生活导致处女膜破裂。外伤造成的处女膜破裂大多比较严重并且不规则。初次性生活导致的处女膜破裂，其裂口多在钟表盘的 4 ～ 5 点或 7 ～ 8 点处，并有少量出血和轻度疼痛，一般 4 ～ 6 天即可愈合。愈合后的处女膜孔形状不规则，大而松弛，四周出现皱襞，但仍保持柔软的弹性，瘢痕也不明显。也有少数处女膜弹性极好，多次性生活仍不会破裂，不发生出血，但可表现为处女膜松弛，阴道口变大，可轻松伸入两指。对于这两种情况造成的处女膜破裂或准破裂都需要进行修复。处女膜修复是针对婚前因各种意外导致的处女膜破裂而进行的整形外科手术。由于处女膜仅厚 1 ～ 2 毫米，且质地脆嫩，易撕裂，故手术需在显微镜下用极细微的、可吸收，无创带针线将裂隙的两缘恰如其分地对合。此方法修复的处女膜不会造成处女膜狭窄以及边缘增厚等缝合痕迹。手术几乎无痛感，无须拆线，1 周后便完美如初。

(5) 会阴部综合整形美容：年纪较长的女性，外阴、阴毛、阴唇等多部位出现形态性老化，需要进行综合治疗。一般包括以下项目：①阴毛染色；②组织移植，恢复外阴的丰满度和弹性；③进行小阴唇美容手术，将过长过宽的小阴唇切除，然后进行小阴唇丰满术，恢复其丰满度和弹性；④进行阴道缩小及阴道括约肌及肛提肌张力恢复术。这些手术可同时进行，术后可以有恢复年轻时的外观和功能的感觉。

(6) 阴茎延长术：取适当位置切断阴茎上的浅悬韧带和深悬韧带，使埋藏在体内的那段阴茎海绵体分离出来，采用内填外拔的缝合技术，使阴茎体外部分延长 3 ～ 5 厘米。这种手术不仅可使阴茎延伸至接近正常的长度，而且有正常的勃起和感觉功能，极大地提高了男性性生活质量。

(7) 包皮环切术：包皮环切术是指将阴茎里面的多余包皮切除，使阴茎头外露出来，是治疗包茎、包皮过长及防止其并发症的有效治疗方法，最常用的是包皮内外板一次环切法，其次为内外板分别环切法，均为开放性的手术，其目的是通过手术让阴茎头彻底暴露出来避免留卫生死角而导致感染。

（李雪飞）

第三节 美容牙科学中的美容造型艺术设计

当今，医学观念的变化、健康概念的更新，以及新的生物 - 社会 - 心理医学模式，给美容牙科带来了进一步发展的契机，也给这门新兴学科的学术研究注入了新的内涵。我们应该认识到，因牙齿所处的口腔环境具体温度、微生物、温度效应和机械应力等作用的特殊性，如何使美容牙科的每种治疗方法、每种矫治装置能长期无害地、和谐地为患者身心健康服务，是美容牙科的使命。

一、牙齿的美观

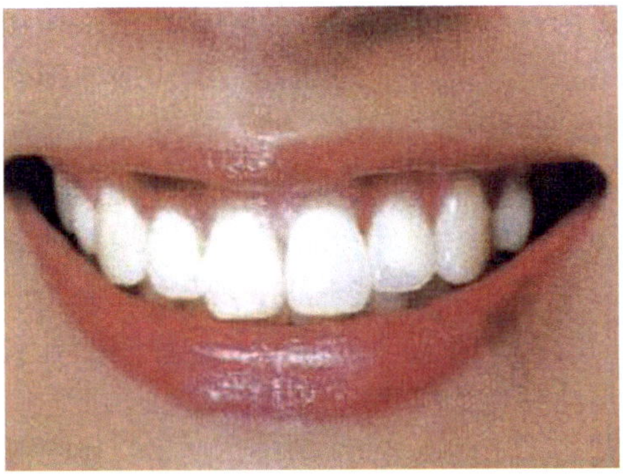

图 7-3-1 正常牙齿形态美

1. 牙齿形态美 在人类器官进化史上，牙的形态和功能本身与环境是相互适应并进化的。进食习惯决定了牙齿的功能，进而形成一定的牙齿形态。正常的牙体形态为姣好面容的必备条件（图 7-3-1）。

2. 牙体色泽美 正常牙齿色相相同，为白色带微黄，由于表面釉质的作用，牙齿显晶莹润泽。但是，由于牙本质的钙化程度、覆盖的釉质的差异，不同的牙齿，相同牙齿的不同部位，其色度有差异。正常情况下，尖牙的牙本质和釉质较厚，颜色较侧切牙黄。侧切牙比中切牙看起来暗。牙弓越靠后的牙齿颜色越深。同一颗牙齿中颈部颜色比切端深，切端比颈部颜色清透。

3. 牙齿排列美 上、下牙弓的前后牙齿排列整齐，形象良好的颌接关系和对合关系，支撑口唇和颊面部组织，面部丰满美观（图 7-3-2）。牙齿排列不齐，严重影响面容。

4. 牙齿数目对美观的影响 正常牙齿数目是 28 ～ 32 颗。先天性缺牙和多生牙等牙齿数目异常，造成牙齿拥挤或牙间隙过大，甚至影响额骨发育，形成面部畸形，严重影响面部美观，需及早矫治。

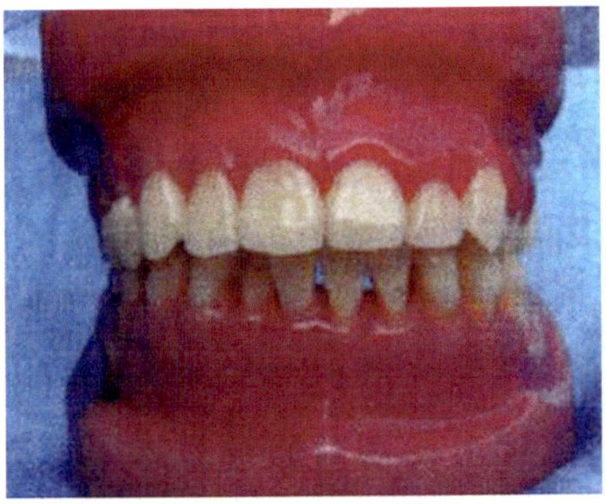

图 7-3-2 牙齿的排列

5. 牙齿美学形态学的黄金比例　上前牙的牙齿宽度与长度为 1 ∶ 1.618。上前牙中，尖牙、侧切牙、中切牙比例均为黄金比例，中切牙与侧切牙、尖牙与侧切牙比例为 1.618 ∶ 1。该比例可用以指导临床修复治疗。

牙齿的标记及各部位名称见图 7-3-3。

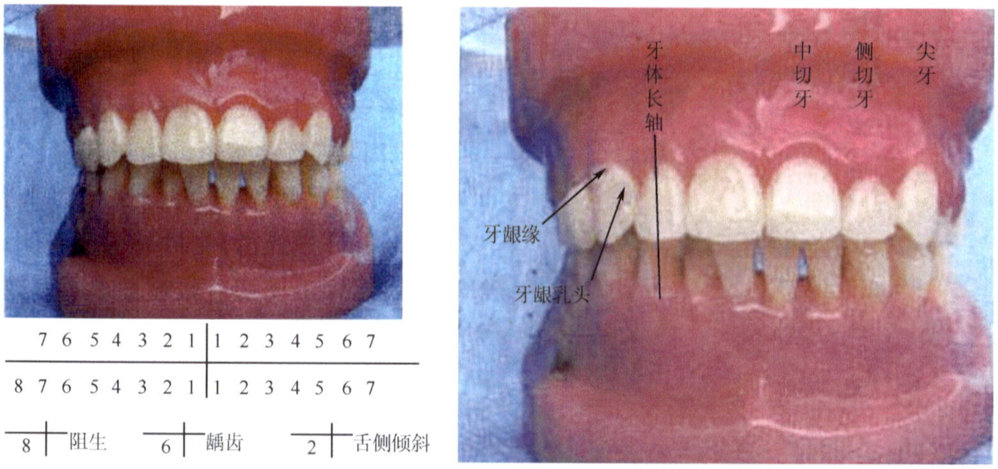

图 7-3-3　牙齿的标记及各部位名称

6. 牙齿与其他组织的协调美　协调是美的基础，牙齿之间的协调，牙齿与周围组织的协调都是在牙科美学、形态学的学习和应用中必须掌握的。牙齿的协调性首先表现在牙齿的形态与牙弓、面部形态的协调性。如前面有关牙弓和牙列中介绍过的，方形牙弓，方形脸的人常有方形切牙。此外，各牙之间牙色协调、牙齿大小形状的协调、牙色的渐变、适应年龄增长的协调等均是面部自然美的保证。

7. 牙齿的艺术美　牙齿形态的直线与曲线、刚性与柔性的表现对于人物的相影响较大。这是一种通感反应，无法改变。在修复牙齿的时候要根据人物性别个性修复。牙弓形态基本与面型相协调并保持一致。牙弓形态对唇形的影响较大。牙齿的形态造型艺术特征见图 7-3-4。

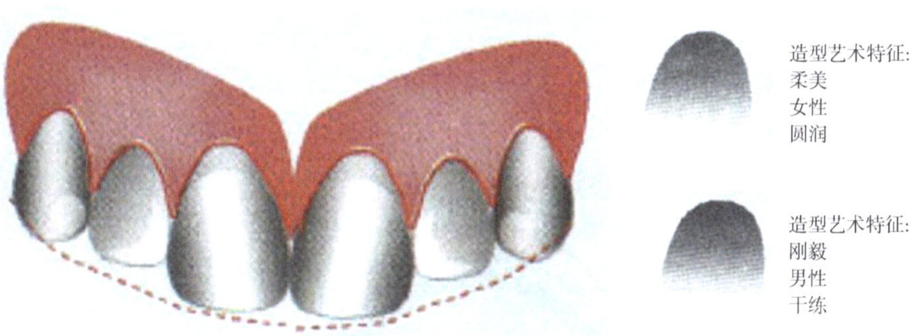

图 7-3-4　牙齿的形态造型艺术特征

口腔常见影响美容的因素见表 7-3-1。

表 7-3-1　口腔常见影响美容的因素

	症状	色泽	缺损		缺失		不齐	
牙齿			活髓	死髓	前牙	后牙	成人	儿童
	特点	美观	不变色	变色	美观	功能	美观	功能、发育
	治疗方法	漂白	材料修补、全瓷冠、烤瓷冠	根管治疗、纤维桩、核桩冠	种植、固定桥、活动桥	种植、固定桥、活动桥	固定矫正、活动矫正、功能矫正	
牙龈	症状	增生	萎缩	肿胀	牙石	出血	黑变	龈线变色
	特点	慢炎性症	牙槽骨吸收	炎症	卫生	炎症	长期缺氧	重金属铅
	治方疗法	牙龈切除	植骨	消炎、洁治	洁治、刮治	消炎、洁治	系统疾病	环保测评
气味	症状	口臭			自觉异味			
	特点	牙齿、牙周疾病，系统性疾病，如消化道疾病			口腔干燥综合征			

二、牙齿的修复及装饰

1. 牙体不白　对于临床上较常见的牙体不够白，即所谓的变色牙，为了美观及个人要求，应进行针对性的治疗。引起牙体变色的原因有很多，如食物的色素沉积、饮料、牙菌斑、吸烟、牙齿发育缺陷、氟斑牙、四环素牙等。可进行专项的对症治疗，如牙齿抛光、牙齿喷砂术、洗牙、更换烤瓷牙、牙齿漂白等，从而达到牙齿的美观。目前临床多采用冷光美白牙齿，原理是将波长为 480 ～ 520 纳米的高强度蓝光照射到涂抹在牙齿上的特殊美白剂上，在最短的时间内使美白剂透过牙本质小管，与多年来沉积在牙齿表面及深层的色素产生氧化还原作用，使牙齿回到未经染色前的洁白状态。这种美白技术不仅对长期以来因为抽烟或喝咖啡等饮料引起的牙齿变色有效，对于药物引起的牙齿变色（如四环素牙、氟斑牙）、老年性或遗传性黄牙也有很好的效果（图 7-3-5）。

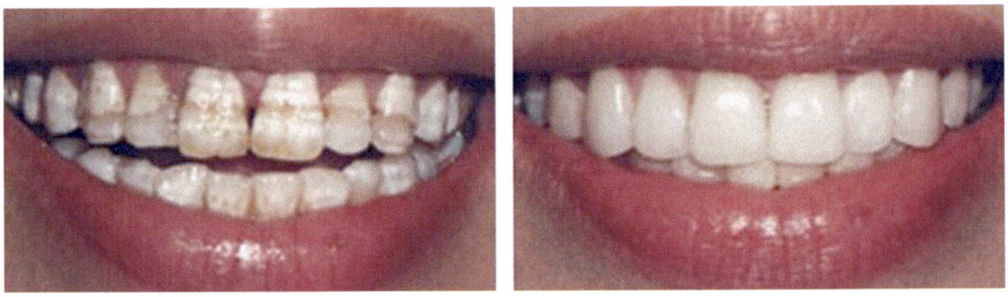

图 7-3-5　牙齿的美白

2. 牙齿缺损　牙体缺损，常见的原因有龋齿、外伤、磨损、酸蚀和发育畸形等。牙体缺损需要及时治疗与修复，否则对牙体、牙髓、牙周组织，对咀嚼及美观和发育都有影响（图 7-3-6）。

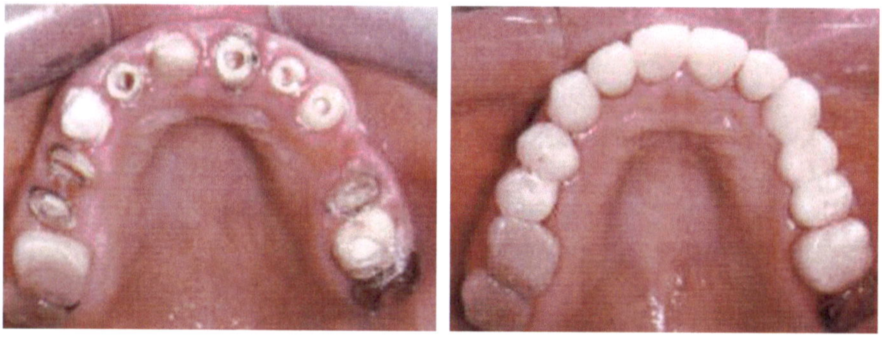

图 7-3-6　牙齿缺损及修复

(1) 种植牙：是将用生物材料纯钛和钛合金制作的种植体（人工牙根）通过外科手术植入到颌骨内（牙槽骨），为缺失牙的修复体（种植义齿）提供支持和固位，这个过程就是种植。在种植体上修复的义齿即为种植牙。种植牙将成为今后牙齿的主要修复手段（图 7-3-7）。

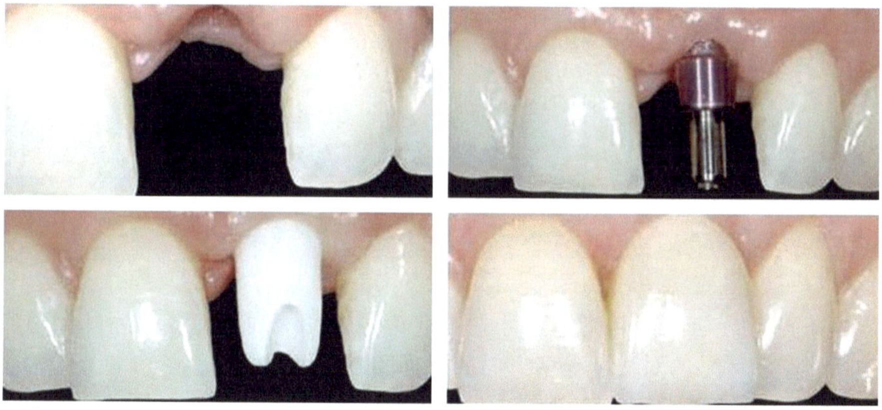

图 7-3-7　种植牙修复过程

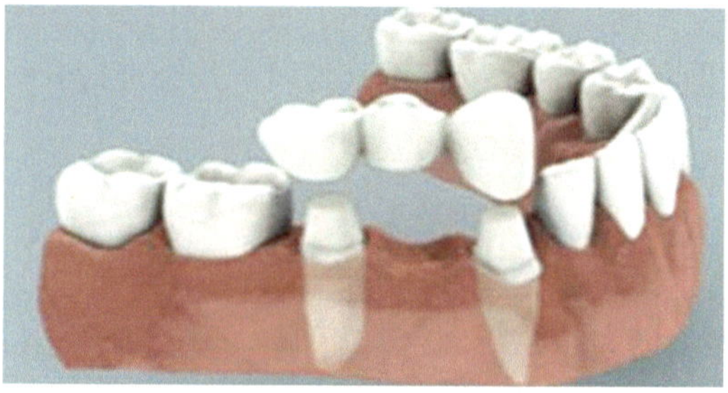

图 7-3-8　固定义齿

(2) 固定义齿：又称固定桥，是利用缺牙间隙两端或一端的天然牙或牙根作为基牙，在其上制作固位体，并与人工牙连接为一个整体（图 7-3-8）。借粘固剂将固位体粘固于基牙上，患者不能取摘修复体。

(3) 活动义齿：是牙列缺损修复最常用的方法，是指利用缺牙区邻近的天然牙或其他余留牙和基托覆盖的黏膜、牙槽骨作支持，借助义齿的固位体及基托等部件将义齿固定在牙列内，用人工牙恢复缺失牙的形态和功能，并用基托材料恢复缺损的牙槽嵴及软组织的形态。患者可自行摘戴修复体。其中隐形义齿属活动义齿的一种。传统活动义齿的金属卡环影响美观，基托的颜色与牙龈颜色有一定的差异。隐形义齿采用弹性材料，具有较好的弹性、柔韧性、半透明性，用作基托材料和卡环材料，义齿无卡环，与牙龈协调，达到隐形的目的。目前，常用于前牙种植修复的临时过渡。活动义齿的类型见图 7-3-9。

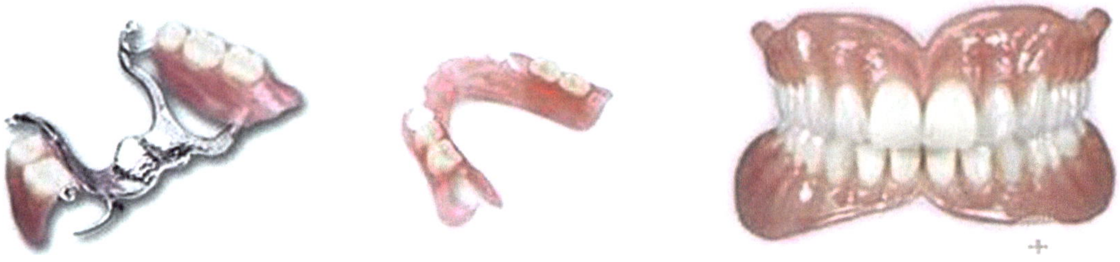

图 7-3-9　活动义齿的类型

(4) 局部充填：是指用人造物质修补牙体缺损的方法。用于修补的物质叫充填材料。凡因龋齿、楔状缺损、外伤等造成牙体组织缺损者都需要修补，以恢复其外形和功能，包括树脂充填、银汞充填等，见图 7-3-10。

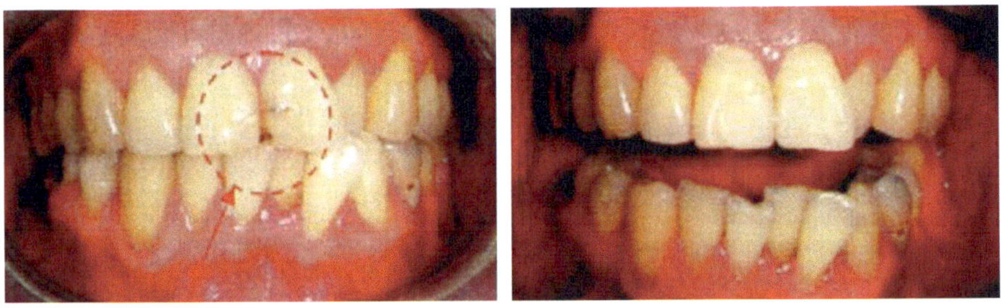

图 7-3-10　牙齿充填

3. 牙齿不齐　牙齿不齐是指整个牙列因遗传、发育等因素造成的牙弓形态、上下牙弓位置关系、左右牙弓的对称度等多方面的牙列问题。根据生长年龄可划分为两个阶段，即儿童生长发育阶段和成年人阶段。这两个阶段具有明显的不同特点，儿童生长发育期矫正速度较快，治疗阶段时间较长；成人阶段矫正速度较慢，治疗阶段时间相对较短。发育期以功能矫正为主，成人期以美容固定矫正为主（图 7-3-11）。综合以上因素，从矫正方法上将牙齿矫正分为以下几类进行介绍：

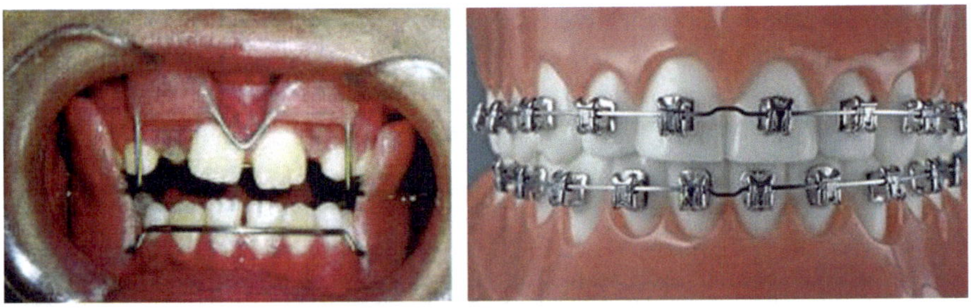

图 7-3-11　牙齿矫正

(1) 固定矫正技术：目前主要针对成人的矫正技术，常与其他两项技术合用于各年龄阶段的患者，如滑动直丝弓技术。

(2) 活动矫正技术：发育期儿童处于混合牙列时，使用可自由摘戴的活动矫正器进行矫正。计算机辅助设计开展以来，成人计算机牙齿矫正分为辅助矫正技术和序列膜片活动矫正器的使用，使活动矫正技术得到了更快地发展和更广泛地运用。

(3) 功能矫正技术：功能矫正本身并不产生任何机械力，在口内的固位一般也不严格，其作用是通过改变颌面肌肉功能，促进殆发育和颅面生长从而矫正错胎畸形。常与以上两种技术一同使用，进行发育期的矫正治疗，如功能性调节器矫治技术。

以上三大矫正技术经常交叉使用，它们之间各有独特的优势，根据矫正目标灵活运用，结合各自特点，常能完成复杂矫正。随着科学技术的发展，与临床医学一样，矫正技术逐渐走向以治疗目标为中心的系统治疗综合技术运用阶段，如矫正技术中的活动、固定结合使用；种植支抗的运用；功能和固定的联合运用；正畸与正颌的联合运用等。

4. 牙周不洁　牙齿表面着色最常见的原因是烟、茶或咖啡渍引起的牙齿染色。口腔中的一些细菌产生的色素也会沉积在牙面窝沟裂隙及表面粗糙处，这些都会严重影响牙齿的美观和牙周组织的健康，因而必须去除。目前临床常用的洁治术有龈上洁治术和龈下洁治术两种。龈上洁治术根据使用器械不同又分成超声波、手用器械和喷粉机洁治术。洁治术最好每半年进行一次。

(1) 龈上洁治术：龈上洁治术使用龈上洁治器械除去龈上牙石和菌斑，并磨光牙面，防止菌斑和牙石再沉积。

1) 超声波洁牙机：它是一种高效去除牙石的器械，有省时、省力的优点，去除龈上大块牙石的效果甚好。

2) 手用洁治器：常规应用的龈上洁治器械有锄形洁治器和磨光器。手用器械洁治技术有握笔法、改良握笔法、掌拇法。

(2) 龈下洁治术：常规应用的龈下洁治器械有匙形刮治器、龈下锄形刮除器。

龈下洁治是在牙周袋内操作，肉眼无法直视，故在洁治前必须先了解牙周袋的形态和深度，龈下牙石的分布、形态和厚度，查明情况后才能动手洁治。超声波洁牙机也可用于去除龈下牙石，术前需局部麻醉并备有专用于龈下洁治的工作头，其头端较狭长而细、略尖，有利于在根分叉区及两邻牙间隙较窄的根面操作。

5. 口腔异味　损容性牙体疾病和牙周病或口气的发生与牙菌斑形成有着密切的联系。刷牙能有效地清除口腔内的食物碎渣、软垢和牙菌斑及色素，是保持口腔卫生和自我维护牙齿美容保健的常用手段。对口腔卫生情况良好、牙龈健康正常的青年人进行临床观察发现，停止刷牙后牙齿表面很快会有菌斑沉积；停止刷牙 10 ～ 21 天，临床上会出现明显的牙龈症状；恢复刷牙 10 天后牙龈可恢复正常。刷牙已成为预防牙齿疾病、保持口腔卫生的一个主要方法。但要真正达到牙齿美白、美容保健的目的还应从刷牙的方法、牙刷和洁牙剂的选择等多方面考虑。

6. 牙体装饰　当代人在牙齿的审美上多数追求逼真、自然。然而，饰齿潮流却早已席卷欧美、日本，吸引了不少前卫、时尚爱美人士。例如水晶牙饰装饰牙齿、可镶嵌式宝石义齿、文饰牙齿（图 7-3-12）。

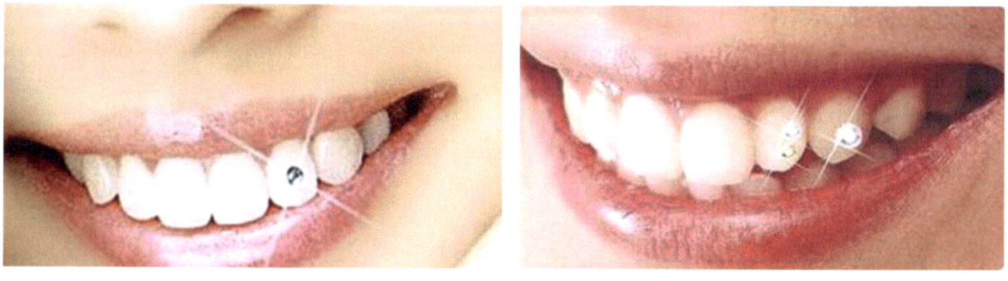

图 7-3-12　水晶牙饰

总之，美容牙科在美容造型中合理的装饰，迎合了时尚消费者的差异性、个性化和多样化的需求，已成为一种趋势。

（唐正东　高培培　李鹏远）

第四节　美容文饰技术中的美容造型艺术设计

一、文眉的美容医学造型艺术设计

眉型的设计和确立是文眉成功的关键。好的眉型设计取决于美容医生的审美能力和美术功底等。因为文眉不仅仅是加重眉的色泽，更重要的是通过文眉的修饰加工，弥补眉型的不足，达到增添容貌美的目的。

美容师在眉型设计时，必须仔细观察求美者的基本条件，并在掌握眉的生理特征、美学参数的基础上，综合其脸型、眼型、年龄、职业、气质、肤色、发色、爱好等诸多因素，设计出符合个体特征的新眉型。

（一）眉的生理特征

眉是由眉头、眉峰、眉梢三部分组成。眉大体上可分为上、中、下三列，交织相互重叠生长。眉头部较宽，眉方向呈伞状；眉梢部基本一致斜向外下方生长；眉腰部眉毛较密，大体上上列眉毛向下斜，中列眉毛向外侧倾斜，下列眉毛向上倾斜生长，中间色深，上边缘略深于下边缘。

（二）标准眉型的确立

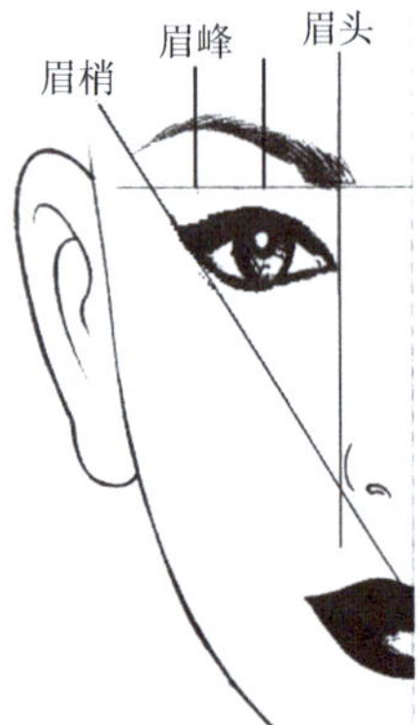

图 7-4-1　标准眉型

标准眉型给人以舒展、大方、优美的感觉，为公认的眉型位置（图 7-4-1）。

1. 眉头在内眦角上方，位于同侧鼻翼外侧与内眦角连线的延长线上。

2. 眉梢在外眦角外上方，位于同侧鼻翼外侧与外眦角连线的延长线上，与眉头基本成一水平线。

3. 眉峰位于眉外 1/3 和内 2/3 交界处。

4. 眉与眼的弧度基本呈平行关系。

5. 眉头与内眦角之间的距离为眼裂的高度。

（三）眉头、眉峰、眉梢的位置及效果

1. 眉头的位置及效果

(1) 标准型：眉头与内眦角在同一垂直线上，两眉头间距为一只眼长度。

(2) 靠里（向心眉）：眉头进入内眦角垂线内侧，两眉头间距小于一只眼长度，面部显得紧凑，给人以严肃紧张的印象，或呈“凶相”或“苦相”。

(3) 靠外（离心眉）：眉头靠外，两眉头间距大于一只眼长度，给人感觉舒展宽厚，但过于靠外，则会给人痴呆的印象。

2. 眉峰的位置及效果

(1) 眉峰的位置在眉外 1 / 3 处，为标准眉峰位置，给人以雅致俏丽的感觉。

(2) 眉峰的位置在眉 1/2 处，可以缩窄脸宽，拉长脸型，常给人妩媚华丽的感觉（图 7-4-2）。

(3) 眉峰的位置在眉外 1/4 处，可使脸型加宽（图 7-4-3）。

图 7-4-2　眉峰的位置在眉 1/2 处

图 7-4-3　眉峰的位置在眉外 1/4 处

3. 眉梢的位置及效果

(1) 水平眉：有缩短脸型的效果，给人以恬静贤淑、文雅的感觉。

(2) 上升眉：有拉长脸型的效果，给人以活泼生动之感，但过分上翘又会给人以“愤怒”甚至轻浮的感觉。

(3) 下降眉：给人以亲切的感觉，但过分下降会给人以滑稽、抑郁、痴呆的感觉。

（四）眉型分类

眉生长部位的肌肉附于眉骨，表情的变化常使眉上下牵动，表达人们的情感和情绪。因此，不同的眉型表现不同的精神状态。现实生活中，眉型多种多样。

1. 标准眉型　以公认美学标准为基础。这种眉型自然大方，最适合配合标准脸型。

2. 向心眉　两眉头间距过近，间距小于一只眼的长度，使人显得紧张、压抑、过于严肃和五官紧凑不舒展。

矫正方法：除去眉头过近的眉，眉峰向后，眉梢向外拉长些。

3. 离心眉　两眉头间距过远，间距大于一只眼的距离，五官布局松散，使人显得和气但迟钝，甚至有痴呆的感觉。

矫正方法：在眉头前顺着眉的生长方向一根根地描画，画出虚虚的眉头，将两眉拉进，眉峰略向前移，眉梢不宜拉长。

4. 吊眉　眉头低，眉梢上扬，使人显得喜气精明。但过吊的眉使人缺少柔和感，并有使脸型显长的效果。

矫正方法：修眉时除去眉头下面的眉和眉梢上面的眉。描画时，侧重于眉头上面和眉梢的下面弥补。

5. 下斜眉　眉梢低于眉头，双侧观形似“八”字。眉梢下垂使人显得亲切慈祥，但也有抑郁愁苦的感觉，使人的年龄感上升。

矫正方法：修眉时除去眉头上面的眉和眉梢下面的眉，描画时侧重于眉头下面与眉梢上面的弥补。

6. 细而淡的眉毛　细浅的眉使人显得清秀，但是过细则使人显得小气，过浅则缺少生气，尤其是使大脸盘的人显得不协调。

矫正方法：根据脸型调整弧度，强调眉峰。按眉自然生长方向一根根描画，将眉型加宽，眉头色调浅，眉峰色浓，眉梢浅淡。

7. 杂乱粗宽的眉　眉的生长分散而无序，使人显得不够干净整齐，过于随便。

矫正方法：根据脸型、眉与眼的间距，描画出基本眉型，将多余的眉去除，加重眉中轴的颜色。

（五）眉型设计注意事项

1. 设计眉型时应尊重求美者的意愿，但美容医生绝不能随意附和个别求美者不合理的要求，盲目接受社会上流行的时髦眉型，文出不符合个体特征的眉型。

2. 依据脸型进行设计

人的脸型各异，设计眉型时一定要与脸型相适应，才能达到增添容貌美的目的。

(1) 标准脸型：适合标准眉型（图 7-4-4）。

(2) 三角形脸型：一般适合上挑圆弧形眉，线条与眉骨的天然弧形配合，眉峰后移，眉梢适当拉长（图 7-4-5）。

图 7-4-4　标准脸型眉型设计

图 7-4-5　三角形脸型眉型设计

(3) 倒三角脸型：适合弧形眉，眉峰内移，靠近眼球外切线位置，可使面部显得饱满些（图 7-4-6）。

(4) 圆脸型：适合上扬型的眉形或者略短形的粗粗的拱形眉，平衡脸部的圆润感。切忌短粗直眉以及弯挑的细长眉型（图 7-4-7）。

图 7-4-6　倒三角脸型眉型设计

图 7-4-7　圆脸型眉型设计

(5) 长脸型：适合平直的略带有一点弧度的眉形，眉峰后移，眉梢拉长，这样可减少脸的长度。不适合弧度太弯以及纤细的眉形（图 7-4-8）。

(6) 菱形脸：适合以眉头为重的平和的眉形，眉峰适当后移，眉梢不宜下斜过长（图 7-4-9）。

图 7-4-8　长脸型眉型设计

图 7-4-9　菱形脸眉型设计

图 7-4-10　方脸型眉型设计

(7) 方脸型：适宜设计近弧形上升型眉，能缓和其面部棱角（图 7-4-10）。眉峰略前移，眉梢不要拉长，不适合直直的细短眉形。

3. 遵循对称性设计原则　设计眉型时一定要遵循两侧眉要对称的原则。两侧眉型之长短、高低、宽窄、弯直，色之深浅，眉头、眉峰、眉梢位置务必对称协调一致。尤其是两侧眉头与眉间中心点的距离一定要准确相等。设计眉型时用分规、量尺操作能避免误差。

4. 其他注意事项

(1) 一般说男性眉粗而浓，女性眉细而淡。

(2) 年龄大、脸型较宽、性格开朗者，可酌情设计出较宽的眉型；脸盘小、五官紧凑集中，或性格内向者可设计出较细的眉型。

(3) 眉眼间距较近或准备作重睑术者，眉的位置可偏高些；相反眉眼间距较远者可将眉的高度降低些。

(4) 眉头间距宽、鼻梁低者可加重眉头，使五官集中，鼻梁显出直挺的视觉效果。

二、文眼线的美容医学造型艺术设计

文眼线前，必须依据求美者的眼形、年龄、职业、气质、爱好等诸因素，精心设计，并画出基本形态，征得求美者同意后，再定型操作。绝不能千篇一律地只文出两条黑线。上眼线扩大眼型的作用比较明显，下眼线则使眼位显得低而有温柔甜蜜之感。

（一）眼线位置

通常，眼线的设计应在睑缘睫毛根部。一般上眼线应文在睫毛根部及其稍外侧，下眼线应文在睫毛根部的内侧，如此才能显得自然得体。

若受术者睑缘轻度外翻，则位置可适当向内调整，但切勿文满上下睑缘，以防破坏睑板腺开口而造成睑板腺阻塞合并感染；若受术者眼深凹，则可将眼线向睫毛外调整，文后达到使眼饱满、健康的效果；对于小眼裂者，通常不主张将眼线文得离睑缘睫毛太近，否则文后可使睑裂更显缩小，影响美感。

上下眼线的尾端不可在外眦角外相交，在内眦角不能相连，否则，文后整个眼都被眼线框起来，会使眼显得缩小而呆板，甚至出现 " 熊猫眼 "。

（二）眼线的粗细比例

文眼线应采用黑色染料。由于上睑睫毛浓长，因此文上眼线时应文得较宽粗、色深些；而下睑由于睫毛短而稀疏，应文得细些淡些，如此才能和谐、浓淡相宜。上下眼线的内侧应文得细淡些，而外侧应文得稍粗深些。一般而言，上下眼线的宽窄、粗细比例掌握在 7 ：3 比较适宜。

（三）眼线的形态

眼线的形态原则上应符合正常睫毛的走行规律，眼线的弧度与眼睫毛弧度平行。一般来讲，眼线的弧度要自然、圆滑、流畅，上眼线应自内眦部向外眦部逐渐加宽，至尾部微微上翘，尤其对于年龄大、眼睑皮肤有松弛下垂的人，更应注意眼线尾部的处理。

下眼线自泪点下缘至外眦部可基本一致，表现为细、直、淡的形态。也可在下睑缘中外 1/3 处略略文深加宽些。

（四）眼线的设计原则

1. 需要根据不同的眼型设计不同的眼线形态。

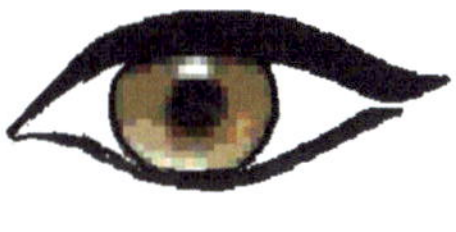

图 7-4-11　小眼睛眼线

(1) 小眼睛：上眼线颜色应更深，下眼线细且淡些，上下眼线尾部不交合（图 7-4-11）。

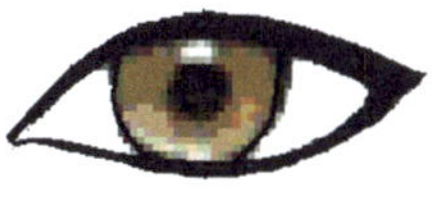

图 7-4-12　大眼睛眼线

(2) 大眼睛：眼线应细且平直，使眼的轮廓有内收的感觉（图 7-4-12）。

(3) 圆眼睛：眼线应文得细长，以增添曲线长度，使眼显得长些，上下眼线中端内收，减少圆润感（图 7-4-13）。

(4) 细长眼睛：眼线应文得短粗深些，以增添曲线弧度，扬长避短（图 7-4-14）。

(5) 上斜眼：文眼线时上、下眼线收角略向下，下眼线稍向下方伸延（图 7-4-15）。

(6) 下斜眼：上眼线尾部应稍加宽且上挑（图 7-4-16）。

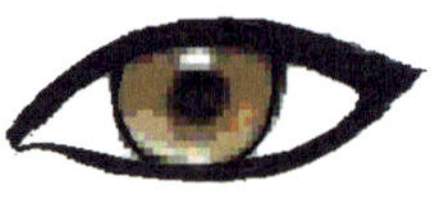

图 7-4-13　圆眼睛眼线

图 7-4-14　细长眼睛眼线

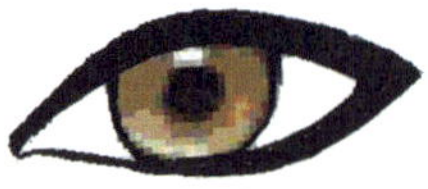

图 7-4-15　上斜眼眼线

图 7-4-16　下斜眼眼线

(7) 单眼皮：上眼线应文得粗些，眼尾稍宽且拉长；下眼线近内眦处应文得稍细，逐渐加宽至眼尾稍向外文并拉长。

(8) 肿眼泡：上、下眼线应均以中等偏细为宜，且上、下眼线均内窄外宽，眼尾稍加拉长。

2. 文眉液的颜色需根据虹膜的颜色适当选择，东方人虹膜多为黑褐色，所以染液以黑色为宜。

3. 年龄轻，经常化妆者，眼线形态可粗、深些，使轮廓明显而富朝气，显得活泼。

4. 年龄大，不经常化妆者，则应文得细淡一些，以体现双眼的自然美，增添稳重成熟感。

5. 注意对称美原则。同文眉术要求一样，双侧眼线的位置、形态、色泽深浅的设计和文饰必须对称和谐一致，方能体现整体之美。

三、文唇的美容医学造型艺术设计

唇是脸部肌肉活动最多的部位，而唇红则能反映一个女性的个性、气质、品味和审美情趣，是充分展示女性内心世界的外部窗口。通过对唇的修饰，不仅能增强面部色彩，而且还有较强的调整肤色的作用。

唇型设计是文唇成功的关键。唇型的设计必须结合个体的唇型、脸型、鼻型、眼型、年龄、职业、气质、肤色及年代的不同等考虑设计。

（一）唇的生理特征

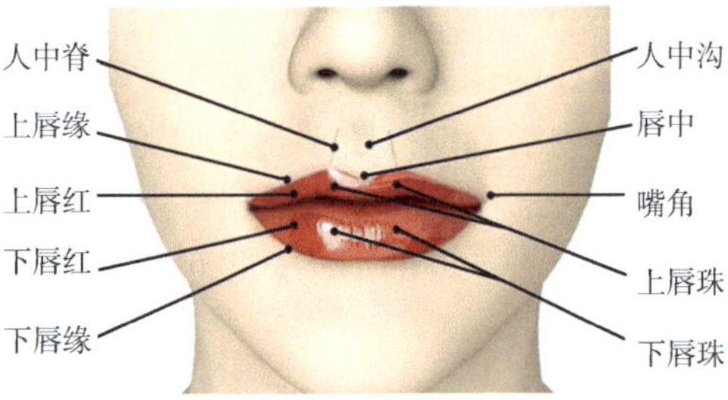

图 7-4-17　唇部生理

唇分为上、下唇，两唇之间为口裂，口裂两侧为嘴角。上、下唇均可分为三部分：皮肤部（白唇）、红唇部、黏膜部。皮肤部与红唇部交接线为唇红线；上唇红线正中有一个结节状突起，为唇珠；唇珠上方凹陷处为唇谷，唇谷两侧弓形突起为唇峰，两唇峰之间的低谷为唇中（图 7-4-17）。

（二）标准唇形的确立

标准唇形轮廓清晰，富有立体感，女性口唇较薄，上唇厚度一般在 5 ～ 8 毫米，下唇厚度在 10 ～ 13 毫米，上唇与下唇的中心厚度比例关系为 1 ∶ 1.5；唇峰在鼻孔外缘的垂直延长线上；嘴角在眼平视时眼球内侧的垂直延长线上，两侧嘴角要在同一水平线上，两个唇角到唇峰的距离与两个唇峰之间的距离 1 ∶ 1 ∶ 1 的关系，嘴角微翘。

（三）唇型分类及其设计方法

1. 理想唇形　以标准唇形为基础，唇峰位于唇中至嘴角的内 1/3 处，给人以亲切、自然的印象。

理想唇型文唇时唇型不做改变，可根据肤色，用略深一点的颜色勾出清晰的轮廓。

2. 厚唇型　上、下唇肥厚，唇峰过高，使唇型有外翻倾向，唇形显得性感饱满，但过于厚重的唇形会使女性缺少秀美的感觉。

如果唇厚得非常均匀、饱满，对脸型来说只是稍微显大，唇形可不用修改；如果唇型厚的有些外翻，或者唇型大小与脸型特别不相配，唇形设计时可将唇线适当内缩 1 毫米以内，不要涉及明显唇线，这样可以避免外观看起来有两张嘴的感觉；文唇时不宜采用太深或太浅的颜色，尽量选冷色色系。

3. 薄唇型　口唇的唇红部单薄，使人显得不够大方，缺少女性丰满圆润的曲线美。

唇形设计时唇线可向外扩展，不超过 1.5 毫米，唇线尽量不要文到嘴角，唇峰稍圆润，红唇部用明亮的颜色增加厚度感。

4. 口角上翘型　上、下唇的两端会合后形成口角上翘型，可以产生微笑的感觉。

这类唇型很喜人，唇形设计时不用做太多改动，但唇线要用玫红色，不要把唇型轮廓突出。唇色应选用粉色系，这样显得清纯、活泼。

5. 口角下垂型　突出特征是由上、下唇会合形成的口角成弧线向下垂，给人愁苦不愉快、苍老的感觉。

在唇型设计时，应把上唇线的唇峰略压低，唇角略提高，嘴角向里收，下唇线向嘴角方向延长，让出两唇角的唇红，使嘴角从视觉上有提升的感觉，颜色也最好选择淡色，不把唇部突出；唇中部的唇色要比唇角略浅些，突出唇的中部。

6. 唇形过大：嘴角的外形过于宽大，会使面部比例失调。

唇型设计时将唇线微向里收缩 1.5 毫米左右，上唇强调唇峰，下唇则描画成船形，唇部色彩宜选用中性色彩。

7. 唇形过小　嘴唇的外形过于短小，易使面部比例失调。

将唇线微向外扩充，但不可扩充过大，小于 2 毫米，唇部色彩宜选用偏暖的淡色。

8. 尖突型：唇峰突起，唇轮廓不圆润，略带尖锐倾向，嘴角处稍向上提，给人以冷峻、严肃的印象。

唇型设计时两唇角向里收，上唇线从嘴角开始，斜向上、向内画弧线，偏离本来的上唇边沿，与原来的唇峰会合；下唇线从嘴角斜向下、向内画，在中部外侧与原来的红唇边沿会合，下唇画成船形，视觉给人饱满的感觉。

（四）唇色选择

根据顾客的年龄、肤色、气质、唇形以及唇的底色等配制合适的唇膏颜色。

1. 唇膏的色彩

(1) 红色系：属于暖色系列，表现感强烈，给人华丽、高贵的感觉，适合个性积极、热情的人使用。

(2) 橘色系：也属于暖色系列，显得明朗健康，适合个性活泼、开朗的人使用，能表现出青春和活力。

(3) 玫瑰色系：属于冷色系列，显得亲切柔和，给人典雅秀丽的感觉。亮一些的适合古典艳丽的人，显得明艳照人；暗一些的适合年纪较轻的人，显得温柔清纯。

(4) 咖啡色系：属于冷色系列，很适合东方人表现成熟稳重，适合个性稳重成熟的人，不过也会显得保守。这个系列的颜色深浅差距比较大，选择的时候要慎重。

2. 肤色与唇色

(1) 肤色白皙：选择冷色系（带蓝色）的唇色，如紫红、玫红、桃红等，可以使皮肤显得红润健康，具有透明感，焕发出青春浪漫的神采；选择暖色系（带黄色）的唇色，如暖茶红、肉桂色等，则洋溢着成熟的优雅气息。

(2) 肤色偏黄：适合用咖啡色系、暖色系中偏暗的红色，以使肤色显得白晰透明。不适合浅色或含银光的颜色，因为浅色会与皮肤造成对比，而使皮肤显得更暗。

(3) 肤色偏小麦色：适合用桔色系、红色系，强调健康活力。

3. 气质与唇色

(1) 清纯可爱型：选择以粉彩为主的淡雅色系，如珍珠粉红、粉橘、粉紫等，能很好地流露少女的纯情与活泼，切忌浓艳和强烈的色彩。

(2) 高雅秀丽型：选择玫瑰红、紫红或棕褐色的唇色，成熟柔美中又予人知性、优雅的高贵感觉。

(3) 艳丽妖媚型：选择大红、深莓、熏紫的唇色，冷艳剔透，散发热情性感的魅力。

4. 唇形与唇色

(1) 过薄的唇：选择浅淡亮丽的唇色，以使嘴唇看起来丰盈饱满。

(2) 过厚的唇：选择深沉的唇色，以使嘴唇显得纤小细薄。

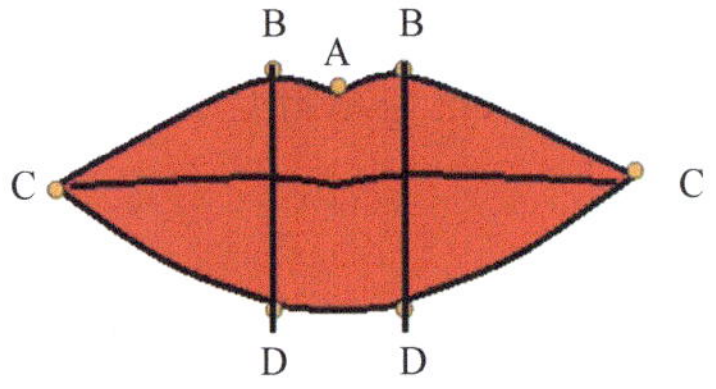

图 7-4-18　确定唇部标志点

A. 唇中　B. 唇峰　C. 唇角　D. 下唇与唇峰相应的两点

（五）唇形设计方法

1. 确定各点　确定唇中、唇角、唇峰的位置，在下唇确定与唇峰相应的两点（图 7-4-18）。

2. 勾画唇线　连接确定好的各点，勾画唇线。

(1) 两边向中间：由嘴角处开始，向唇中勾画（图 7-4-19）。

(2) 中间向两边：由唇中开始，向嘴角描画（图 7-4-20）。

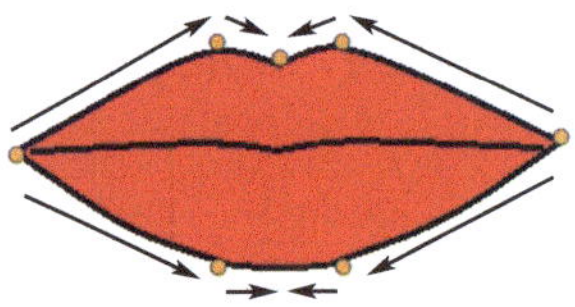

图 7-4-19　两边向中间画唇线

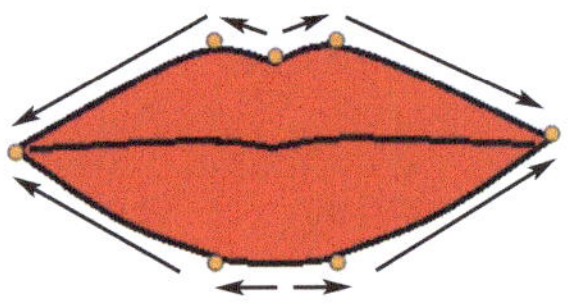

图 7-4-20　中间向两边画唇线

（六）唇形设计注意事项

1. 唇线的颜色要与口红色的色调一致，并略深于口红色。

2. 唇线的线条要流畅，曲线优美，型随峰变，不离红线，左右对称。

3. 口红色上唇深于下唇，嘴角深于唇的中部。口红色要饱满，充分体现唇部的立体感。

4. 设计唇型时，应注意上下的比例关系，但无论是外扩文饰或是内收文饰都应紧靠原唇红线进行，而且，不应超过 2 毫米，以免影响美观。

5. 脸型宽阔、下颌较大者，应设计饱满、圆润的唇型；反之脸型狭窄、瘦尖者要设计“樱桃嘴”的唇型。

（张　红）